中國道教文化研究

二 編

第 16 冊

〈眞靈位業圖〉神仙源流研究（下）

張雁勇 著

花木蘭文化事業有限公司

國家圖書館出版品預行編目資料

〈真靈位業圖〉神仙源流研究（下）／張雁勇 著 — 初版 — 新
北市：花木蘭文化事業有限公司，2020〔民 109〕
目 2+208 面；19×26 公分
（中國道教文化研究 二編；第 16 冊）
ISBN 978-986-322-008-4（精裝）
1. 道藏　2. 研究考訂
011.08　　　　　　　　　　　　　　　　　101015072

ISBN-978-986-322-008-4

9 789863 220084

中國道教文化研究
二 編　第十六冊　　　　　　ISBN：978-986-322-008-4

〈眞靈位業圖〉神仙源流研究（下）

作　　者　張雁勇
總 編 輯　杜潔祥
副總編輯　楊嘉樂
編　　輯　許郁翎、張雅淋　美術編輯　陳逸婷
出　　版　花木蘭文化事業有限公司
發 行 人　高小娟
聯絡地址　235 新北市中和區中安街七二號十三樓
　　　　　電話：02-2923-1455／傳眞：02-2923-1452
網　　址　http://www.huamulan.tw 信箱 hml 810518@gmail.com
印　　刷　普羅文化出版廣告事業
初　　版　2020 年 3 月
全書字數　379768 字
定　　價　二編 21 冊（精裝）台幣 42,000 元

〈眞靈位業圖〉神仙源流研究(下)

張雁勇 著

目

次

第四節　第四中位

【註】

　　《七域修真證品圖》曰：「太清上仙初修前九轉之行，有四千善功，兼修中品真道不備者位為太清上仙，其宮在太清境中，太上老君所治。得太清上仙者賜五色之節，駕龍輿飛煙，羣仙導從，給玉童玉女一萬人。」

太清太上老君（為太清道主，下臨萬民）

【註】

1. 《老子想爾註》曰：「一者道也……一散形為氣，聚形為太上老君，常治崑崙，或言虛無，或曰自然，或言無名，皆同一耳。」

2. 葛玄《道德經序》曰：「老君體自然而然，生乎太無之先，起乎無因，經歷天地，終始不可稱載，終乎無終，窮乎無窮，極乎無極也。與大道而輪化，為天地而立根，布氣於十方，抱道德之至純，浩浩蕩蕩，不可名也。煥乎其有文章，巍乎其有成功，淵乎其不可量，堂堂乎為神明之宗……開闢已後，復下為國師，代代不休，人莫能知之……周時復託神李母，剖左腋而生，生即皓然，號曰老子。老子之號，因玄而出，在天地之先，無衰老之期，故曰老子。世人謂老子當始於周代。」

3. 《神仙傳・沈羲》曰：「羲因話初上天時，不得見天帝，但見老君東向坐……見宮殿郁郁，有如雲氣，五色玄黃，不可名字；侍者數百人，多女子及少男……老君形體高略一丈，披髮垂衣，頂項有光，須臾數變。有玉女持金盤玉杯，盛藥賜羲曰：『此是神丹，服之者不死矣。』」

4. 《抱朴子・對俗》曰：「居則瑤堂瑰室，行則逍遙太清。」《金丹》有「老君」，位次排在太乙元君之後。《極言》曰：「黃帝及老子，奉事太乙元君，以受要訣。況乎不逮彼二君者，安有自得仙度世者乎？」《明本》曰：「夫得仙者，或昇太清，或翔紫霄，或造玄洲，或棲板桐，聽均天之樂，享九芝之饌……」《雜應》曰：「老君真形者，思之，姓李名聃，字伯陽，身長九尺，黃色，鳥啄，隆鼻，秀眉長五寸，耳長七寸，額有三理上下徹，足有八卦，以神龜為牀，金樓玉堂，白銀為階，五色雲為衣，重疊之冠，鋒鋋之劍，從黃童百二十人，左有十二青龍，右有二十六白虎，前有二十四朱雀，後有七十二玄武，前道十二窮奇，後從三十六辟邪，雷電在上，晃

晃昱昱,此事出於仙經中也。見老君則年命延長,心如日月,無事不知也。」又曰:「或用棗心木爲飛車,以牛革結環劍以引其機,或存念作五蛇六龍三牛交罷而乘之,上昇四十里,名爲太清。太清之中,其氣甚剽,能勝人也。」《遐覽》著錄《老君玉歷經》、《太清經》。

5. 《西昇經》卷上曰:「聖人無名,應時顯號,混元在伏羲時號鬱華子,在神農時號大成子,在黃帝時號廣成子,至唐舜成周代爲帝師,雖名聲異號,皆時出而應之,故西入流沙,號古先生,其曰古,以見信而妙古,執古道以御今有也。善入無爲,不終不始,永存綿綿。」卷中曰:「老君曰:『生我於虛,置我於無。虛化神,神化氣,氣化形,物所以生也。魂炁歸於天,形魄歸於地,骨骸返其根。我尙何存則亦復歸於無爾。生我於虛,原始而言之也,置我於無,要終而言之也。』」

6. 《太上老君經律・老君說一百八十戒》曰:「昔周之末周赧王之時,始出太平之道、太清之教,老君至琅琊授道與干君,干君受道法遂以得道,拜爲眞人,又傳《太平經》一百七十卷甲乙十部……幽王時老君教胡還,當入漢中,過琅琊,干君得見老君。」

7. 《老君音誦戒經》曰:「太上老君樂音誦戒令文曰:『我以今世人作惡者多父不慈、子不孝、臣不忠,運數應然,當疫毒臨之,惡人死盡,吾是以引而遠去,乃之崑崙山上……吾治在崑崙山,山上臺觀衆樓、殿堂宮室,連接相次,珍寶金銀,衆香種數雜合錯飾,蘭香桂樹,窮奇異獸……天地人民鬼神令屬於我……』」

8. 《三天內解經》卷上曰:「道源本起,出於無,先溟涬鴻濛,無有所因,虛生自然,變化生成,道德丈人者,生於元氣之先,是道中之尊,故爲道德丈人也。因此而有太清玄元無上三天無極大道太上老君、太上丈人、天帝君、九老仙都君、九氣丈人等百千萬重道氣、千二百官君、太清玉陛下,今世人上章書太清,正謂此諸天眞也。從此之後,幽冥之中生乎空洞,空洞之中生乎太無,太無變化玄氣、元氣、始氣,三氣混沌,相因而化生玄妙玉女。玉女生後,混氣凝結,化生老子,從玄妙玉女左腋而生,生而白首,故號爲老子。老子者,老君也,變化成氣,天地人物故輪轉而化生,鍊其形氣,老君布散玄元始氣,清濁不分,混沌狀如雞子中黃,因而分散,玄氣清淳,上昇爲天,始氣濃濁,凝下爲地。元氣輕微,通流爲水,日月星辰於此列布……因出三道,以教天民,中國陽氣純正,使奉無爲大道,

外胡國八十一域陰氣強盛，使奉佛道，禁誡甚嚴，以抑陰氣，楚越陰陽氣薄，使奉清約大道。此時六天治興，三道教行。老子帝，帝出爲國師。伏羲時號爲鬱華子，祝融時號爲廣壽子，神農時號爲大成子，黃帝時號爲廣成子，顓頊時號爲赤精子，帝嚳時號爲錄圖子，帝堯時再出號務成子，舜時號尹壽子，夏禹時號爲眞行子，殷湯時號錫則子。變化無常，或姓李名弘，字九陽，或名聃，字伯陽，或名中，字伯光，或名重，字子文，或名宅，字伯長，或名元，字伯始，或名顯，字元生，或名德，字伯文，或一日九變，或二十四變，千變萬化，隨世沈浮，不可勝載。至殷武丁時又反胎於李母，在胎中誦經八十一年，剖左腋而生，生而白首，又號爲老子……至周幽王時，老子知周祚當衰，被髮佯狂，辭周而去，至關乘青牛車與尹喜相遇，授喜上下中經一卷，五千文二卷，合三卷，尹喜受此書氣道，得成道。眼見西國胡人強梁難化，因與尹喜共西入罽賓國，神變彌加，大人化伏胡王，爲作佛經六千四萬言，王舉國皆共奉……老子又西入天竺國……佛道於此而更興也……太上於瑯琊以太平道經付干吉、蜀郡李微等，使助六天，檢正邪氣……太上遣眞人及王方平、東方朔欲輔助漢世……漢安元年……即拜張爲太玄都正一平氣三天之師，付張正一明（盟）威之道……至文帝時老子降於河之上，因號爲河上公。」

9. 《洞玄靈寶丹水飛術運度小劫妙經》曰：「元始天尊、高上老君於玄都上鄉玉京少室，演出太上洞玄三十六部妙寶上經。其時高上老君以有元虛之籌壽，無極之數。未至上皇，世運輪轉，祚祿欲交，鬱儀代謝，結璘旋行，高昇劫仞，星辰分破，列宿更始，五嶽變化，易更方鎭，四瀆蕩除，海成山嶽，水成巨石，蝡飛蠢動。一切眾生，咸而倏忽度如三十二萬種民。元始老君演出五千文道德上下中經、三洞眞文、眾要妙經，教化後學。」又有「太上老君」。

10. 《太極眞人敷靈寶齋戒威儀諸經要訣》有「太上靈寶老君」、「太上老君」。又曰：「子應常思虛無眞人高上大法王，大千乘賢，世號老子者也，老子，玄中大法師矣。」

11. 《太上無極大道自然眞一五稱符上經》卷上曰：「老君曰：『混沌之初，微妙之源開關以前如有靈寶自然眞文，象帝之先。吾爲靈寶大道之淵門，受其精妙，即爲天帝人之神。五符清，濁氣分，吾將去矣，符經秘於紫房，傳告無窮。』」又曰：「老君曰：『……夫天無靈寶，何以耀明，地無

靈寶，何以得生。故天地人三五合冥，同於一也。是故萬物薈薈，以吾為根，以我為門。吾有靈寶文，詣蓬萊府，謁為真人，諸天中央，入明堂，歷璿璣，登無極紫宮，拜為道君，下治萬物，來入中原……』」

12. 《老君戒文》曰：「老君生玄洪聖堂，爾時未有天地日月，手無所攀，足無所躡，懸身而處，不墮不落。」

13. 《陸先生道門科略》曰：「夫大道虛寂，絕乎狀貌，至聖體行，寄之言教。太上老君以下古委懟，淳澆樸散，三五失統，人鬼錯亂，六天故氣，稱官上號，構合百精及五傷治之鬼、敗軍死將，亂軍死兵，男稱將軍，女稱夫人，導從鬼兵，軍行師止，遊放天地，擅行威福，責人廟舍，求人饗祠，擾亂人民，宰殺三牲，費用萬計，傾財竭產，不蒙其祐，反受其患，枉死橫天，不可稱數。太上患其若此，故授天師正一盟威之道，禁戒律科，檢示萬民，逆順禍福功過，令知好惡，置二十四治，三十六靖廬，內外道士，二千四百人。下千二百官章文，萬通誅符，伐廟殺鬼，生人蕩滌，宇宙明正，三五周天匝地不得復有淫邪之鬼。罷諸禁心，清約治民，神不飲食，師不受錢，使民內修慈孝，外行禮讓，佐時理化，助國扶命。唯天子祭天，三公祭五嶽，諸侯祭山川，民人五臘吉日祠先人，二月、八月祭社䃼，自此以外，不得有所祭。」

14. 《太上大道三元品誡謝罪上法》、《元始高上玉檢大籙》、《洞玄靈寶長夜之府九幽玉匱明真科》、《上清高上玉真眾道綜監寶諱》、《太上洞玄靈寶三元品戒功德輕重經》、《三皇內文遺秘》、《上清高上龜山玄籙》有「太上老君」；《赤松子章歷》卷 2 有「太上三天太清宮」，卷 3、卷 4、卷 5 有「太上老君」；《太上大道三元品誡謝罪上法》有「無上三天玄元始三炁太上老君」、「太清玄元無上三天無極大道無上玄老太上老君」；《元始五老赤書玉篇真文書經》卷下有「太清玄元上三天無極大道無上玄老太上老君」、「太上老君」；《太上洞玄靈寶真文要解上經》有「太清玄元上三天無極大道太上老君」、「太上老君」；《太上洞玄靈寶赤書訣妙經》卷上有「無上三天玄元始三炁太上老君」；《太上洞玄靈寶眾簡文》有「無上三天玄元始氣太上老君」；《太上洞玄靈寶授度儀》有「太上老君」、「無上三天玄元始三炁太上老君」、「玄中大法師」；《太上金書玉牒寶章儀》有「太上老君」、「新出老君」；《上清河圖內玄經》有「玄中大法師」；《太極左仙公請問經》有「太上太極高上老子無上法師」；《上清金真玉皇上元真靈三百六十五部元錄》

有「清玄無極眞上三天玄元始炁無極大道太上老君」、「太上老君」;《上清元始變化寶眞上經九靈太妙龜山玄籙》卷中有「老君」;《登眞隱訣》卷下有「太清玄元無上三天無極大道太上老君」。

上皇太上無上大道君

【校】

　　古本、秘本、說本「大」作「太」。《無上秘要》「無」作「北」。

【註】

1. 《上清元始變化寶眞上經九靈太妙龜山玄籙》卷上曰:「太清大道君,元景玉融之氣,諱負上合,字靈幽會,長七千萬丈。冬三月,頭建九元通天之冠,衣九色龍衣,佩三氣中章,帶交靈素綬,足立三素之雲,光明煥耀,在上清之上,思之還長三寸二分。春三月,太清大道君則變形爲三頭之鳳,口銜素綬,一身有九色之羽,文彩煥爛,洞映上清,思之還反眞形。夏三月,太清大道君則變形爲三月之圓光,色赤,混沌如車之輪,光明洞曜,在太清之上,思之還反眞形。秋三月,太清大道君則變形爲紫白黃三色之光,光明煥煥,洞照上清,此則反太清之氣,更受鍊元景玉融之精,思之還反眞形。」

2. 《登眞隱訣》卷下曰:「謹關啓上皇太上北上大道君」。

3. 《無上秘要》曰:「上皇太上北上大道君,此太清北宮之太上高眞。」

4. 《上清大洞眞經》卷 2、《大洞玉經》卷上有「太清大道君」;《太上玄一眞人說勸誡法輪妙經》有「虛皇無上道君」;《太極眞人敷靈寶齋戒威儀諸經要訣》有「無上三天玄元大道」、「太上無極大道」;《太上金書玉牒寶章儀》有「太上無極大道」、「泰清玄元無上三天無上大道無上天尊」;《上清河圖內玄經》有「太上無極大道」;《上清太上元始耀光金虎鳳文章寶經》有「太上無極大道君」;《洞玄靈寶二十四生圖經》有「太上無極道君」;《上清太上玉清隱書滅魔神慧高玄眞經》有「太清大道君」;《洞玄靈寶長夜之府九幽玉匱明眞科》有「無上三天玄元始三炁太上道君」。

左位

正一眞人三天法師張（諱道陵）

【註】

1. 《三國志・魏書・張魯傳》曰:「張魯字公祺,沛國豐人也。祖父陵,客蜀,

學道鵠鳴山中，造作道書以惑百姓。從受道者出米五斗米，故世號「米賊」。」

2. 《神仙傳・張道陵》曰：「天師張道陵，字輔漢，沛國豐縣人也。本太學書生，博采五經，晚乃歎曰：『此無益於年命！』遂學長生之道，得《黃帝九鼎丹經》，修煉於繁陽山。丹成服之，能坐在立亡，漸漸復少。後於萬山石室中，得隱書秘文，及制命山嶽眾神之術，行之有驗……陵年五十方退身修道，十年之間已成道矣。聞蜀民樸素可教化，且多名山，乃將弟子入蜀，於鶴鳴山隱居。既遇老君，遂於隱居之所備藥物，依法修煉，三年丹成……老君遣清和玉女，教以吐納清和之法，修行千日，能內見五藏，外集外神。乃行三步九跡，交乾履斗，遂罷所指，以攝精邪，戰六天魔鬼，奪二十四治，改爲福庭，名之化宇，降其帥爲陰官。……於是幽冥異域，人鬼殊途。」《雲笈七籤》亦有《張道陵傳》。

3. 《抱朴子・遐覽》著錄《天師神器經》。

4. 《元始上眞眾仙記》曰：「張道陵爲三天法師，統御六虛，數侍金闕，太上之股肱，治在廬山，三師同宅。」

5. 《上清太上帝君九眞中經》有「《太上八景四藥紫漿五珠絳生神丹方經序》」。註曰：「一名《三華飛網丹經》，張道陵撰並註。」

6. 《太眞玉帝四極明科經》卷2曰：「太玄都四極明科曰：『司命君經宿命清圖上皇民籍，定眞玉籙。三天正一先生所佩，以定得仙之名……』」

7. 《上清後聖道君列記》有「張陵」，爲二十四眞之一。

8. 《三皇內文遺秘》曰：「謹按祖天師漢安四年在蜀與六天魔王戰奪二十四治，與會盟青城山黃帝壇下，使人處陽明，鬼潛幽暗，令六天魔王領歸北都。八部鬼帥領眾竄於西域，五行之毒氣從茲而釋之。作天地日月之形，置之於絕崖，仍以神印封鬼營市，不得相通，令以神符刊行善信，宜於淨室香花供養，自然驅瘟辟惡，集福來祥。惟加至誠，無不感應。龍虎山正一元壇謹白。」

9. 《太上洞玄靈寶本行宿緣經》曰：「昔正一眞人學道時受靈寶齋道，成後謂此齋尊重，乃撰靈寶五稱文，中出齋法爲旨教經……」

10. 《太上洞玄靈寶本行因緣經》曰：「僊人請問曰：『近登崑崙玄圃宮侍座，見正一眞人張道陵降座，酆都伺迎，三界稽首，諸天禮問動靜，龍駕曜虛，頂負圓明，身生天光，文章煥爛，先世何功德，故是其獨如是乎？願聞之。』（葛玄）答曰：『天師本行所歷，亦彌劫勤苦，齋戒讀經，弘道大度，高

範玄眞，耽味希微，轉輪求道，尤過於吾，不可具其志，大經行大道，故
得三天法師之任，太上正一眞人之號矣。』」

11. 《陸先生道門科略》曰：「夫大道虛寂，絕乎狀貌，至聖體行，寄之言教。
太上老君以下古委顲，淳澆樸散，三五失統，人鬼錯亂，六天故氣，稱官
上號，構合百精及五傷治之鬼、敗軍死將，亂軍死兵，男稱將軍，女稱夫
人，導從鬼兵，軍行師止，遊放天地，擅行威福，責人廟舍，求人饗祠，
擾亂人民，宰殺三牲，費用萬計，傾財竭產，不蒙其祐，反受其患，枉死
橫天，不可稱數。太上患其若此，故授天師正一盟威之道，禁戒律科，檢
示萬民，逆順禍福功過，令知好惡，置二十四治，三十六靖廬，內外道士，
二千四百人。下千二百官章文，萬通誅符，伐廟殺鬼，生人蕩滌，宇宙明
正，三五周天匝地不得復有淫邪之鬼。罷諸禁心，清約治民，神不飲食，
師不受錢，使民內修慈孝，外行禮讓，佐時理化，助國扶命。唯天子祭天，
三公祭五嶽，諸侯祭山川，民人五臘吉日祠先人，二月、八月祭社電，自
此以外，不得有所祭。」

12. 《太上靈寶升玄內教經中和品議疏》曰：「是時天師張道陵拜手於太上老君
道前，願聞修道明訣得道原由。」

13. 《赤松子章歷》卷 1 曰：「太上垂慈，下降鶴鳴山授張天師正一威盟符籙一
百二十階及千二百官儀大章法文秘要，救治人物。」卷 5 有「正一眞人三
天法師」。

14. 《老君音誦戒經》曰：「老君曰：『吾漢安元年以道授陵，立爲係天師之位，
佐國扶命，陵以地上苦難不堪千年之主者，求乞昇天，吾乃勉陵身元元之
心，賜登升之藥、百鍊之酒，陵得升雲躡虛，上入天官……』」

15. 《三天內解經》卷上曰：「漢安元年壬午歲五月一日，老君於蜀郡渠亭山石
室中與道士張道陵將詣崑崙大治，新出太上，太上謂世人不畏眞正而畏邪
鬼，因自號爲新出老君，即拜張爲太玄都正一平氣三天之師，付張正一明
（應爲盟）盟威之道。」又曰：「張良玄孫道陵」。

16. 《登眞隱訣》卷下曰：「正一眞人三天法師張諱告南嶽夫人口訣。」註曰：
「天師於陽洛教授此訣也……此既是天師所掌任，夫人又下教之限，故使
演出示世，以訓正一之官。」《登眞隱訣》（《太平御覽》卷 678 引）曰：「太
清正一眞人張道陵，沛國人，本大儒，漢延光四年始學道，至漢末於鳥鵠
山仙官來降,授以正一盟威之教,施化領民之法,號天師,即《眞誥》云奉張

道陵正一平氣者是也。天師《靈寶五符序》及《太清金液丹序》並佳筆，別有傳，已行於世。」

17. 《眞誥·運象篇第二》曰：「清虛眞人授書曰：『黃赤之道，混氣之法，是張陵受教施化爲種子之一術耳，非眞人之事也……張陵承此以教世人耳。陵之變舉亦不行此矣……』」《眞誥·甄命授第四》曰：「若翻然奉張諱道者，我當與其一符使服之……」註曰：「張諱即天師名也，楊不欲顯疏也。」

18. 《太上洞玄靈寶授度儀》有「三天大法天師」；《太上金書玉牒寶章儀》有「正一眞人」。

東華左仙卿白石生

【註】

1. 《神仙傳·白石先生》曰：「白石生者，中黃丈人弟子也，至彭祖之時，已年二千餘歲矣。不肯修升仙之道，但取於不死而已，不失人間之樂。其所據行者，正以交接之道爲主，而金液之藥味上也。初患家貧身賤，不能得藥，乃養豬牧羊。十數年，約衣節用，致貨萬金，乃買藥服之。常煮白石爲糧，因就白石山居，時人號曰白石生。亦時食脯飲酒，亦時食穀，日能行三四百里，視之色如三十許人。性好朝拜存神，又好讀《仙經》及《太素經》。彭祖問之：『何以不服藥昇天乎？』答曰：『天上無復能樂於此間耶，但莫能使老死耳，天上多有至尊相奉事，更苦人間耳。』故時人號白石生爲隱遁僊人，以其不汲汲於昇天爲仙官，而不求聞達故也。」

2. 《抱朴子·金丹》有「石先生丹法」。

3. 《太上洞玄靈寶本行因緣經》曰：「仙公（指太極左仙公葛玄）曰：『……子欲使法輪速升飛行上清諸天者，當更立功救度國民土人災厄疾苦，大功德滿，太上錫迎子矣。是以彭祖八百歲，安期生千年，白石生三千齡，故游民間，皆坐其前世學法，小功德薄故也，乃有萬餘歲在山河中猶未昇天……』」

4. 《眞誥·甄命授第一》曰：「君（指裴君）曰：『斷穀入山，當煮食白石。昔白石子者，以石爲糧，故世號曰白石生。此至人也，今爲東府左仙卿。煮白石自有方也。白石之方，白石生所造也。又善《太素傳》所謂白石有精，是爲白石生也。』」

張叔茂

元始天王（西王母之師）

【註】

1. 《漢武帝內傳》曰：「王母曰：『昔先師元始天王……』」

2. 《元始上眞眾仙記》曰：「《眞書》曰：『昔二儀未分，溟涬鴻濛，未有成形。天地日月未具，狀如雞子，混沌玄黃，巳有盤古眞人，天地之精，自號元始天王，遊乎其中。溟涬四劫，天形如巨蓋，上無所繫，下無所根，天地之外，遼屬無端……復經四劫，二儀始分，相去三萬六千里，崖石出血成水，水生元蟲，元蟲生濱牽，濱牽生剛須，剛須生龍，元始天王在天中心之上，名曰玉京山，山中宮殿並金玉飾之，常仰吸天氣，伏飲地泉……」又曰：「眞記曰：『玄都玉京七寶山，周迴九萬里，在大羅之上，城上七寶宮，宮內七寶臺，有上中下三宮，如一宮……上宮是盤古眞人元始天王、太元聖母所治；中宮太上眞人金闕老君所治；下宮九天眞皇、三天眞王所治。』」

3. 《元始高上玉檢大籙》曰：「清虛元年，歲在庚寅，九月九日上甲直辰，元始天王長齋上清宮……」又曰：「高上九玄元始天王道君諱洞。」《上清元始高上玉皇九天譜錄》有神名「洞」，號「高上九玄元始天王道君」。

4. 《太眞玉帝四極明科經》卷 2 曰：「太玄都四極明科曰：『九道迴玄太丹錄書、玉道錄字迴曜太眞隱書二訣，元始天王所修，傳於三天眞王……』」卷 3 曰：「太玄都四極明科曰：『龜山元錄，西臺王母所受於元始天王，秘於九天之上大有之宮……』」

5. 《太上三天正法經》曰：「九天眞王與元始天王俱生始炁之先，天光未朗，鬱積未澄，溟涬無涯，混沌太虛，浩汗流冥，七千餘劫，玄景始分，九炁存焉，一炁相去九萬九千九百九十歲。」註曰：「青童君曰：『時未有歲月，九炁既存，一炁相去九萬九千九百九十里，一里爲一歲也。』」又曰：「清炁高澄，濁混下布，九天眞王、元始天王稟自然之胤，置於九天之號。」註曰：「九天眞王與元始天王皆生於九炁之中，氣結而成形焉。」又曰：「九炁玄凝成於九天圖也，日月星辰於是而明。」註曰：「皆輪運周於九天之境也。」又曰：「便有九眞之帝。」註曰：「青童曰：『九眞者，九天之清炁凝成九宮之位也。』」

6. 《太上洞淵三昧帝心光明正印太極紫微眞母伏魔制鬼拯救惡道集福吉祥神咒》中「元始天尊」與「元始天王」混稱。

7. 《太上諸天靈書度命妙經》曰：「天尊言曰：『我昔龍漢之年與元始天王、高上玉帝同於此土，遇靈寶眞文出於浮羅空山之上……』」

8. 《高上太霄琅書瓊文帝章‧九天元始號》曰：「第三天名梵監天，一名須延天，天上又別置三天之號，隸於梵監天，元始天王治於梵監天……第四天名兜術天，一名寂然天，天上又別置三天之號，皆隸於兜術天，元始天王所治……」《洞眞太上太霄琅書》卷 1 亦然。《上清太上開天龍蹻經》卷 1 有「須延天帝元始天王」和「寂然天帝元始先生」；卷 4 寂然兜術天亦爲「元始天王」。

9. 《太上玉佩金璫太極金書上經》曰：「元始天王建無極洞天之冠，披九色離羅之巾皮，飛森霜珠之袍，帶神光日鈴育延之劍，左佩豁落，右佩金眞。」

10. 《太玄八景籙》中「元始天王」又稱作「元始天尊」。

11. 《上清三元玉檢三元布經》有「元始天王」。又曰：「見元始天王便壽萬年。」又曰：「若見龍頭鳳身之人，或一鳥九頭，此則元始天王，左治虛映上眞之官，下降兆身，道欲成也。」又曰：「見元始眞形，授兆九天上書，飛行玉清也。」

12. 《洞眞高上玉帝大洞雌一玉檢五老寶經》曰：「能知大洞眞經，一名九天太眞道德經，此經之作乃自玄微十方元始天尊所運炁撰集也，西王母從元始天王受道，乃共刻於北元天中錄那邪之國。」

13. 《洞眞上清青要紫書金根眾經》卷下曰：「元始天王稟天自然之胤，結形未沌之霞，託體虛生之胎，生乎空洞之際。時玄景未分，天光冥逮，浩漫太虛，積七千餘劫，天朗炁清，二暉纏終，玄雲紫蓋映其首，六氣之電翼其身。夜生自明，神光燭室，散虛馥之煙，棲心霄霞之境，鍊容洞波之濱，獨秉靈符之節，抗禦玄降之章，內炁玄崖，潛想幽窮忽焉。逍遙流眄，忘旋瓊輪玉輿碧輦玄龍飛精，流靄耀電虛宮，東遊碧水豪林之境，上憩青霞九曲之房，進登金闕，受號玉清紫虛高上元皇。太上大道君金簡玉札，使奏名東華方諸青宮。受命總統億津，玄降玉華之女、金晨之童各三千人……元皇位登玉清，掌括上皇高帝之眞……」

14. 《洞眞太上太霄琅書》卷 10 曰：「太微天帝曰：……昔太眞王母、東華青童、元始天王皆太上弟子也……」

15.《上清大洞三景玉清隱書訣籙》曰：「元始天王清齋千日於玉清宮中。」

16.《洞玄靈寶二十四生圖經》曰：「是時太上無極道君稽首作禮上白天尊：
『……前與元始天王俱於長桑碧林園中，聞天尊普告大聖尊神云：洞玄
天文靈寶玉奧有三部八景神二十四圖……』」又曰：「上皇元年九月二日
後聖李君出遊西河歷觀八門，值元始天王乘八景玉輿，駕九色玄龍三素
飛雲，導從群仙……同會西河之上，李君稽首請問天王：『昔蒙訓授天書
玉字二十四圖……今遇天尊，喜慶難言，願垂成就極其道眞。』於是天
王口吐洞玄內觀玉符以授於君。」

17.《無上秘要》曰：「元始天王，此蓋太清元始天中之王，西王母初學道之師。」

18.《洞眞太上素靈洞元大有妙經》、《上清洞眞智慧觀身大戒文》、《上清金眞
玉光八景飛經》、《上清元始變化寶眞上經九靈太妙龜山玄籙》卷上、《太
上九赤班符五帝內眞經》、《太上洞玄靈寶眞文要解上經》、《上清太上玉清
隱書滅魔神慧高玄眞經》、《上清高上金元羽章玉清隱書經》有「元始天
王」；《上清高上玉晨鳳臺曲素上經》有「九玄上靈元始天王」；《上清元始
變化寶眞上經九靈太妙龜山玄籙》卷中有「天王玉京帝君」；《上清大洞九
微八道大經妙籙》有「太清元始天王」；《太上洞玄靈寶授度儀》有「高上
元始天王」；《洞玄靈寶自然九天生神章經》有「元始王」。

玄成青天上皇（此三人太清尊位，不領兆民）

【校】

　　古本「玄」作「元」，說本「玄」字闕末筆「、」，皆避康熙諱。《無上秘
要》「青」作「清」。

【註】

1.《太眞玉帝四極明科經》卷 3 有「玄成清天上皇君」。

2.《上清大洞九微八道大經妙籙》曰：「《蓬萊高上眞書》，玄成清天上皇以傳
寧封……」

3.《洞眞上清神州七轉七變舞天經》曰：「七轉七變之道，上皇紫晨君受於九
天父母，修行道成，以傳玄感清天上皇君。」

4.《無上秘要》曰：「此太清玄成清天中之皇君。」

南上大道君

【校】

古本、秘本、說本「大」作「太」。

【註】

1. 《登眞隱訣》卷下曰：「謹關啓南上大道君，乞得書名神仙玉籍，告諸司命以長生爲定。」註曰：「……此太清南方之道君耳，但劣於北上，故無上皇太上之號。」

2. 《無上秘要》曰：「南上大道君，此太清南宮之道君。」

太上丈人

【註】

1. 《三天內解經》卷上曰：「道源本起，出於無，先溟涬鴻濛，無有所因，虛生自然，變化生成道德丈人者，生於元氣之先，是道中之尊，故爲道德丈人也。因此而有太清玄元無上三天無極大道太上老君、太上丈人、天帝君、九老仙都君、九氣丈人等百千萬重道氣、千二百官君、太清玉陛下，今世人上章書太清，正謂此諸天眞也。」

2. 《元始五老赤書玉篇眞文書經》卷中曰：「九天太素陽生符，元始付太上丈人……」

3. 《清虛眞人王君內傳》（《雲笈七籤》卷 106）曰：「（太上丈人）著流霞羽袍，冠芙蓉之冠。」

4. 《無上秘要》曰：「太上丈人，此太清丈人中之尊者。」

5. 《太上靈寶五符序》卷下、《太上洞玄靈寶眞文要解上經》、《太上洞玄靈寶授度儀》、《太極眞人敷靈寶齋戒威儀諸經要訣》、《上清金眞玉皇上元眞靈三百六十五部元錄》、《上清元始變化寶眞上經九靈太妙龜山玄籙》卷中、《上清高上龜山玄籙》、《上清大洞九微八道大經妙籙》、《赤松子章歷》卷 3 和卷 4、《太上大道三元品誡謝罪上法》、《太上三天正法經》、《登眞隱訣》卷下有「太上丈人」；《上清高上玉晨鳳臺曲素上經》有太清高仙「太上丈人」；《上清曲素訣辭籙》有太清高眞「太上丈人」；《太上洞神三皇儀》有「太上仙都大神太上丈人」。

天帝君

【註】

1. 《十洲記》曰：「其北海外又有鍾山，在北海之子地，隔弱水之北一萬九千里，高一萬三千里，上方七千里，周旋三萬里。自生玉芝及神草四十餘種，上有金臺玉闕，亦元氣之所舍，天帝君治處也。鍾山之南，有平邪山，北有蛟龍山，西有勁草山，東有束木山。四山並鍾山之枝幹也。四山高鍾山三萬里，宮城五所，如一登四面山，下望乃見鍾山爾，四面山乃天帝君之城域也。仙真之人出入，道經自一路，從平邪山東南入穴中，乃到鍾山北阿門外也。天帝君總九天之維，貴無比焉。」

2. 《太上靈寶五符序》曰：「（鍾山）上有金臺七寶紫闕元氣之所舍，天帝君所治處也。」

3. 《三天內解經》卷上曰：「道源本起，出於無，先溟涬鴻濛，無有所因，虛生自然，變化生成道德丈人者，生於元氣之先，是道中之尊，故為道德丈人也。因此而有太清玄元無上三天無極大道太上老君、太上丈人、天帝君、九老仙都君、九氣丈人等百千萬重道氣、千二百官君、太清玉陛下，今世人上章書太清，正謂此諸天真也。」

4. 《上清洞真智慧觀身大戒文》有「天帝君」，位於三十六天黃金宮。

5. 《元覽人鳥山形圖》（《雲笈七籤》卷 80）曰：「能讀此書萬遍，修行不負文言，天帝君即遣使雲車羽蓋來迎。」

6. 《無上秘要》曰：「天帝君，此太清中東宮之一帝。」

7. 《上清大洞真經》卷 1、《洞真太上素靈洞元大有妙經》、《太上大道三元品誡謝罪上法》、《太上三天正法經》、《元始五老赤書玉篇真文書經》卷下、《太上玉佩金檔太極金書上經》、《白羽黑翮靈飛玉符》、《洞真上清青要紫書金根眾經》卷上和卷下、《太上洞玄靈寶真文要解上經》、《上清太上開天龍蹻經》卷 1、《上清太上元始耀光金虎鳳文章寶經》、《洞真上清開關三圖七星移度經》卷上有「天帝君」；《太真玉帝四極明科經》卷 2 有「天帝」，卷 2、卷 3 有「天帝君」；《上清大洞九微八道大經妙籙》有「清和宮天帝君」；《登真隱訣》卷下有「泰清天帝君」、「天帝君」。

九老仙都君

【註】

1. 《十洲記》曰：「滄海島在北海中，地方三千里，去岸二十一萬里。海四面繞島，各廣五千里，水皆蒼色，僊人謂之滄海也。島上俱是大山，積石至多，石象、八石、石腦、石桂、英流、丹黃子、石膽之輩百餘種，皆生於島，服之，神仙長。島中有紫石宮室，九老仙都所治，仙官數萬人居焉。」
按：對此，《無上秘要》曰：「九老仙都君，此太清之仙都，非玄洲者。」

2. 《紫陽眞人內傳》曰：「僊人曰：『藥有數種，仙有數品。有乘雲駕龍白日昇天，與太極眞人爲友，拜爲仙官之主。其位可司眞公、定元公、太生公及中黃大夫、九氣丈人、仙都公，此位皆上仙也。」又曰：「（周義山）登太冥山遇九老仙都君，受黃水月華四眞法。」

3. 《三天內解經》卷上曰：「道源本起，出於無，先溟涬鴻濛，無有所因，虛生自然，變化生成道德丈人者，生於元氣之先，是道中之尊，故爲道德丈人也。因此而有太清玄元無上三天無極大道太上老君、太上丈人、天帝君、九老仙都君、九氣丈人等百千萬重道氣、千二百官君、太清玉陛下，今世人上章書太清，正謂此諸天眞也。」

4. 《元始五老赤書玉篇眞文書經》卷下有「九老仙都君」。《太上玉佩金檔太極金書上經》有「九老仙都」。《太上洞玄靈寶眞文要解上經》有「九老仙都君」。《洞神八帝妙精經》有「九老仙君」。

5. 《三皇內文遺秘》有「九老仙都印圖」。曰：「長闊各方正，三寸二分厚，八分篆二行。」又曰：「上清九老仙都印，佩之登山狼虎精怪自伏，江河風雨順濟。可官洞府仙官吏兵，狼不能害，虎不能傷，水不能溺，臨大難必有善生。常人佩之壽命延年，伏諸邪鬼，百惡不侵。治小兒夜啼驚風及大人諸般疾患，並燒灰用乳香湯調下立效催生死胎，佩之安胎。婦人無子，佩之有孕。解呪詛冤枉，令人聰明，用之皆應，得之崇敬，愼勿輕慢。」

6. 《上清金書玉字上經》曰：「一旦忽有九星之精變成上帝九老之公……」

7. 《上清高上金元羽章玉清隱書經》有「九老仙都」；《赤松子章歷》有「九老仙都印」；《洞玄靈寶諸天世界造化經》、《太上大道三元品誡謝罪上法》、《登眞隱訣》卷下、《上清金眞玉皇上元眞靈三百六十五部元錄》有「九老仙都君」。

九氣丈人（此並太清三天東宮之真官，章奏關啟學道所得）

【校】

古本「丈」作「大」。

【註】

1. 《大洞玉經》卷下有「太玄都九炁丈人主仙君」。註曰：「太玄都在九炁之上，九炁即返魂之香。」

2. 《元始上真眾仙記》曰：「蓬萊山對東大海之東北岸，山周迴五千里，溟海中濤浪沖天，九氣丈人所治。」

3. 《紫陽真人內傳》曰：「僊人曰：『藥有數種，仙有數品。有乘雲駕龍白日昇天，與太極真人為友，拜為仙官之主。其位可司真公、定元公、太生公及中黃大夫、九氣丈人、仙都公，此位皆上仙也。』」又曰：「（周義山）乃登玄壟羽野遇金童十人、九氣丈人得白羽紫蓋服黃水月華法。」

4. 《三天內解經》卷上曰：「道源本起，出於無，先溟涬鴻濛，無有所因，虛生自然，變化生成道德丈人者，生於元氣之先，是道中之尊，故為道德丈人也。因此而有太清玄元無上三天無極大道太上老君、太上丈人、天帝君、九老仙都君、九氣丈人等百千萬重道氣、千二百官君、太清玉陛下，今世人上章書太清，正謂此諸天真也。」

5. 《上清元始變化寶真上經九靈太妙龜山玄籙》卷下曰：「太玄都九炁丈人主仙君元變浩之炁，形長七千萬丈。秋三月頭建朱精九德寶冠，衣青羽六合之裘，百變文光之裙，腰帶招仙制魔之劍，坐九色師子，三炁之雲，光明奕奕，洞映十天，思之還長七寸七分。冬三月主仙君則變形為九人，身長九寸，頭戴月光，各衣青黃五色仙衣，常在紫雲之上，時乘鳳皇，遊戲玄都，思之還反真形。春三月主仙君則變形一身九頭，頭戴鳳皇五色斑斕，在上清之上，紫虛之中，思之還反真形。夏三月主仙君則變形為蒼白紫黃玄赤青紅綠九色之光，更相纏遶，在上清之上，此則反太玄之氣，更受鍊元變浩之精，思之還反真形。」

6. 《洞神八帝妙精經》曰：「齋九十日召九炁丈人，入山帶此，蛇蠍遠人一里。」

7. 《上清元始高上玉皇九天譜錄》有神名「詣」，號「洞清太玄都九炁丈人玉仙道君」。

8. 《無上秘要》曰：「九氣丈人，此太清之丈人，上三天東宮之真官，章奏所開，主諸神鬼之職。」

9. 《釋三十九章經》(《雲笈七籤》卷8)曰:「太玄都九氣丈人……伐胞樹於死戶,養胎氣於初冥,濟五毒於常關,定三命於金書。」

10. 《上清大洞眞經》卷5有「太玄都九炁丈人主仙君」;《上清太上玉清隱書滅魔神慧高玄眞經》有「太玄都九氣丈人主仙道君」;《洞玄靈寶諸天世界造化經》有「九炁丈人」;《太上大道三元品誡謝罪上法》有「九炁丈人」、「九氣丈人」;《上清大洞九微八道大經妙籙》、《元始五老赤書玉篇眞文書經》卷下、《太上洞玄靈寶眞文要解上經》有「九氣丈人」;《上清高上玉晨鳳臺曲素上經》有「九炁大人」;《上清外國放品青童內文》卷下、《登眞隱訣》卷下有「九炁丈人」。

中嶽真人高丘子

【校】

輯本「丘」作「邱」。

【註】

1. 《抱朴子・極言》曰:「又彭祖之弟子,青衣鳥公……高丘子、不肯來七八人,皆歷數百歲,在殷而各仙去。」《遐覽》著錄《萬畢高丘先生法》三卷。

2. 《紫陽眞人內傳》曰:「(周義山)登鍾山遇高丘子受金丹方二十七首。」

3. 《眞誥・甄命授第一》曰:「君(指裴君)曰:『昔高丘子,殷人也,術好道,入六景山,積五百二十餘歲,但讀黃素道經,服餌術。後合鴻丹,以得陸仙,遊行五嶽二百餘年。後得金液以升太清也,今爲中嶽眞人。』」註曰:「此說與《劍經序》亦略同。」《眞誥・稽神樞第四》曰:「吞琅玕之華而方營丘墓者,衍門子、高丘子、洪涯先生是也。高丘子墓在中山聞喜縣。」註曰:「中山有安喜縣,聞喜乃屬河東。」又曰:「而不知高丘子時以尸解,入六景山。後服金液之末,又受服琅玕華於中山,方復託死。乃入玄洲,受書爲中嶽眞人,於今在也。」

景雲真人

【註】

1. 《上清高上玉晨鳳臺曲素上經》、《上清曲素訣辭籙》有「太清高仙景雲眞人」。

2. 《雲笈七籤》卷85有《景霄眞人》,或是此神。

鬼谷先生

【註】

1. 《史記‧蘇秦列傳》曰：「蘇秦者，東周雒陽人也，東事師於齊，而習之於鬼谷先生。」裴駰《集解》引徐廣註曰：「穎川陽城有鬼谷，蓋是其人所居，因爲號。」引《風俗通義》曰：「鬼谷先生，六國時縱橫家。」《張儀列傳》曰：「張儀者，魏人也。始，嘗與蘇秦俱事鬼谷先生學術。」

2. 《十洲記》曰：「祖洲近在東海之中，地方五百里，去西岸七萬里，上有不死之草……始皇遣使者齎草以問北郭鬼谷先生。鬼谷先生云：『臣嘗聞東海祖洲，上有不死之草，生瓊田中，或名爲養神芝，其葉似菰，苗叢生，一株可活一人。』」

3. 郭璞《遊仙詩》曰：「清溪千餘仞，中有一道士。雲生梁棟間，風出窗牖裏。借問此何誰？云是鬼谷子。」

4. 《抱朴子‧遐覽》著錄《鬼谷經》。

5. 《元始上真眾仙記》曰：「鬼谷先生爲太玄師，治青城山。」

6. 《拾遺記》卷 4 曰：「張儀、蘇秦二人，同志好學，疊剪髮而鬻之，以相養。或傭力寫書，非聖人之言不讀。遇見《墳》、《典》，行途無所題記，以墨書掌及股裏，夜還而寫之，析竹爲簡。二人每假食於路，剝樹皮編以爲書帙，以盛天下良書，嘗息大樹之下，假息而寐。有一先生問：『二子何勤苦也？』儀、秦又問之：『子何國人？』答曰：『吾生於歸谷。』亦云鬼谷，鬼者歸也；又云，歸者，谷名也。乃謂其術，教以干世出俗之辯，即探胸內得二卷說書，言輔時之事。《古史考》云：『鬼谷子也，鬼歸音相近也。』」

7. 《無上秘要》卷 84《得太清道人品》曰：「鬼谷先生，周時人，在城陽山鬼谷中。」

泰清王

【註】

　　《太上大道三元品誡謝罪上法》有「太清君」。《上清高上玉真眾道綜監寶諱》曰：「泰清君諱詳。」或爲此神。

九天郎吏

北斗直符七人

【校】

古本「直」作「眞」。

【註】

《太上三天正法經》曰：「給直符三十人。」類似直符多見於道經。

定氣眞人

監仙眞人

【校】

《無上秘要》「仙」作「山」。

【註】

《洞眞太上太霄琅書》卷1有「監眞使者」，卷3有「監靈使者」；《上清金眞玉光八景飛經》有「監靈使者鄧元生」；《上清金眞玉皇上元眞靈三百六十五部元錄》有「監眞度命使者」、「監眞使者」。或爲此神。

五仙夫人

【註】

《元始五老赤書玉篇眞文書經》卷下有「五仙丈人」。

郭內夫人

【校】

《無上秘要》「夫人」作「女夫」，誤。

二十四官君將吏

【註】

1. 陳國符《道藏源流考・南北朝天師道考長編》曰：「《正一法文經章官品》即係千二百官。」《正一法文經章官品》有「二十四君將吏」。
2. 《赤松子章歷》卷4有「二十四吏兵士」，卷5有「二十四君官將吏兵」。

千二百官君將吏（二條氣化結成）

【註】

1. 《三天內解經》卷上曰：「道源本起，出於無，先溟涬鴻濛，無有所因，虛生自然，變化生成道德丈人者，生於元氣之先，是道中之尊，故爲道德丈

人也。因此而有太清玄元無上三天無極大道太上老君、太上丈人、天帝君、九老仙都君、九氣丈人等百千萬重道氣、千二百官君、太清玉陛下，今世人上章書太清，正謂此諸天眞也。」

2. 《眞誥·協昌期第二》有註曰：「趙公明，今《千二百官儀》乃以爲溫鬼之名。」

3. 《元始五老赤書玉篇眞文書經》卷下有「千二百官君」、「千二百君千二百官丈人」；《太上洞玄靈寶眞文要解上經》、《太上大道三元品誡謝罪上法》、《登眞隱訣》有「千二百官君」。

趙伯玄

【校】

古本「玄」作「元」，說本「玄」字闕末筆「、」，皆避康熙諱。

【註】

1. 《高上太霄琅書瓊文帝章經》曰：「雲務子不修他道，受虛皇帝君太霄琅書瓊文帝章於九霄之上，歌詠妙篇，遊娛適肆，感暢神眞。致三元下教，位登太眞王，以傳太華眞人、三天長生君、太和眞人、東華老子、南極總司禁君、西臺中侯、北帝中眞、九靈玉子、太靈眞妃、赤精玉童、玄谷先生、南嶽赤松、中山王喬、紫陽眞人、西城王君、中皇先生、趙伯玄、山仲宗等一十八人，並修此道，面發金容，項負圓光……皆由瓊文以致上眞。」

2. 《紫陽眞人內傳》曰：「（周義山）登戎山遇趙伯玄受三九素語。」

3. 《上清金眞玉光八景飛經》曰：「趙玄伯昔師萬始先生，受書道成，當登金闕而無招靈致眞豁落七元二符於俯仰之格，方退還戎山，七百年後詣清眞小童，依盟受之於委羽之山，今升爲上清左司君。」

4. 《洞眞太上太霄琅書》卷 1 有「趙伯玄」

5. 見下「劉子先」條。

劉子先

【註】

1. 《太眞玉帝四極明科經》卷 2 曰：「太玄都四極明科曰：『金書秘字上元眞書二卷，青眞小童所修，以傳太極眞人、清虛眞人、南嶽赤松、劉子先，舊科七千年三傳。若有金名玉字，書於帝籙，七百年內聽得頓傳。』」

2. 《紫陽眞人內傳》曰：「（周義山）登大庭山遇劉子先，受七變神法。」

3. 《眞誥·稽神樞第四》曰：「漱龍胎而死訣，飲瓊精而叩棺者，先師王西城及趙伯玄、劉子先是也。」註曰：「王君昔用劍解，非龍胎諸丹，恐瓊精即是曲晨耳。」

臧延甫

【註】

1. 《紫陽眞人內傳》曰：「（周義山）退登岐山遇臧延甫受憂樂曲素訣。」
2. 《眞誥·稽神樞第四》曰：「服金丹而告終者，臧延甫、張子房、墨狄子是也。」
3. 《上清黃氣陽精三道順行經》曰：「中皇僊人玄子生、墨翟子、趙延甫、寧康伯、彭鑑、安期、帛高之徒七百人，尋道履苦，情貫玉虛，雖騰身霄崖，遊盤五嶽，不得三道之要，故不得上登金門之內，受謁金闕之格。」

張子房

【註】

1. 《史記·留侯世家》曰：「（張良）曰：『……願棄人間事，從赤松子游耳。』乃學辟穀，道引輕身。」
2. 《詩含神霧》曰：「聖人受命，必順斗。張握命圖，授漢寶。」宋均曰：「聖人，謂高祖也，受天命而王，必順旋衡法。故張良受兵鈐之圖命，以授漢，爲珍寶也。」
3. 《春秋保乾圖》曰：「漢之一師爲張良，生韓之陂，漢以興。」
4. 《抱朴子·至理》曰：「昔留侯張良，吐出奇策，一代無有，智慮所及，非淺近人也，而猶謂不死可得者也，其聰明智用，非皆不逮世人，而曰吾將棄人間之事，以從赤松子游耳。遂修道引，絕穀一年，規輕舉之道，坐呂后逼蹴，從求安太子之計，良不得已，爲畫致四皓之策，果如其言，呂后德之，而逼令強食之，故令其道不成耳。按《孔安國秘記》云，良得黃石公不死之法，不但兵法而已。又云，良本師四皓，用里先生、綺里季之徒，皆僊人也，良悉從受其神方，雖爲呂后所強飲食，尋復修行仙道，密自度世，但世人不知，故云其死耳。如孔安國之言，則良爲得仙也。」《釋滯》曰：「子房出玄帷而反閭巷。」
5. 《搜神記》卷4曰：「益州之西，雲南之東，有神祠。尅山爲室，下有神奉祠之。自稱黃公。因言此神，張良所受黃石公之靈也。」

6. 《紫陽眞人內傳》曰：「（周義山）乃退登牛首山遇張子房，受太清眞經。」

7. 《太上赤文洞神三籙》曰：「三籙篇上周易內文三甲處談，周易內文俱八極聖祖名上字，妙行符，昔伏羲傳與神農……此文古本如之法出戶中，堯未必知，傳授者崇之，其後管夷吾、孫臏等皆相傳，范蠡、張良亦爾。」

8. 《眞誥・運象篇第二》曰：「夫言者性命之全敗也。信者得失之關鍵也。張良三期，可謂篤道而明心矣。」《眞誥・甄命授第一》曰：「昔漢初有四五小兒，路上畫地戲。一兒歌曰：『著青裙，入天門，揖金母，拜木公。』到復是隱言也，時人莫知之。唯張子房知之，乃往拜之。此乃東王公之玉童也。所謂金母者，西王母也。木公者，東王公也。僊人拜王公、揖王母。」《眞誥・稽神樞第四》曰：「服金丹而告終者，臧延甫、張子房、墨狄子是也。」

甯仲君

【校】

秘本、說本、《無上秘要》「甯」作「審」。

【註】

《眞誥・稽神樞第四》曰：「挹九轉而尸愆，吞刀圭而蟲流，司馬季主、寧仲君、燕昭王、王子晉是也。」

燕昭王

【註】

1. 《史記・封禪書》曰：「自威、宣、燕昭使人入海求蓬萊、方丈、瀛洲。此三神山者，其傳在勃海中，去人不遠；患且至，則船風引而去。蓋嘗有至者，諸僊人及不死之藥皆在焉。其物禽獸盡白，而黃金爲宮闕。未至，望之如雲；及到，三神山反居水下。臨之，風輒引去，終莫能至云。」

2. 《搜神記》卷 18 曰：「於時燕昭王墓前有一斑狐，積年能爲變幻。」

3. 《拾遺記》卷 4 曰：「王好神仙之術，故玄天之女，託形作此二人（王即位二年，廣延國來獻善舞者二人：一名旋娟，一名提嫫）。昭王之末，莫知所在。或云遊於漢江，或伊洛之濱。四年，王居正寢，召其臣甘需曰：『寡人志於仙道，欲學長生久視之法，可得遂乎？』需曰：『臣遊昆臺之山，見有垂髮之叟，宛若少童，貌若冰雪，行如處子，血清骨勁，膚實腸輕，乃歷蓬、瀛而超碧海，經涉升降，遊往無窮，此爲上仙之人也。蓋能去滯

欲而離嗜愛，洗神滅念，常遊於太極之門。今大王以妖容惑目，美味爽口，列女成羣，迷心動慮，所愛之容，恐不及玉，纖腰皓齒，患不如神；而欲却老雲遊，何異操圭爵以量滄海，執毫釐而迴日月，其可得乎！』昭王乃徹色減味，居乎正寢，賜甘需羽衣一襲，表其墟爲明眞里也……九年，昭王思諸神異。有谷將子，學道之人也，言於王曰：『西王母將來遊，必語虛無之術。』不逾一年，王母果至，與昭王遊於燧林之下，說炎帝鑽火之術。取綠桂之膏，燃以照夜。忽有飛蛾銜火，狀如丹雀，來拂於桂膏之上。此蛾出於員丘之穴，穴洞達九天，中有細珠如流沙，可穿而結，因用爲珮，此是神蛾之矢也。蛾憑氣飲露，飛不集下，羣仙殺此蛾合丹藥。西王母與羣仙遊員丘之上，聚神蛾以瓊筐盛之，使王童負筐，以遊四極，來降燕庭，出此蛾以示昭王，王曰：『今乞此蛾，以合九轉神丹。』王母弗與。昭王坐握日之臺參雲，上可捫日，時有黑鳥白頭，集王之所，銜洞光之珠，圓徑一尺。此珠色黑如漆，懸照於室內，百神不能隱其精靈。此珠出陰泉之底，陰泉在寒山之北，員水之中，言水波常圓轉而流也。有黑蚌飛翔來去如五嶽之上。昔黃帝時，霧成子游寒山之嶺，得黑蚌在高崖之上，故知黑蚌能飛矣。至燕昭王時，有國獻於昭王，王取瑤漳之水，洗其泥沙，乃嗟歎曰：『自懸日月以來，見黑蚌生珠，已八九十遇，此蚌千歲一生珠也。』珠漸輕細。昭王常懷此珠，當隆暑之月，體自輕涼，號曰『銷暑招涼之珠』也。」卷10曰：「燕昭王二年，海人乘霞舟，以雕壺盛數斗膏以獻昭王。王坐通雲之臺，亦曰通霞臺，以龍膏爲燈，光耀百里，煙色丹紫，國人望之，咸言瑞光，世人遙拜之。燈以火浣布爲纏。山西有照石，去石十里，視人物之影如鏡焉。碎石片片皆能照人，而質方一丈則重一兩。昭王舂此石爲泥，泥通霞之臺，與西王母常遊居此臺上。常有眾鸞鳳鼓舞，如琴瑟和鳴，神光照耀，如日月之出。臺左右種恒春之樹，葉如蓮花，芬芳如桂，花隨四時之色。昭王之末，仙人貢焉，列國咸賀。王曰：「寡人得恒春矣，何憂太清不至。」

4. 《眞誥·稽神樞第四》曰：「桐柏山，高萬八千丈。其山八重，周迴八百餘里，四面視之如一。在會稽東海際。」又曰：「揖九轉而尸凖，吞刀圭而蟲流，司馬季主、寧仲君、燕昭王、王子晉是也。」註曰：「……燕昭學仙而不見別跡。景純云：『無靈焉』，則爲未究其事矣。」《眞誥·闡幽微第二》有註曰：「《劍經》序稱燕昭王亦得仙。燕昭，六國時英主，遂不墮

於三官，乃知鍊丹獨往，亦爲殊拔也。」

茅初成

【註】

1. 《史記・秦始皇本紀》曰：「三十一年十二月，更名臘曰『嘉平』。」集解曰：「《太原眞人茅盈內紀》曰：『始皇三十一年九月庚子，盈曾祖父濛，乃於華山之中，乘雲駕龍，白日昇天。先是其邑謠歌曰：神仙得者茅初成，駕龍上陞入泰清，時下玄洲戲赤城，繼世而往在我盈，帝若學之臘嘉平。始皇聞謠歌而問其故，父老具對此僊人之謠歌，勸帝求長生之術。於是始皇欣然，乃有尋仙之志，因改臘曰『嘉平』。』」

2. 《神仙傳・茅君》曰：「茅君者，名盈，字叔申，咸陽人也。高祖父濛，字初成，學道於華山，丹成，乘赤龍而昇天，即秦始皇時也。有童謠曰：『神仙得者茅初成，駕龍上天升太清，時下玄洲戲赤城，繼世而往在我盈，帝若學之臘嘉平。』其事載《史記》詳矣。」

3. 《無上秘要》曰：「茅初成一名本初，司命君高功，師鬼谷先生入華陰山學道，乃乘雲駕龍白日昇天。」

少室山伯北臺郎千壽

【註】

1. 《眞誥・運象篇第一》有「少室眞人北臺郎劉千壽（沛人）」

2. 《山海經・西山經》曰：「又西北四百二十里，曰㚟山……其中多白玉，是有玉膏。其原沸沸湯湯，黃帝是食是饗。郭璞註曰：『《河圖玉版》曰：少室山，其上有白玉膏，一服即仙矣。』」《中山經》曰：「又東五十里，曰少室之山，百草木成困。其上有木焉，其名曰帝休，葉狀如楊，其葉五衢，黃華黑實，服者不怒。其上多玉，其下多鐵。」

3. 《三皇內文遺秘》曰：「中嶽嵩山號曰司眞洞天，在河南府登封縣，少室、武當二山爲輔嶽，封中天崇聖帝，主地土山谷之事。」

赤松子

【註】

1. 《神仙傳・皇初平》曰：「皇初平者，丹溪人也。年十五而家使牧羊，有道士見其良謹，使將至金華山石室中，四十餘年，忽然不復念家。其兄初起，

行索初平，歷年不能得。後見市中一道士善卜，乃問之曰：『吾有弟名初平，因令牧羊失之，今四十餘年，不知死生所在，願道君爲占之。』道士曰：『金華山中有一牧羊兒，姓皇名初平，是卿弟非耶？』初起聞之驚喜，即隨道士去尋求，果得相見……初起曰：『我弟獨得神仙道如此，吾可學否？』初平曰：『唯好道，便得耳。』初起便棄妻子，留就初平，共服松脂茯苓。至五千日，能坐在立亡，行於日中無影，而有童子之色……易姓爲赤，初平改字爲松子，初起改字爲魯班。其後傳服此藥而得仙者數十人焉。」

2. 《太上靈寶五符序》卷中曰：「古有黃初平者正服此藥（指眞人長生去三尸延年反白方），方成眞人。」此後記載與《神仙傳·皇初平》一致。

大梁真人魏顯仁

【註】

《眞誥·運象篇第一》有「大梁眞人魏顯仁（長樂人）」。

華山仙伯秦叔隱

【註】

《眞誥·運象篇第一》有「華山仙伯秦叔隱（馮翊人）」。

葛衍真人周季通

【校】

說本「衍」作「愆」。

【註】

1. 此條與第二左位「紫陽左眞人周君（義山）」爲同一人。

2. 葛衍，《清虛眞人裴君傳》（《雲笈七籤》卷 105）曰：「西玄者，葛衍山之別名也。葛衍有三山相連，西爲西玄，東爲鬱絕山，中央名葛衍山。三山有三府，名曰三宮。西玄山爲清靈宮，葛衍山爲紫陽宮，鬱絕根山爲極眞宮。」

3. 《周氏冥通記》卷 3 曰：「紫陽左眞人治葛衍山周君。」

太和真人山世遠

【註】

《眞誥·運象篇第一》有「太和眞人山世遠」。《眞誥·協昌期第一》曰：

「山世遠受孟先生法，暮臥，先讀《黃庭內景經》一過乃眠，使人魂魄自制鍊。恒行此，二十一年亦仙矣，是爲合萬過。」此條大致又見於《道迹靈仙記》。《眞誥・稽神樞第二》曰：「學道當如山世遠，去人事如清虛眞人，步深幽當如周紫陽，何有不得道邪？」註曰：「世遠傳未出，其捨家尋學，事在讖書。即尹公度弟子，已得爲太和山眞人。清虛王君、紫陽周君各自有傳。」《眞誥・稽神樞第四》曰：「僞人郭子華、張季連、趙叔達，晚又有山世遠者，此諸人往來與之（指戴孟）遊焉。昔居武當，今來大霍，欲從司命君受書，故未許焉。」註曰：「山已得爲太和眞人，則應居在南陽太和山矣。」

句曲眞人定錄右禁師茅君（諱固，字季偉，爲地眞）

【註】

1. 《神仙傳・茅君》曰：「茅君者，名盈，字叔申，咸陽人也……茅君十八歲入恒山學道，積二十年，道成而歸。時君之弟名固，字季偉，次弟名衷，字思和，仕漢位至二千石……後二弟年衰，各七八十歲，棄官委家，過江尋兄。君使服四扇散，卻老還嬰，於山下洞中修煉四十餘年，亦得成眞。太上老君……又使使者以紫素策文，拜固爲定錄君，衷爲保命君，皆列上眞，故號三茅君焉。」

2. 《太元眞人東嶽上卿司命眞君傳》（《雲笈七籤》卷104）曰：「……仙道成矣，後授紫素之書各百字，以付固、衷……紫素文曰：『太上有命，天載眞書，言咸陽茅固，家於南關，厥字季偉，受名當仙，位爲定錄，兼統地眞……治丹陽句曲之山。固其勖之動靜察聞』」

3. 《三洞群仙錄・相好品》與《三洞群仙錄・坐忘精思品》引《登眞隱訣》（佚文）云：「季偉昔長齋三年，竭誠單思，乃能服日月光芒之氣，於是神光映身也。」

4. 《眞誥・運象篇第一》有「句曲眞人定錄右禁郎季偉」、「茅中君」。《眞誥・運象篇第二》有「茅定錄」。《眞誥・稽神樞第一》曰：「按山形宛曲，東西遶迴，故曰句曲。」又曰：「江水之東，金陵之左右間小澤，澤東有句曲之山是也。」又曰：「山形似巳，故以句曲爲名焉。」又曰：「句曲山，秦時名爲句金之壇。以洞天內有金壇百丈，因以致名也。外又有積金山，亦因積金爲壇號矣。漢有三茅君，來治其上，時父老又轉名茅君之山。三君各乘一白鵠，分句曲之山爲大茅君、中茅君、小茅君三山焉。」

嶓冢真人右禁郎王道寧

【校】

秘本、輯本、說本「冢」作「家」；輯本「寧」作「甯」；《真誥·運象篇第一》有「嶓冢真人左禁郎王道寧（常山人）」；《真誥·甄命授第一》、《周氏冥通記》、《紫陽真人傳》有「嶓冢山」；《無上秘要》「右」作「左」。

【註】

1. 《山海經·西山經》曰：「又西三百二十里，曰嶓冢之山。漢水出焉，而東南流注於沔。囂水出焉，北流注於湯水。其上多桃枝鉤端，獸多犀兕熊羆，鳥多白翰赤鷩。有草焉，其葉如蕙，其本如桔梗，黑華而不實，名曰蓇蓉，食之使人無子。」

2. 《河圖括地象》曰：「嶓冢山上為狼星，山上有異草，花名骨落，食之無子。」

3. 《真誥·運象篇第一》有「嶓冢真人左禁郎王道寧（常山人）。

4. 《周氏冥通記》曰：「紫陽古（應作右）真人治嶓冢山王君。」註曰：「《周君傳》乃云紫陽有左右真人，亦不顯，右是王君，不知何名字。」

5. 《無上秘要》曰：「王道寧，常山人，主西方錄善籍，保舉學道，嶓冢（家）真人左禁郎。」

太清右公李抱祖

【註】

《無上秘要》曰：「李抱祖，岷山人，受青精䭀飯者，太清右公。」

蓬萊左公宋晨生

【註】

1. 《史記·封禪書》曰：「自威、宣、燕昭使人入海求蓬萊、方丈、瀛洲。此三神山者，其傳在渤海中，去人不遠；患且至，則船風引而去。蓋嘗有至者，諸僊人及不死之藥皆在焉。其物禽獸盡白，而黃金為宮闕。未至，望之如雲；及到，三神山反居水下。臨之，風輒引去，終莫能至云 。」

2. 《真誥·稽神樞第三》曰：「張玄賓者，定襄人也，魏武帝時曾舉茂才……自云：『昔曾詣蓬萊宋晨生。晨生者，蓬萊左公也。與其論無，粗得人意……』理禁伯亦保命之監國也。」

蓬萊右公賈保安

【校】

《無上秘要》「保」作「寶」。

【註】

《眞誥・運象篇第一》有「蓬萊右公賈保安（鄭人）」。

潛山真伯趙祖陽

【校】

古本「潛」作「潛」，說本「潛」作「潛」。

【註】

《眞誥・運象篇第一》有「潛山眞伯趙祖陽（涿郡人）」。

九疑仙侯張上貴

【註】

1. 《山海經・海內經》曰：「南方蒼梧之丘，蒼梧之淵，其中有九嶷山。舜之所葬，在長沙零陵界中。」郭璞註曰：「山今在零陵營道縣南，其山九谿皆相似，故云九嶷。」《史記・五帝本紀》曰：「舜南巡崩於蒼梧之野，葬於江南九嶷。」《水經注・湘水》曰：「營水出營陽冷道縣南山，西流徑九疑山下。蟠基蒼梧之野，峰秀數郡之間，羅岩九峰，各導一溪、岫壑負阻，異嶺同勢。遊者疑焉，故曰：九嶷山。」

2. 《眞誥・運象篇第一》有「九嶷山侯張上貴（楚人）」。

蓬萊左卿：

姜叔茂

【註】

見「周大賓」條。

周大賓

【校】

古本「賓」作「賓」；《眞誥・稽神樞第三》作「周太賓」；《周氏冥通記》作「周太賓」。

【註】

1. 《眞誥・稽神樞第三》曰：「秦時有道士周太賓及巴陵侯姜叔茂者，來往句曲山下，又種五果並五辛菜。叔茂以秦孝王時封侯，今名此地爲姜巴者是矣，以其因叔茂而名地焉。」註曰：「地號今亦存，有大路從小茅後通延陵，即呼爲姜巴路也。但秦孝公時未並楚置郡，巴陵縣始晉初，不知那有巴陵之封，恐是巴蜀之巴故也。」又曰：「此二人並已得仙，今在蓬萊爲左卿。今南鄭諸姜，則叔茂之後。茂曾作書與太極官僚云：『昔學道於鬼谷，道成於少室。養翮於華陽，待舉於逸域⋯⋯』太賓亦有才藝，善鼓琴。昔教麋長生、孫廣田。廣田即孫登也，獨絃能彈而成八音，眞奇事也。」註曰：「孫登即嵇康所謂長嘯者，亦云見彈一絃之琴，斯言非虛矣。」

2. 《周氏冥通記》卷3曰：「一人姓周著華蓋冠服，雲錦衣，佩玉鈴。」註曰：「年四十餘，《眞誥》云名太賓，侍者五人，執紫清毛節。」又曰：「蓬萊右大夫周君。」

毛伯道

【註】

　　見「劉道恭」條。

劉道恭 （二人王屋山得道）

【註】

　　《眞誥・甄命授第一》曰：「昔毛伯道、劉道恭、謝稚堅、張兆期，皆後漢時人也，學道在王屋山中，積四十餘年，共合神丹。毛伯道先服之而死，道恭服之又死。謝稚堅、張兆期見之如此，不敢服之，並捐山而歸去。後見伯道、道恭在山上。二人悲愕，遂就請道。與之茯苓持行方。服之，皆數百歲，今猶在山中，遊行五嶽。此人知神丹之得道，而不悟試在其中，故但陸仙耳，無復登天冀也。」註曰：「謝稚堅有三處出。一云與葛玄相隨，一云在鹿跡洞中，一即是此。未詳爲是一人，當同姓名耳。」

東方朔

【註】

1. 《史記・滑稽列傳》曰：「武帝時，齊人有東方生名朔，以好古傳書，愛經術，多所博觀外家之語⋯⋯」

2. 《漢書‧東方朔傳》曰：「東方朔，字曼倩，平原厭次人也……」

3. 《十洲記》曰：「漢武帝既聞王母說八方巨海之中有祖洲、瀛洲、玄洲、炎洲、長洲、元洲、流洲、生洲、鳳麟洲、聚窟洲，有此十洲，乃人跡所稀絕處，又始知東方朔非世常人，是以延之曲室而親問十洲所在所有之物名，故書記之。方朔云：『臣學仙者耳，非得道之人，以國家之盛美將招名儒墨於文教之內，抑絕俗之道於虛詭之跡。臣故韜隱逸而赴王庭，藏養生而侍朱闕矣。亦由尊上好道，且復欲抑絕其威儀也。曾隨師主履行，北至朱陵、扶桑、蜃海、冥夜之丘、純陽之陵、始青之下、月宮之間，內遊七丘，中旋十洲，踐赤縣而邀五嶽，行陂澤而息名山。臣自少及今，周流六天，所涉天光，極於是矣……』」

4. 《列仙傳‧東方朔》曰：「東方朔者，平原厭次人也。久在吳中，爲書師數十年。武帝時，上書說便宜，拜爲郎。至昭帝時，時人或謂聖人，或謂凡人，作深淺顯默之行。或忠言，或戲語，莫知其旨。至宣帝初，棄郎以避亂世，置幘官舍，風飄之而去。後見於會稽，賣藥五湖。智者疑其歲星精也。」

5. 《漢武帝內傳》曰：「王母曰：『……東方朔，是我鄰家小兒也，性多滑稽，曾三來偷此桃，此子昔爲太上使令，到方丈助三天司命收錄仙家，朔到方丈但務山水遊戲，了不共營……於是九源丈人酒言於太上，太上遂謫斥使在人間，去太清之朝，令處臭濁之鄉。近金華山二僊人及九疑君，比爲陳乞以行原之。』於是帝（指漢武帝）酒知朔非世俗之徒也。」又曰：「東方朔一旦乘雲龍飛去，同時眾人見從西北上，再仰望，大霧覆之，不知所在。」

6. 《漢武故事》曰：「後上殺諸道士妖妄者百餘人。西王母遣使謂上曰：『求仙信邪？欲見神人，而先殺戮，吾與帝絕矣。』又致三桃曰：『食此可得極壽。』使至之日，東方朔死。上疑之，問使者。曰：『朔是木帝精爲歲星，下游人中，以觀天下，非陛下臣也。』上後葬之。」

7. 《神異經》，舊題漢東方朔撰，晉張華註。

8. 《洞冥記》曰：「東方朔，字曼倩。父張夷，字少平，妻田氏女。夷年二百歲，顏如童子。朔生三日而田氏死，時景帝三年也。鄰母拾而養之。年三歲，天下秘讖，一覽暗誦於口，常指撝天下，空中獨語。鄰母忽失朔，累月方歸，母笞之。後復去，經年乃歸。母忽見，大驚曰：『汝行經年一歸，

何以慰我耶？』朔曰：『兒至紫泥海，有紫水污衣，仍過虞淵湔浣，朝發中返，何云經年乎？』母問之：『汝悉是何處行？』朔曰：『兒湔衣竟，暫息都崇堂。王公飴之以丹霞漿，兒食之太飽，悶幾死，乃飲玄天黃露半合，即醒。既而還。路遇一蒼虎，息於路傍。兒騎虎還，打捶過痛，虎嚙兒腳傷。』母悲嗟，乃裂青布裳裹之。朔復去家萬里，見一枯樹，脫布掛於樹。布化為龍，因名其地為布龍澤。朔以元封中游濛鴻之澤，忽見王母採桑於白海之濱。俄有黃眉翁指阿母以告朔曰：『昔為吾妻，託形為太白之精，今汝此星精也。吾卻食吞氣，已九千餘歲，目中瞳子，色皆青光，能見幽隱之物，三千歲一反骨洗髓，二千歲一刻肉伐毛。自吾生，已三洗髓五伐毛矣。』建元二年，帝起騰光臺，以望四遠。於臺上撞碧玉之鍾，掛懸黎之磬，吹霜條之篪，唱來雲依日之曲。方朔再拜於帝前，曰：『臣東遊萬林之野，獲九色鳳雛，涔源丹獺之水赤色。西過洞壑，得滄淵蚘子靜海遊珠。洞壑在虞淵西，蚘泉池在五柞宮北，中有追雲舟、起風舟、侍仙舟、含煙舟。或以杪棠為枻楫，或以木蘭文柘為櫓棹，又起五層臺於月下。』又曰：「天漢二年，帝升蒼龍閣，思仙術，召諸方士言遠國遐方之事。唯東方朔下席，操筆跪而進，帝曰：『大夫為朕言乎？』朔曰：『臣遊北極，至鍾火之山，日月所不照，有青龍銜燭火以照。山之四極，亦有園圃池苑，皆植異木異草。有明莖草，夜如金燈，折枝為炬，照見鬼物之形。僊人寧封常服此草，於夜暝時，輒見腹光通外，亦名洞冥草。』」

9. 《論衡·道虛》曰：「世或言東方朔亦道人也，姓金氏，字曼倩。變姓易名，遊宦漢朝。外有仕宦之名，內乃度世之人。」

10. 《風俗通義·正失》曰：「俗言東方朔太白星精。黃帝時為風后，堯時為務成子，周時為老聃，在越為范蠡，在齊為鴟夷子皮，言其神聖，能興王霸之業，變化無常。」

11. 《博物志》卷8曰：「時東方朔竊從殿南廂朱鳥牖中窺母，母顧之謂帝曰：『此窺牖小兒，嘗三來盜吾此桃。』帝乃大怪之。由此世人謂方朔神仙也。」卷9曰：「《神仙傳》曰：『說上據辰尾為宿，歲星降為東方朔。傳說死後有此宿，東方生無歲星。』」

12. 《神仙傳·序》曰：「東方飄衣於京都。」《神仙傳·巫炎》曰：「帝召東方朔使相此君（指巫炎）有何道術，朔對曰：『此君有陰術。』」

13. 《西京雜記》曰：「東方朔云：『天下無知我者，唯曆官大伍公知之。』帝

召問之，曰：『諸星在，唯歲星不見。』」

14. 《太上靈寶升玄內教經中和品議疏》曰：「延年者年命長遠，智力康強，若方朔之壽九千。」

15. 《三天內解經》卷上曰：「太上遣眞人及王方平、東方朔欲輔助漢世，使遊觀漢國，看視人情……」

16. 《洞玄靈寶五嶽古本眞形圖（並序）》託名東方朔。

17. 《無上秘要》曰：「東方朔，服初神丸仕漢武帝者。」

馬明生

【註】

1. 《神仙傳・馬鳴生》曰：「馬鳴生者，齊國臨淄人也，本姓帛，名和，字君實。少爲縣吏，因逐捕而爲賊所傷，當時暫死，得道士神藥救之，遂活。便棄職隨師，初但欲求受治瘡病耳，知其有長生之道，遂久事之。隨師負笈，西之女幾山，北到玄丘山，南湊瀘江，周遊天下。勤苦備嘗，乃受《太清神丹經》三卷，歸入山合藥，服之。不樂昇天，但服半劑，爲地仙矣。常居所在，不過三年，輒便易處，人或不知是僊人也。架屋舍，畜僕從，乘車馬，與俗人無異。如此輾轉遊九州五百餘年，人多識之，怪其不老。後乃修大丹，白日昇天而去也。」

2. 《元始上眞眾仙記》曰：「馬明生，今在鍾山。」

3. 《無上秘要》曰：「馬明生，臨淄人，遇太眞夫人以靈丸，後師安期生受服太清丹，在世五百年去世。」

彭鏗（西入流沙）

【校】

《無上秘要》「鏗」作「籛」。

【註】

1. 《國語・鄭語》曰：「昆吾爲夏伯矣，大彭、豕韋爲商伯矣，當周未有。己姓昆吾、蘇、顧、溫、董，董姓鬷夷、豢龍，則夏滅之矣。彭姓彭祖、豕韋、諸、稽，則商滅之矣。」

2. 《世本》曰：「彭祖姓籛名鏗，在商爲守藏史，在周爲柱下史，年八百歲。」

3. 《莊子・逍遙遊》曰：「而彭祖乃今以久特聞，眾人匹之，不亦悲乎？」《大宗師》曰：「彭祖得之，上及有虞，下及五伯。」《刻意》曰：「吹呴呼吸，

吐故納新，熊經鳥申，爲壽而已矣；此導引之士，養形之人，彭祖壽考者之所好也。」

4. 屈原《楚辭・天問》曰：「彭鏗斟雉，帝何饗，受壽永多，夫何久長？」

5. 《大戴禮記・帝系》曰：「顓頊娶于滕氏，滕氏奔之子，謂之女祿氏，產老童。老童娶于竭水氏，竭水氏之子，謂之高緺氏，產重黎及吳回。吳回氏產陸終。陸終氏娶于鬼方氏，鬼方氏之妹，謂之女隤氏，產六子……其三曰篯，是爲彭祖……」

6. 《列仙傳・彭祖》曰：「彭祖者，殷大夫也。姓篯名鏗，帝顓頊之孫，陸終氏之中子。歷夏至殷末，八百餘歲。常食桂芝，善導引行氣。歷陽有彭祖仙室，前世禱請風雨，莫不輒應。常有兩虎在祠左右，祠訖地即有虎跡。云後升仙而去。」《搜神記》「八百餘歲」作「號七百餘歲」，其他略同。

7. 《神仙傳・彭祖》曰：「彭祖者，姓篯名鏗，帝顓頊之玄孫，至殷末世，年七百六十歲而不衰老。少好恬靜，不恤世物，不營名譽，不飾車服，唯以養生治身爲事。殷王聞之，拜爲大夫，常稱疾閒居，不與政事。善於補養導引之術，並服水桂、雲母粉、麋鹿角，常有少容……致遺珍玩，前後數萬，彭祖皆受之以恤貧賤，略無所留……彭祖曰：『欲舉形登天，上補仙官者，當用金丹，此元君太一所服，白日昇天也。然此道至大，非君王所爲。其次當愛精養神，服餌至藥，可以長生，但不能役使鬼神，乘虛飛行耳。不知交接之道，雖服藥無益也……僕遺腹而生，三歲失母，遇犬戎之亂，流離西域，百有餘年。』……采女具受諸要以教王，王試爲之，有驗。欲秘之，乃令國中有傳彭祖道者，誅之。又欲害彭祖以絕之，彭祖知之，乃去，不知所在。其後七十餘年，聞人於流沙之西見之……彭祖去殷時，年七百七十歲，非壽終也。」《神仙傳・黃山君》曰：「黃山君者，修彭祖之術，年數百歲，猶有少容。亦治地仙，不取飛升。彭祖既去，乃追論其言，爲《彭祖經》。得《彭祖經》者，便爲木中之松柏也。」

8. 《抱朴子・論仙》曰：「老彭之壽。」《對俗》曰：「至於彭老猶是人耳，非異類而壽獨長者，由於得道，非自然也。」又曰：「彭祖言：『天上多尊官大神，新仙者位卑，所奉使者非一，但更勞苦，故不足役役於登天，而止人間八百餘年也。』」又曰：「（《玉鈴經中篇》）又云，積善事未滿，雖服仙藥，亦無益也。若不服仙藥，並行好事，雖未便得仙，亦可無卒死之禍矣。吾更疑彭祖之輩，善功未足，故不能昇天耳。」《塞難》曰：「仲尼既

敬問伯陽，願比老彭。」《釋滯》曰：「彭祖爲大夫八百年，然後西適流沙。」
《極言》曰：「彭祖八百，安期三千。」又曰：「按《彭祖經》云其自帝嚳
佐堯，歷夏至殷爲大夫，殷王遣綵女從受房中術，行之有效，欲殺彭祖，
以絕其道，彭祖覺焉而逃去。去時年七八百餘，非爲死也。《黃石公記》
云彭祖去後七十餘年，門人於流沙之西見之，非死明矣。又彭祖之弟子青
衣烏公、黑穴公、秀眉公、白兔公子、離婁公、太足君、高丘子、不肯來
七八人，皆歷數百歲，在殷而各仙去，況彭祖何肯死哉？右劉向所記《列
仙傳》亦言彭祖是僊人也。」《退覽》曰：「道經有《三皇內文》……《素
女經》、《彭祖經》……」《明本》曰：「昔赤松子、王喬、琴高、老氏、彭
祖、務成子、鬱華皆眞人，悉仕於世，不便退遁……」《抱朴子》（內篇佚
文）曰：「歷陽有彭祖仙室，請雨必得。」

9. 《元始上眞眾仙記》曰：「崑崙玄圃金爲墉城……西王母九光所治，群仙無
量也……漢時四皓僊人、安期、彭祖今並在此輔焉。」

10. 《太上靈寶升玄內教經中和品議疏》曰：「延年者年命長遠，智力康強，若
方朔之壽九千，彭祖之年八百。」

11. 《上清黃氣陽精三道順行經》曰：「中皇僊人玄子生、墨翟子、趙延甫、寧
康伯、彭鑑、安期、帛高之徒七百人，尋道履苦，情貫玉虛，雖騰身霄崖，
遊盤五嶽，不得三道之要，故不得上登金門之內，受謁金闕之格。」

12. 《太上洞玄靈寶本行因緣經》曰：「仙公（指太極左仙公葛玄）曰：『……
子欲使法輪速升飛行上清諸天者，當更立功救度國民土人災厄疾苦，大功
德滿，太上錫迎子矣。是以彭祖八百歲，安期生千年，白石生三千齡，故
游民間，皆坐其前世學法，小功德薄故也，乃有萬餘歲在山河中猶未昇
天……』」

13. 《洞眞上清太微帝君步天綱飛地紀經簡玉字上經》曰：「彭祖步綱，乃之流
沙。」

14. 陶弘景《尋山志》曰：「仰彭涓兮弗遠，必長年兮可期。」

15. 《眞誥·稽神樞第四》曰：「至於青精先生、彭鏗、鳳綱、南山四皓、淮南
八公，並以服上藥，不至一劑，自欲出處嘿語，肥遯山林，以遊仙爲藥，
以升虛爲戚，非不能登天也，弗爲之耳。此諸君自輾轉五嶽，改名易貌，
不復作尸解之絕也。」註曰：「鏗即彭祖名也……鳳綱並諸僊人各有別顯。」

鳳綱

【註】

1. 《抱朴子・遐覽》著錄《鳳綱經》。

2. 《神仙傳・鳳綱》曰：「鳳綱者，漁陽人也。常採百草花以水漬泥封之。自正月始，盡九月末止，埋之百日，煎丸之，卒死者以藥內口中，皆立生。綱長服此藥，得壽數百歲不老，後入地肺山中仙去。」

3. 《眞誥・協昌期第二》有「鳳綱口訣」。註曰：「出《神仙傳》，能釀百草花以起死者。」《眞誥・稽神樞第四》曰：「至於青精先生、彭鏗、鳳綱、南山四皓、淮南八公，並以服上藥，不至一劑，自欲出處嘿語，肥遯山林，以遊仙爲藥，以升虛爲戚，非不能登天也，弗爲之耳。此諸君自輾轉五嶽，改名易貌，不復作尸解之絕也。」註曰：「鏗即彭祖名也……鳳綱並諸傳人各有別顯。」

韓終

【註】

1. 《楚辭・遠遊》曰：「奇傅說之託辰星兮，羨韓眾之得一。」王逸註曰：「眾，一作終。」王逸註引《列仙傳》曰：「齊人韓終，爲王採藥，王不肯服，終自服之，遂得仙也。」

2. 《史記・秦始皇本紀》曰：「三十二年，始皇之碣石，使燕人盧生求羨門、高誓，刻碣石門……因使韓終、侯公、石生求僊人不死之藥。」

3. 《神仙傳・劉根》有韓眾賜劉根仙方之事。

4. 《抱朴子・金丹》有「韓終丹法」。《仙藥》曰：「韓終服菖蒲十三年，身生毛，日視書萬言，皆誦之，冬袒不寒。」

5. 《拾遺記》卷 1 曰：「闇河之北，有紫桂成林，其實如棗，群仙餌焉。韓終采藥四言詩曰：『闇河之桂，實大如棗。得而食之，後天而老。』」

6. 《元始上眞眾仙記》曰：「韓眾今爲霍林眞人。」

7. 《太上靈寶五符序》卷下曰：「靈寶上序及撰出服御之文，皆科斗古書，字不可解，子長並受集而顯出之，尋其波流，皆出乎五符之上也。子長受霍林僊人口訣，似韓眾也。」

8. 《上清金書玉字上經》曰：「太上神錄曰：『諸見北斗、高上、太微一星，皆增籌三百年，見二星，增籌六百年……韓眾、司馬季主及中嶽眞人孟子

卓、張巨君逮尹軌之徒，皆亦得見之者也。』」

9.《眞誥·協昌期第一》曰：「大方諸宮，青君常治處。其上人皆天眞高仙，太極公卿諸司命所在也……」註曰：「霍山赤城亦爲司命之府，唯太元夫人、南嶽夫人在焉。李仲甫在西方，韓眾在南方，餘三十司命皆在東華，青童爲太司命總統故也。」《眞誥·稽神樞第二》曰：「韓終授其（指九宮協晨夫人黃景華）岷山丹，服得仙。」

10.《周氏冥通記》卷 4 有「韓眾」。

11.《天地宮府圖·七十二福地》（《雲笈七籤》卷 27）曰：「第二十三洞眞墟，在潭州長沙縣，西嶽眞人韓終所治之處。」

墨翟（宋大水解）

【校】

古本、秘本、說本「宋大水解」作「宋大夫，水解矣」。

【註】

1.《史記·孟子荀卿列傳》曰：「蓋墨翟，宋之大夫，善守禦，爲節用。或曰並孔子時，或曰在其後。」

2.《神仙傳·墨子》曰：「墨子者，名翟，宋人也。仕宋爲大夫，外治經典，內修道術，著書十篇，號爲《墨子》，世多學之者。與儒家分途，務尚儉約，頗毀孔子，尤善戰守之功……墨子年八十有二，乃歎曰：『世事已可知矣，榮位非可長保，將委流俗以從赤松遊矣。』乃謝遣門人，入山精思至道，想像神仙。於是，夜常聞左右山間有誦書聲者，墨子臥後，又有人來，以衣覆之，墨子乃伺之。忽有一人，乃起問之曰：『君豈山嶽之靈氣乎？將度世之神仙乎？願且少留，悔以道教。』神人曰：『子有至德好道，故來相候，子欲何求？』墨子曰：『願得長生，與天地同畢耳。』於是，神人授以素書《朱英丸方道靈教戒五行變化》，凡二十五卷，告墨子曰：『子既有仙分，緣又聰明，得此便成，不必須師也。』墨子拜受，合作，遂得其效，乃撰集其要，以爲《五行記》五卷。乃得地仙，隱居以避戰國。至漢武帝時，遂遣使者楊遼，束帛加璧，以聘墨子，墨子不出。視其顏色，常如五六十歲人，周遊五嶽，不止一處也。」《神仙傳·劉政傳》著錄《墨子五行記》。

3.《抱朴子·金丹》有「墨子丹法」。《抱朴子·遐覽》著錄《墨子枕中五行

記》，又曰：「其變化之術，大者唯《墨子五行記》，本有五卷。昔劉君安未仙去時，鈔取其要，以爲一卷。」

4.《元始上眞眾仙記》曰：「墨翟爲太極仙卿，治馬跡山。」

5.《紫陽眞人內傳》曰：「（周義山）登鳥鼠山遇墨翟子，受紫度炎光內視圖。」

6.《上清黃氣陽精三道順行經》曰：「中皇僊人玄子生、墨翟子、趙延甫、寧康伯、彭鑑、安期、帛高之徒七百人，尋道履苦，情貫玉虛，雖騰身霄崖，遊盤五嶽，不得三道之要，故不得上登金門之內，受謁金闕之格。」

7.《上清後聖道君列記》有「墨翟」，爲二十四眞之一。

8.《眞誥‧運象篇第四》曰：「墨秋（狄）咽虹丹以投水。」《眞誥‧稽神樞第四》曰：「服金丹而告終者，臧延甫、張子房、墨狄子是也。」

9.《無上秘要》曰：「墨翟，宋人，善機巧，咽虹丹以投水，似作水解。」

樂子長

【註】

1.《神仙傳‧樂子長》曰：「樂子長者，齊人也。少好道，因到霍林，遇僊人，授以服巨勝赤鬆散方。僊人告之曰：『蛇服此藥，化爲龍；人服此藥，老成童，又能升雲上下、改人形容、崇氣益精、起死養生。子能行之，可以度世。』子長服之，年一百八十歲，色如少女。妻子九人，皆服其藥，老者返少，小者不老。乃入海，登勞盛山而仙去也。」

2.《抱朴子‧金丹》有「樂子長丹仙法」。

3.《太上靈寶五符序》卷上有「仙人挹服五方諸天氣經」，註曰：「華子期受用里先生訣，樂子長書出神名。」又有「靈寶要訣」。註曰：「虛林仙人授樂子長，隱於勞盛山之陰。」卷中有「靈寶巨勝眾方」，註曰：「霍林仙人授樂子長，隱於勞山之陰。」又有「夏禹受眞人方」，註曰：「樂子長書出隱於勞山之陰。」又有「樂子長鍊胡麻膏方」；又有「樂子長服胡麻法」；又有「樂子長含棗核方」。卷下曰：「靈寶上序及撰出服御之文，皆科斗古書，字不可解，子長並受集而顯出之，尋其波流，皆出乎五符之上也。子長受霍林仙人口訣，似韓眾也。」

4.《元始上眞眾仙記》曰：「樂子長闔家得仙，未昇天任，並住方丈之室，神洲受太玄生籙五芝爲粮也。」

5.《上清太上元始耀光金虎鳳文章寶經》曰：「興寧三年乙丑七月七日，桐栢

眞人承樂子長、安期先生受出三皇蘊中金虎鳳文章符，令晚學道士許遠遊承受以制萬魔。」

6.《眞誥・甄命授第四》曰：「我嘗見南陽樂子長，淳朴之人，不師不受。順天任命，亦不知修生之方。行不犯惡，德合自然，雖不得延年度世，死登福堂，練神受氣，名賓帝錄，遂得補修門郎，位亞仙次。緣天資有分，亦由先世積德，流慶所陶。若使其粗知有攝生之理，兼得太上一言之訣，如此求道，無往不舉矣。」

李明（雷平合丹）

【校】

古本、說本「雷平合丹」作「雷平山合丹也」。

【註】

1.《華陽陶隱居內傳》卷中註曰：「《登眞隱訣》云：『昔李明於此下合九鼎丹，以升玄洲。發掘基址，屢得破瓦器，乃其舊用。』」

2.《眞誥・稽神樞第一》曰：「自小茅山後去，便有雷平、燕口、方嵎、大橫、良常諸山，靡迤相屬，垂至破罡瀆。」《眞誥・稽神樞第三》曰：「許長史今所營屋宅，對東面有小山，名雷平山……雷平山之東北有山，俗人呼爲大橫山，其實名鬱岡山也，《名山記》云所謂岡山者也。下有泉水，昔李明於此下合明丹而升玄洲，水邊今猶有處所。」

商西四皓

【校】

占本、秘本、輯本、說本、《無上秘要》「西」作「山」；輯本「皓」作「晧」；《眞誥・稽神樞第四》作「南山四皓」。

【註】

1.《史記・留侯世家》曰：「上……欲易太子……及燕，置酒，太子侍。四人從太子，年皆八十有餘，鬚眉晧白，衣冠甚偉。上怪之，問曰：『彼何爲者？』四人前對，各言名姓，曰：『東園公，甪里先生，綺里季，夏黃公。』上乃大驚，曰：『吾求公數歲，公辟（避）逃我，今公何自從吾兒遊乎？』四人皆曰：『陛下輕士善罵，臣等義不受辱，故恐而亡匿。竊聞太子爲人仁孝，恭敬愛士，天下莫不延頸欲爲太子死者，故臣等來耳。』上曰：『煩公幸卒調護太子。』四人爲壽已畢，趨去。上目送之，召戚夫人指示四人

者曰：『我欲易之，彼四人輔之，羽翼已成，難動矣。呂后真而主矣。』……
竟不易太子者，留侯本召此四人之力也。」

2. 《高士傳》曰：「四皓者，皆河內軹人也，或在汲。一曰東園公，二曰用里
先生，三曰綺里季，四曰夏黃公，皆修道潔己，非義不動。秦始皇時，見
秦政虐，乃退入藍田山，而作歌曰：『莫莫高山，深谷逶迤。曄曄紫芝，
可以療饑。唐虞世遠，吾將何歸！駟馬高蓋，其憂甚大。富貴之畏人，不
如貧賤之肆志。』乃共入商雒，隱地肺山，以待天下定。及秦敗，漢高聞
而徵之，不至。深自匿終南山，不能屈己。」

3. 《抱朴子·釋滯》曰：「四老鳳戢於商洛，而不妨大漢之多士也。」《黃白》
有「用里先生從稷丘子所授化黃金法」；《金丹》有「綺里丹法」；《遐覽》
著錄有《用里先生長生集》。

4. 《元始上真眾仙記》曰：「崑崙玄圃金為墉城……西王母九光所治，群仙無
量也……漢時四皓仙人、安期、彭祖今並在此輔焉。」

5. 《真誥·稽神樞第四》曰：「至於青精先生、彭鏗、鳳綱、南山四皓、淮南
八公，並以服上藥，不至一劑，自欲出處嘿語，肥遯山林，以遊仙為藥，
以升虛為戚，非不能登天也，弗為之耳。此諸君自輾轉五嶽，改名易貌，
不復作尸解之絕也。」

淮南八公

【註】

1. 《淮南子》高誘序：「天下方術之士多往歸焉，於是遂與蘇非、李尚、左
吳、田由、雷被、毛被、伍被、晉昌等八人及諸儒大山、小山之徒，
共講論道德，總統仁義，而著此書。」

2. 《神仙傳·淮南王》曰：「淮南王安，好神仙之道，海內方士從其遊者多
矣。一旦，有八公詣之，容狀衰老……於是振衣整容，立成童幼之狀……
問其姓氏，答曰：『我等之名，所謂文五常、武七德、枝百英、壽千齡、
葉萬椿、鳴九皋、修三田、岑以峰也，各能吹噓風雨，震動雷電，傾天
駭地，回日駐流，役使鬼神，鞭撻魔魅，出入水火，移易山川，變化之
事，無所不能也。」

3. 《搜神記》曰：「淮南王安好道術，設廚宰以候賓客。正月上午，有八老公
詣門求見。門吏白王，王使吏自以意難之，曰：『吾王好長生，先生無駐
衰之術，未敢以聞。』公知不見，乃更形為八童子，色如桃花。王便見之。

盛禮設樂，以享八公。援琴而弦歌曰：『明明上天，照四海兮。知我好道，公來下兮。公將與余，生羽毛兮。升騰青雲，蹈梁甫兮。觀見三光，遇北斗兮。驅乘風雲，使玉女兮。』今所謂《淮南操》是也。」

4. 《抱朴子・仙藥》曰：「昔仙人八公，各服一物，以得陸仙，各數百年，乃合神丹金液，而昇太清耳。」《遐覽》著錄《八公黃白經》。《抱朴子》（內篇佚文）曰：「伍被記八公造淮南王安，初爲老公，不見通。須臾皆成少年。」

5. 《眞誥・稽神樞第四》曰：「至於青精先生、彭鏗、鳳綱、南山四皓、淮南八公，並以服上藥，不至一劑，自欲出處嘿語，肥遯山林，以遊仙爲藥，以升虛爲戚，非不能登天也，弗爲之耳。此諸君自輾轉五嶽，改名易貌，不復作尸解之絕也。」

6. 《雲笈七籤》卷 109 有《淮南王八公》。

青烏公
【註】

1. 《抱朴子・極言》曰：「（黃帝）相地理則書青烏之說。」曰：「又彭祖之弟子，青衣烏公……高丘子、不肯來七八人，皆歷數百歲，在殷而各仙去。」

2. 《元始上眞眾仙記》曰：「青烏治長山及馮修山。」

3. 《眞誥・甄命授第一》曰：「君（指裴君）曰：『昔青烏公者，身受明師之教，審仙妙之理。至於入華陰山中學道，積四百七十歲。十二試之，有三不過。後服金汋而升太極。太極道君以爲試三不過，但僭人而已，不得爲眞人。況俗意哉！』」註曰：「青烏似是彭祖弟子也。」

黃山君
【校】

《無上秘要》作「黃山居」，誤。

【註】

1. 《神仙傳・黃山君》曰：「黃山君者，修彭祖之術，年數百歲，猶有少容。亦治地仙，不取飛升。彭祖既去，乃追論其言，爲《彭祖經》。得《彭祖經》者，便爲木中之松柏也。」

2. 《抱朴子・極言》著錄《黃石公記》。《遐覽》著錄有《黃山公記》，今王明有註曰：「黃山君殆即黃山公也。」

3. 《眞誥‧協昌期第二》曰：「黃仙君口訣：服食藥物……」註曰：「此彭祖弟子撰傳者。」

4. 陶弘景《養性延命錄‧序》曰：「余因止觀微暇，聊復披覽《養生要集》，其集乃前彥張湛、道林之徒，翟平、黃山之輩，咸是好事英奇，志在寶育，或鳩集仙經眞人壽考之規，或得採彭鏗老君長齡之術……」

甯封

【校】

古本「甯封」作「甯封子」；秘本「甯」作「寗」。

【註】

1. 《列仙傳‧寧封子》曰：「寧封子者，黃帝時人也，世傳爲黃帝陶正。有人過之，爲其掌火，能出五色煙，久則以教封子，封子積火自燒，而隨煙氣上下，視其灰燼，猶有其骨，時人共葬於寧北山中，故謂之寧封子也焉。」《搜神記》略同。

2. 《神仙傳‧序》曰：「寧子入火而陵雲。」

3. 《抱朴子‧對俗》曰：「昔安期先生、龍眉寧公、修羊公、陰長生皆服金液半劑者也。其止世間，或近千年，然後去耳。」《釋滯》曰：「寧封爲陶正。」

4. 《拾遺記》卷1曰：「僬僥人寧封食飛魚而死，二百年更生，故寧先生遊沙海七言頌云：『青蘪灼爍千載舒，百齡暫死餌飛魚。』」

5. 《上清大洞九微八道大經妙籙》曰：「《蓬萊高上眞書》，玄成清天上皇以傳寧封，佩此符橫行江河四海，群龍衛從，水精振伏。」

6. 《眞誥‧運象篇第四》曰：「寧生服石腦而赴火。」

方明

【註】

1. 《莊子‧徐无鬼》曰：「黃帝將見大隗乎具茨之山，方明爲御，昌寓驂乘，張若、諮朋前馬，昆閽、滑稽後車；至於襄城之野，七聖皆迷，无所問塗。」

2. 《太上靈寶五符序》卷下曰：「昔在黃帝軒轅曾省天皇眞一之經，而不解三一眞氣之要，是以周流四方，求其解釋爾。乃命駕出而遠遊，昌宇驂乘，方明爲御，力牧從焉。」

力牧
【註】

1.《史記・五帝本紀》曰：「（黃帝）舉風后、力牧、常先、大鴻以治民。」
2.《漢書・藝文志》曰：「《力牧》十五篇，黃帝相，依託也。」
3.《詩含神霧》曰：「大禹之興，黑風會紀。」註曰：「黑力墨、風七後，皆黃帝臣，伯禹，當其至也。」
4.《論語摘輔象》曰：「黃帝七輔：風后受金法，天老受天籙，五聖受道級，知命受糾俗，窺紀受變復，地典受州絡，力墨（力牧）受準斥。」
5.《帝王世紀》曰：「黃帝以風后配上臺，天老配中臺，五聖配下臺，謂之三公。其餘知命、規紀、地典、力牧、常先、封胡、孔甲等或以為師，或以為將。」
6.《抱朴子・極言》曰：「（黃帝）精推步則訪山稽、力牧。」
7.《太上靈寶五符序》卷上曰：「（黃帝）舉風后、力牧、恒先、大鴻以治民……」卷下曰：「昔在黃帝軒轅曾省天皇眞一之經，而不解三一眞氣之要，是以周流四方，求其解釋爾。乃命駕出而遠遊，昌宇驂乘，方明為御，力牧從焉。」
8.《七域修眞證品圖》曰：「黃帝燕居之暇，登啓明之臺，六聖侍焉，天老、力牧、大鴻、太山、稽隰、朋張若語以無為之道，長生修眞之要。

昌宇
【註】

1. 見「方明」條。
2.《抱朴子・對俗》著錄有《昌宇經》，記載有松樹、蛇、獼猴等長壽之物。《仙藥》有《昌宇內記》。

莊伯微（漢時人）
【註】

　　《眞誥・甄命授第一》曰：「昔在莊伯微，漢時人也，少時好長生道，常以日入時正西北向，閉目握固，想見崑崙，積二十一年。後服食，入中山學道，猶存此法。當復十許年後，閉目乃奄見崑崙。存之不止，遂見仙人授以金汋之方，遂以得道。猶是精感道應使之然也，非此術妙也。」

右位

太清仙王趙車子

【註】

1. 《太上靈寶五符序》卷下曰：「寶三人，皆稱太清仙王。」
2. 《上清七聖玄紀經》有「泰清仙王趙車子」。
3. 《無上秘要》曰：「趙車子，太清仙王。」

太清仙王李元容

【註】

《無上秘要》曰：「李元容師赤君，太清仙王。」

小有仙王鄧離子

【註】

《無上秘要》曰：「鄧離子師赤君，小有仙王。」

五嶽司西門叔度

【註】

《無上秘要》曰：「叔度胡姓康，名獻，師赤君五嶽司西門。」

中央真人宋德玄

【校】

《無上秘要》「中央」作「中嶽」。

【註】

1. 《上清瓊宮靈飛六甲左右上符》曰：「上清六甲靈映之道，當得至眞之人乃可傳之，即至支通降。九嶷眞人許偉遠，昔受此方於中嶽宋德玄，德玄者，周宣王時人，服此『靈飛六甲符』得道，能一日行三千里，數變形爲鳥獸，得眞靈之道，今在嵩山。」《上清瓊宮靈飛六甲籙》記載與此相似。
2. 《眞誥・稽神樞第四》曰：「九疑眞人韓偉遠，昔受於中嶽宋德玄。德玄者，周宣王時人，服此『靈飛六甲』得道，能一日行三千里，數變形爲鳥獸，得玄靈之道，今在嵩高。偉遠久隨之，乃得受法，行之道成，今處九疑山。」
3. 《太清眞人傳》（《雲笈七籤》卷 104）曰：「太清眞人宋倫，字德玄，洛陽人也。」

4. 見第六左地仙散位「宋玄德」條。

中嶽仙卿衍門子

【校】

《眞誥・稽神樞第四》、《無上秘要》「嶽」作「元」。

【註】

1. 宋玉《高唐賦》曰：「有方之士，羨門、高谿。」

2. 《史記・秦始皇本紀》曰：「三十二年，始皇之碣石，使燕人盧生求羨門、高誓。」裴駰《集解》曰：「韋昭曰：『羨門，古僊人。』」《史記・孝武本紀》曰：「（欒）大言曰：『臣嘗往來海中，見安期、羨門之屬。』」《史記・封禪書》曰：「自齊威宣之時，鄒子之徒論著終始五德之運，及秦帝而齊人奏之，故始皇採用之。而宋無忌、正伯僑、充尙、羨門高，最後皆燕人，爲方仙道，形解銷化，依於神鬼之事。」又曰：「於是始皇遂東遊海上，行禮祠名山大川及八神，求僊人羨門之屬。」

3. 《漢書・司馬相如傳》之《大人賦》曰：「廝徵伯喬而役羨門兮，詔岐伯使尙方。」《漢書・藝文志》著錄《羨門式法》20卷。

4. 《列仙傳・羨門》（王照圓《校正本》補）曰：「羨門高者，秦始皇使盧生求羨門子高。」

5. 《抱朴子・金丹》有「羨門子丹法」。《明本》曰：「夫得仙者，或昇太清，或翔紫霄，或造玄洲，或棲板桐，聽均天之樂，享九芝之饌，出攝松羨於倒景之表，入宴常陽於瑤房之中……」《仙藥》曰：「移門子服五味子十六年，色如玉女，入水不沾，入火不灼也。」今人王明註曰：「移、羨、衍三字音近通，實一人也。」《極言》曰：「敬卒若始，羨門所以致雲龍也。」《遐覽》著錄有《移門子記》。

6. 《紫陽眞人內傳》曰：「（周義山）遇衍門子乘白鹿執羽蓋，杖青毛之節，侍從十餘玉女。」

7. 《眞誥・稽神樞第四》曰：「呑琅玕之華而方營丘墓者，衍門子、高丘子、洪涯先生是也……衍門子墓在漁陽潞縣。」註曰：「幽州漁陽有潞縣，上黨亦有潞縣。衍門即羨門也……衍門子今在蒙山大洞黃金之庭，受書爲中元仙卿。」

中嶽真人孟子卓

【註】

　　《上清金書玉字上經》曰：「太上神錄曰：『諸見北斗、高上、太微一星，皆增筭三百年，見二星，增筭六百年……韓眾、司馬季主及中嶽眞人孟子卓、張巨君逮尹軌之徒，皆亦得見之者也。』」

西嶽真人馮延壽

【註】

1. 《洞眞太上三元流珠經》有「上清眞人馮先生口訣」。

2. 《眞誥・協昌期第一》曰：「楚莊公時，市長宋來子恒灑掃一市。久時，有一乞食公入市，經日乞，恒歌曰：『天庭發雙華，山源彰陰邪。清晨按天馬，來詣太眞家。眞人無那隱，又以滅百魔。』恒歌此乞食，一市人無解歌者。獨來子忽悟，疑是僊人，然故未解其歌耳。乃遂師此乞食公，棄官追逐。積十三年，此公遂授以中仙之道。來子今在中嶽。乞食公者，西嶽眞人馮延壽也，周宣王時史官也。」《眞誥・協昌期第二》有「上清眞人馮延壽口訣」。註曰：「前云是楚市西嶽眞人馮延壽。西嶽之號，自不妨上清之目也。」

3. 《周氏冥通記》卷2有「西嶽眞人馮延壽」。

南嶽真人傅先生

【註】

　　《眞誥・甄命授第一》曰：「君（指裴君）曰：『昔有傅先生者，其少好道，入焦山石室中，積七年而太極老君詣之。與之木鑽，使穿一石盤，厚五尺許……積四十七年，鑽盡石穿，遂得神丹，乃升太清，爲南嶽眞人。』」《搜神記》略同，今人汪紹楹註曰：「本條似即取材《眞誥》，疑後人摻入，非本書。」

青城真人洪崖先生

【校】

　　《眞誥・稽神樞第四》「崖」作「涯」。

【註】

1. 張衡《西京賦》曰：「洪涯立而指麾，被毛羽之襳襹。」

2. 《高士傳》曰：「洪崖先生創高道於上皇之代。」

3. 郭璞《遊仙詩》曰：「左挹浮丘袖，右拍洪崖肩。」

4. 《神仙傳‧衛叔卿》曰：「度世因曰：『向與父博者爲誰？』叔卿曰：『洪崖先生、許由、巢父、王子晉、薛容也。』」

5. 《太上九赤班符五帝內眞經》有「洪崖先生」。

6. 《眞誥‧稽神樞第四》曰：「吞琅玕之華而方營丘墓者，衍門子、高丘子、洪涯先生是也……洪涯先生墓在武威姑臧縣。」註曰：「《涼州記》作姑臧縣。」又曰：「洪涯先生今爲青城眞人。」

九疑真人韓偉遠

【註】

1. 《上清瓊宮靈飛六甲左右上符》曰：「上清六甲靈映之道，當得至眞之人乃可傳之，即至支通降。九嶷眞人許偉遠，昔受此方於中嶽宋德玄，德玄者，周宣王時人，服此『靈飛六甲符』得道，能一日行三千里，數變形爲鳥獸，得眞靈之道，今在嵩山。偉遠久隨之，乃受得此法，行之道成，今處九嶷山。」《上清瓊宮靈飛六甲籙》記載與此相似。

2. 《眞誥‧稽神樞第四》曰：「九疑眞人韓偉遠，昔受於中嶽宋德玄。德玄者，周宣王時人，服此『靈飛六甲』得道，能一日行三千里，數變形爲鳥獸，得玄靈之道，今在嵩高。偉遠久隨之，乃得受法，行之道成，今處九疑山。」

岷山真人陰友宗

【註】

1. 岷山，《河圖括地象》曰：「岷山之地，上爲井絡，地以會昌，神以建福，上爲天井。」

2. 《紫陽眞人內傳》曰：「（周義山）登岷山遇陰先生受九赤班符。」

3. 《眞誥‧運象篇第一》有「岷山眞人陰友宗」。

司命太元定錄紫臺四真人

【註】

《無上秘要》作「司命元君定錄紫臺眞人」。

中嶽眞人王仲甫

【註】

《眞誥‧協昌期第二》曰：「昔有道士王仲甫者，少乃有意，好事神仙。恒吸引二景湌霞之法，四十餘年，都不覺益。其子亦服之，足一十八年，白日升天。後南嶽眞人忽降仲甫而教之云：『子所以不得升度者，以子身有大病……』仲甫遂因服藥治病，兼修其事。又十八年，亦白日升天。今在玄州受書爲中嶽眞人，領九玄之司，於今在也。」註曰：「此說殊切事要。仲甫父子無餘別顯也。」《洞眞太上三元流珠經》記載與原文相似。

北陵丈人

【註】

《上清大洞九微八道大經妙籙》曰：「《蓬萊高上眞書》，玄成清天上皇以傳甯封，佩此符橫行江河四海，群龍衛從，水精振伏，一名《蓬萊太玄之札》，一名《九流眞書》，北陵丈人以授馬皇，參而乘雲昇天。」

太玄丈人

【校】

古本「玄」作「元」，說本「玄」字闕末筆「、」，皆避康熙諱。

【註】

1. 《赤松子章歷》卷 5 有「太玄君」。
2. 《太上大道三元品誡謝罪上法》、《元始五老赤書玉篇眞文書經》卷下有「太玄丈人」。

北上丈人

南上丈人

太氣丈人

【校】

《無上秘要》「太」作「大」。

益命丈人

【註】

《赤松子章歷》卷 3 有「延命益算君」、「益命君」。

飛眞丈人

九道丈人

【註】

1.《太上大道三元品誡謝罪上法》有「九老丈人」。

2.《元始高上玉檢大錄》曰：「高上太空九天丈人道君諱開。」

示安丈人

【校】

《無上秘要》有「永安丈人」。

百福丈人

【註】

1.《赤松子章歷》卷 3、《太上大道三元品誡謝罪上法》有「萬福丈人」。

2.《上清高上玉眞眾道綜監寶諱》曰：「百福君諱憐。」

百千神氣丈人

【註】

《太上大道三元品誡謝罪上法》有「百千萬億億萬萬數無殃數萬重道氣丈人」。

登天上籙玉女四人

上天玉女三人

【校】

輯本「玉」作「王」；《無上秘要》「三」作「四」。

三天玉女百人

【註】

《上清大洞三景玉清隱書訣籙》曰：「元始天王清齋千日於玉清宮中，告盟十天，無聲無色無形無名無祖無宗無極洞靈玉清九玄自然無數劫道，授大洞三景三元玉清金虎鳳文，三天玉童、玉女領付後學。」

青腰玉女官十人

【註】

1. 《山海經・中山經》曰：「又東十里，曰青要之山，實惟帝之密都……是山也，宜女子。」

2. 《太上靈寶五符序》卷上曰：「東方青牙九氣之天，其氣煙如春草之始萌，其光如暉日之初隆，下有朝華之淵，上有流英之宮，室有青腰玉女，堂有太上眞王。玉女乘九山之尊，眞王駕九光神龍，上導九天之氣，下引九泉之流芳，養二儀以長存，護陰陽以流通，天致元精於太極，地保山嶽於句芒神……」

3. 《紫陽眞人內傳》曰：「其中庭有青腰玉女，執玄玉南震之燈，散花燒香衛黃老君。」

4. 《上清太上帝君九眞中經》卷下有「青腰玉女五斤」。註曰：「口訣是空青。」

5. 《洞玄靈寶五老攝召北酆鬼魔赤書玉訣》曰：「道士隱學，書青帝赤書眞文置東方，則東嶽仙官至，長齋百日，精思靈寶尊神，則天眞下降，給青要玉女九人，取東嶽神仙芝草不死之藥……」

6. 《元始五老赤書玉篇眞文書經》卷上曰：「東方安寶華林青靈始老，號曰蒼帝……其精始生上號東方青牙九炁之天，中爲歲星，下爲泰山。其炁如春草之始萌，其光如暉日之初降。下有朝華之淵，上有流英之宮，室有青腰玉女，堂有太上眞王，玉女乘九山之獸，眞王駕九光神龍……」《太上洞玄靈寶赤書訣妙經》卷下有相似記載。

7. 《太上洞玄靈寶赤書訣妙經》卷下曰：「閉眼思東嶽泰山青帝君，姓玄丘，諱目陸，形長九寸九分，頭戴青玉通天寶冠，衣青羽飛衣，駕乘青龍，從青腰玉女十二人，從東方來降兆室，良久，青帝君化爲嬰兒始生之狀在青炁之中，隨炁從兆口入，徑至肝中……」

8. 《上清瓊宮靈飛六甲左右上符》有甲寅青要玉女、乙卯青要玉女、丙辰青要玉女、丁巳青要玉女、戊午青要玉女、巳未青要玉女、庚申青要玉女、辛酉青要玉女、壬戌青要玉女、癸亥青要玉女等十位青要玉女，各有名字，曰：「玉女紫錦帔，下丹青飛華裙，持玉精金虎符，餘取宜。」

9. 《太微靈書紫文琅玗華丹神眞上經》有「青腰中女五兩」。註曰「口訣是空青」

10. 《太上洞玄靈寶赤書訣妙經》卷上曰：「東方九炁始皇青天碧霞鬱壘中有老

人總校圖錄，攝丒降仙。其二十四字主召九天上帝，校神仙圖錄，學仙道士常以本命甲子立春之日青書二十四字於自刺姓名年月於刺下，投靈山之嶽，九年仙官到使青腰玉女九人，身得飛仙。」

11.《太上無極大道自然眞一五稱符上經》卷上曰：「東方歲星大帝句芒靈寶東稱符，字通明，東嶽泰山官屬四千三百人，姓劉字蓋卿，直符青腰玉女主之於肝，於體主兩目……」又曰：「老君曰：『諸百姓凡欲得錢財，索婦女，結言之、定要誓、規圖善、事願成、濟上章、求貴人、通詞訟、理冤枉，青腰玉女主之。諸欲得此福願者，先行東稱符五九四十五日，次行北稱符就之。』」

12.《洞眞太微金虎眞符》有「青要玉女」，配東方青帝。

13.《上清瓊宮靈飛六甲籙》有十位「青要玉女」之名字。曰：「玉女紫帔皂綠紅銷，服青裙，黃銷符。」

14.《上清高上龜山玄籙》、《太上洞玄靈寶授度儀》、《太上諸天靈書度命妙經》、《上清元始變化寶眞上經九靈太妙龜山玄籙》卷中、卷下有「青腰玉女」。

下等玉女

【校】

《無上秘要》有「百等玉女」。

北宮玉女

五帝玉女

【註】

《太上洞玄靈寶授度儀》有「五帝玉女」。

太素玉女

【註】

1.《太上靈寶五符序》卷上曰：「西方明石七氣之天，其氣煙如明月之落於景雲，其光如幽夜之覩於明珠……室有太上素女，堂有元氣大夫，乘崩山之獷虎，騁雲輦於虛無，上導洪精於七天，下和眾生於雲衢，挹雲露於皓芝，飲靈液於龍鬚……」

2.《洞玄靈寶五老攝召北酆鬼魔赤書玉訣》曰：「道士書白帝眞文置西方，則

西嶽仙官至，長齋百日，精思靈寶尊神，則天眞下降，給太素玉女六人，取西嶽神仙芝草不死之藥……」

3. 《元始五老赤書玉篇眞文書經》卷上曰：「西方七寶金門皓靈皇老，號曰白帝……其精始生上號明石七炁之天，中爲太白，下爲華陰山……下有玉泉長河，上有流英之樓，室有太上素女，堂有元氣大夫……」又有「太素玉女」，配白帝。《太上洞玄靈寶赤書訣妙經》卷下有相似記載。

4. 《上清瓊宮靈飛六甲左右上符》有甲申太素玉女、乙酉太素玉女、丙戌太素玉女、丁亥太素玉女、戊子太素玉女、己丑太素玉女、庚寅太素玉女、辛卯太素玉女、壬辰太素玉女、癸巳太素玉女等十位太素玉女，各有名字。曰：「玉女綠衣絳裙，青紅霞綬，青履，捧綠玉神符，餘取宜。」

5. 《洞眞太微金虎眞符》有「太素玉女」，配西方白帝。

6. 《上清瓊宮靈飛六甲籙》有十位「太素玉女」之名字。曰：「玉女白帔紅銷，服紅裙，執淺紅符。」

7. 《眞誥·握眞輔第一》曰：「又見東面有白衣好女子，亦於空中行，西向就白龍，徑入龍口中。須臾復出，三入三出乃止。又還某（指楊羲）右邊向某，而又覺某左邊有一老翁，著繡衣裳、芙蓉冠，柱赤九節而立，俱視其白龍。某問公：『何等女子，徑入龍口耶？』公對曰：『此太素玉女蕭子夫，取龍炁以鍊形也。此人似方相隸爲官也。』」

8. 《太上洞玄靈寶赤書訣妙經》卷上有「太素玉女」。

天素玉女

【校】

《無上秘要》有「天來玉女」。

白素玉女

【註】

1. 《太上靈寶五符序》卷下曰：「奉請降西方曜魄寶白帝君、明石七氣天君、元氣大夫、太上白素玉女西鄉諸靈官。」

2. 《太上洞玄靈寶赤書訣妙經》卷下曰：「閉眼思西嶽華山白帝君，姓浩丘，諱元倉，形長七寸七分，頭戴素玉通天寶冠，衣素羽飛衣，駕乘白龍，從白素玉女十二人，從西嶽來降兆室，良久白帝君化爲嬰兒始生之狀在白炁之中，隨炁入兆口中，入兆肺府……」

3. 《太上無極大道自然眞一五稱符上經》卷上曰：「老君曰：『西方太白星白帝少昊靈寶西稱符，字通陰，西嶽華山官屬千人，姓周字元起，直符白素玉女主之於肺，於體主兩耳……』」又曰：「老君曰：『諸百姓凡欲奉君主、事師長、回其心、得其意、專寵奉、見敬受、學門聰、明仕宦、遷貴、渡江海、入山澤、求得所願、賈市索利、杜疾病之路、塞喪禍之門，白素玉女主之。諸欲得此福願者，行西稱符七七四十九日，以中稱符就之。』」

4. 《上清高上玉晨鳳臺曲素上經》曰：「九天鳳氣玄丘太眞君九炁大人領白素玉女十人佈在甲身中。」

5. 《上清曲素訣辭籙》曰：「九天丈人領白素玉女官十人佈在弟子左右。」

6. 《太上諸天靈書度命妙經》有「太上白素玉女」、「白素玉女」；《太上洞玄靈寶授度儀》有「白素玉女」。

平天玉女

【註】

《登眞隱訣》卷下有「平天君」，或與此有關。

六戊玉女

【註】

《登眞隱訣》卷下曰：「請赤素君一人，官將百二十人治六戊宮女子。」

青天益命玉女

神丹玉女

【註】

《上清元始變化寶眞上經九靈太妙龜山玄籙》卷中、上清高上龜山玄籙》有「神丹眞玉仙」。

五流玉女

【校】

說本「五」作「九」。

右十五玉女號

高上將軍

衡山使者

【校】

《無上秘要》「衡」作「衝」。

上天力士

天丁力士

【註】

1. 《龍魚河圖》曰：「天之東西南北極，各有銅頭鐵額兵，長三千萬丈，三千億萬人。天之東西南北極，各有金剛敢死力士，長三千萬丈，三千億萬人。天中有太平之都，有都甲食鬼鐵面兵，長三千萬丈，三千億萬人。」

2. 《抱朴子・雜應》曰：「力士甲卒，乘龍駕虎，簫鼓嘈嘈，勿舉目與言也。」又曰：「閉氣思力士，操千斤金鎚，百二十人以自衛。」

3. 《洞眞太上太霄琅書》卷 8 曰：「天丁力士九億萬」。

4. 《太上洞淵神呪經》曰：「吾今當遣天丁力士八億萬人。」

5. 《眞誥・運象篇第二》曰：「天丁獻武，四甲衛輪。」《登眞隱訣》、《上清握中訣》卷中、《眞誥・協昌期第二》曰：「天丁力士，威南御凶。」

6. 《赤松子章歷》卷 4、《太上洞玄靈寶授度儀》、《太極眞人敷靈寶齋戒威儀諸經要訣》有「天丁力士」。

巳上四人，並有姓名，各領天兵十萬，號四將軍。

【校】

古本「巳」作「以」，無「並」字；輯本、說本「巳」作「已」。

飛天使者

【校】

《無上秘要》有「却飛使者」。

【註】

《元始高上玉檢大錄》有「飛仙使者」，或爲此神。

九天使者

【校】

《無上秘要》有「九龍使者」。

【註】

1. 《太上三天正法經》曰：「九天使者，監御萬靈之貴神，訓察三界，賞善罰惡之總司也。」

2. 《太上赤文洞神三籙》有「九天使者」。

九天眞王使者

【註】

1. 《十洲記》曰：「蓬丘，蓬萊山是也。對東海之東北岸，周迴五千里。外別有圓海繞山，圓海水正黑而謂之冥海也。無風而洪波百丈，不可得往來。上有九老丈人，九天眞王宮，蓋太上眞人所居，唯飛仙有能到其處耳。」

2. 《元始上眞眾仙記》曰：「《眞記》曰玄都玉京七寶山周迴九萬里，在大羅之上，城上七寶宮，宮內七寶臺，臺有上中下三宮……下宮九天眞皇、三天眞王所治。」

3. 《太上靈寶五符序》卷上曰：「其時有天人神眞之官降之，乘寶蓋玄車而御九龍，策雲馬而發天窗，自稱九天眞王、三天眞皇，並執八光之節，佩景雲之符，到於牧德之臺，授帝嚳以《九天眞靈經》、《三天眞寶符》、《九天眞金文》。」

4. 《元始高上玉檢大錄》曰：「高上玄虛九天眞王道君諱羽。」

5. 《太眞玉帝四極明科經》卷2曰：「太玄都四極明科曰：『《上清隱書》、《龍文八靈眞經》二訣，九天眞王所修自然之章……』」又曰：「太玄都四極明科曰：『《金房度命玉字迴年三華耀景眞經》，九天眞王所受空洞自然之訣，秘於九天之上大有之宮金暎七寶之臺……』」

6. 《太上三天正法經》曰：「九天眞王與元始天王俱生始炁之先，天光未朗，鬱積未澄，溟涬無涯，混沌太虛，浩汗流冥，七千餘劫，玄景始分，九炁存焉，一炁相去九萬九千九百九十歲。」註曰：「青童君曰：『時未有歲月，九炁既存，一炁相去九萬九千九百九十里，一里爲一歲也。』」又曰：「清炁高澄，濁混下布，九天眞王、元始天王稟自然之胤，置於九天之號。」註曰：「九天眞王與元始天王皆生於九炁之中，氣結而成形焉。」又曰：「九炁玄凝成於九天圖也，日月星辰於是而明。」註曰：「皆輪運周於九天之境也。」又曰：「便有九眞之帝。」註曰：「青童曰：『九眞者，九天之清炁凝成九宮之位也。』」

7.《高上太霄琅書瓊文帝章‧九天元始號》曰：「第二天名上上禪善無量壽天，天上又別置三天之號，悉隸於無量壽天，九天眞王治於無量壽天……」《洞眞太上太霄琅書》卷 1 亦然。

8.《上清三元玉檢三元布經》有「九天王」。又曰：「若見一人九頭或者九色斑衣，此則九天眞王，主錄上眞虛映之官也。」又曰：「見九天眞王對面共言，能飛行九天之上也。」

9.《上清元始高上玉皇九天譜錄》有神名「明」，號「高上玄虛九天眞王道君」。

10.《上清元始變化寶眞上經九靈太妙龜山玄錄》卷上曰：「上清寶書以九天建立之始皆自然而生，與氣同存，三景齊明，表見九天之上太空之中，或結飛玄紫氣以成靈文。天書宛妙，文勢曲折，字方一丈，難可尋詳，自非九天中眞王，莫能明其旨音。九天眞王以上虛元年命玄都上眞鑄金爲簡，眾聖明義高上口訣，撰集靈篇，玉帝註筆，刻簡成章，以俯仰之格皆有高下次第，禁限品目，悉出高聖之微旨也……」

11.《太上洞玄靈寶眞文要解上經》、《洞眞太上素靈洞元大有妙經》、《洞眞太上神虎玉經》、《上清高上金元羽章玉清隱書經》、《上清大洞九微八道大經妙錄》、《上清金眞玉皇上元眞靈三百六十五部元錄》有「九天眞王」；《上清太上開天龍蹻經》卷 1 有「禪善天帝九天眞皇」。

高仙啟天使者

游天使者
【校】

《無上秘要》「游」作「遊」。

太清使者

六乙使者
【註】

《抱朴子‧登涉》曰：「六乙爲逢星。」

六丙使者
【註】

1.《抱朴子‧雜應》曰：「以立多之日服六丙六丁之符。」

2.《元始五老赤書玉篇眞文書經》卷上曰：「中央玉寶元靈元老，曰黃帝……其精始生上號中央元洞太帝之天，中爲鎭星……眞人名曰子丹，天中黃庭戊巳天倉玉女却死養生，官號曰太帝，總御九天之兵，乘地軸之輦，從六丙六丁，遷賞道功，誅伐魔精，上等自然之和，下旋五土之靈……」

六丁使者

【註】

1.《漢五帝內傳》有「太陰六丁通眞遁虛玉女之籙」。又曰：「上元夫人曰：『……求道益命，千端萬緒，皆須五帝六甲靈飛之術、六丁、六壬名字之號，得以請命延筭，長生久視，驅策眾靈，役使百神者也……』」

2.《抱朴子・至理》曰：「履躡乾兌，召呼六丁。」《雜應》曰：「以立冬之日服六丙六丁之符。」又曰：「以三皇天文召司命、司危、五嶽之君，阡陌亭長六丁之靈，皆使人見之，而對問以諸事，則吉凶昭然，若存諸掌，無遠近幽深，咸可先知也。」《登涉》曰：「六丁爲陰中。」

3.《太上黃庭內景玉經》曰：「常念三房相通達，洞視得見無內外，存漱五芽不饑渴，神華執巾，六丁謁，急守精室，勿忘泄閉而寶之可長活……」又曰：「……黃華玉女告子，請眞人既至，使六丁即授隱芝……」

4.《太上黃庭外景玉經》曰：「役使六丁」。

5.《上清黃庭內景經・玄元章第二十七》（《雲笈七籤》卷 12）曰：「六神合集虛中宴。」註曰：「六神、六丁、六府等諸神，俱在身中。身中虛空則宴然而安樂，不則憂泣矣。」《上清黃庭內景經・常念章第二十二》（《雲笈七籤》卷 11）曰：「神華執巾六丁謁。」註曰：「六丁者，謂六丁陰神玉女也。」

6.《上清瓊宮靈飛六甲左右上符》曰：「坐在立亡，侍我六丁」。

7.《太上洞房內經註》曰：「呼陽召陰，役使六丁。」

8.《上清握中訣》卷中曰：「澡洗時常存六丁，令人所嚮如願。」註曰：「六丁各隨其旬亦應向其方向。」

9.《金闕帝君三一眞一經》曰：「……微祝曰：『五方命斗神致七星三尊凝化上招紫庭六神，徘徊三宮丹城，玄通大帝下洞，黃寧天眞保衛，召引六丁神仙，同浮乘煙，三清四體堅錬，五藏自生。』」

10.《洞眞太微黃書九天八籙眞文》曰：「使六丁神女衛護。」

11.《上清明堂元真經訣》曰：「六丁奉侍，天兵衛護。」

12.《洞神八帝妙精經》曰：「齋四日，丹書紙上，召六丁於室中。」

13.《紫庭內秘訣修行法》曰：「太微天君經云：『存大君（指生宮大神桃康）符服十八年，大君將能左激三田，右御三氣，田化成飛輿，氣化成玄龍，仰役二十四神，俯使魂靈，呼陽官六甲，召陰官六丁，乘萬騎白日昇天，皆桃君之感致也。』」又曰：「澡洗之時常存六丁，令人所嚮如願。」又曰：「六丁為陰中」。

14.《上清天關三圖經》曰：「運使六甲，策御六丁。」

15.《上清瓊宮靈飛六甲籙》曰：「迴老反嬰，坐在立亡，侍我六丁，猛獸衛身。」

16.《登真隱訣》卷中曰：「常存六丁。」註曰：「謂旦夕經常澡洗也。至沐浴時，亦可存嚮之耳。六丁即六丁神女。此神善與人感通，易為存召。亦應向六丁所在，謂甲子旬，即向卯也。其玉女別有名字服色，在《飛靈》中。」卷下曰：「天神下降，役使六丁，七祖飛昇，我登上清。」

17.《真誥‧協昌期第一》曰：「臨食上，勿道死事，洗澡時，常存六丁，令人所嚮如願。」又曰：「此道以攝運生精，理合魂神，六丁奉侍，天兵衛護。此上真也。」

六壬使者
【註】

1.《漢五帝內傳》曰：「上元夫人曰：『……求道益命，千端萬緒，皆須五帝六甲靈飛之術、六丁、六壬名字之號，得以請命延籌，長生久視，驅策眾靈，役使百神者也……』」

2.《抱朴子‧雜應》曰：「以立夏之日，服六壬六癸之符。」

六癸使者
【註】

1.《抱朴子‧雜應》曰：「以立夏之日，服六壬六癸之符，或行六癸之氣。」

2.《紫庭內秘訣修行法》曰：「七元中經曰：『凡六癸為天藏，六巳為地戶。』」《抱朴子‧登涉》曰：「凡六癸為天藏，六己為地戶也。」又曰：「禹步而行，到六癸下，閉氣而住，人鬼不能見也。」

右十五使者，自然之神。

【校】

古本「右」作「以上」。

東方靈威仰

【註】

1. 《詩含神霧》曰：「五精星坐，其東蒼帝坐，神名靈威仰，精爲青龍。」又曰：「其東蒼帝座，神名靈威仰，其精爲青龍之類。」又曰：「其東倉帝坐，神名靈威仰。」宋均曰：「靈，神也，神之威儀始仰起於東方。」《河圖》曰：「東方蒼帝神名靈威仰，精爲青龍。」

2. 《太上靈寶五符序》卷上曰：「東方靈威仰，號曰蒼帝，其神甲乙，服色尙青，駕蒼龍，建青旗，氣爲木，星爲歲，從羣神九十萬人。上和春氣，下生萬物。」

3. 《上清大洞眞經》卷6曰：「東方青帝彫梁際，字青平，守兆五藏之外。」

4. 《大洞玉經》卷下曰：「東方青帝，名雕梁際，字青平，常鎮五臟之外。」

5. 《元始上眞眾仙記》曰：「太昊氏爲青帝，治岱宗山。」

6. 《元始五老赤書玉篇眞文天書經》卷上曰：「東方安寶華林青靈始老，號曰蒼帝，姓爛，諱開明，字靈威仰。頭戴青精玉冠，衣九炁青羽飛衣，常駕蒼龍，建鶉旗，從神甲乙，官將九十萬人。其精始生上號東方青牙九炁之天，中爲歲星，下爲泰山。其炁如春草之始萌，其光如暉日之初降。下有朝華之淵，上有流英之宮，室有青腰玉女，堂有太上眞王，玉女乘九山之獸，眞王駕九光神龍。上導九天之和氣，下引九泉之流芳。養二儀以長存，護陰陽以永昌，天致元精於太極，地保山嶽於句芒神……」《太上洞玄靈寶赤書訣妙經》卷下有相似記載。

7. 《上清太上玉清隱書滅魔神慧高玄眞經》有「東方青帝彫梁際」。

8. 《太上諸天靈書度命妙經》有「安寶華林青靈始老蒼帝」。

9. 《太上洞玄靈寶授度儀》有「九炁青天安寶華林青靈始老君蒼帝君」、「東方無極太上靈寶天尊蒼帝」。又曰：「青帝姓區，名更生。」又曰：「焰明靈威仰洞浮。」

10. 《太上九赤班符五帝內眞經》曰：「東方青帝君姓常，諱精萌，頭建九元通天冠，衣青錦帔、碧飾飛帬，佩太上九炁命靈之章，帶翠羽交靈之綬。常

以立春之日乘碧霞九龍雲輿，從青腰玉女十二人，受把青林之華九色杖幡，遊行東嶽太山，校定眞人仙官錄札，時詣東海水帝，考籌學道功過罪目……」

11.《上清元始變化寶眞上經九靈太妙龜山玄籙》卷下曰：「東方上始少陽青帝君元九霞之炁，形長九千萬丈……」

12.《赤松子章歷》卷 3、《太上赤文洞神三籙》有「東方青帝」。

南方赤熛弩

【校】

《無上秘要》「熛」作「飆」。

【註】

1.《詩含神霧》曰：「其南赤帝座，神名曰赤熛怒，其精爲朱鳥之類。」又曰：「其南赤帝坐，神名熛怒。」宋均曰：「熛怒者，取火性蜚楊成怒，以自名也。」《春秋文曜鉤》曰：「赤熛怒之神，爲熒惑焉，位在南方，禮失則罰出。」《河圖》曰：「南方赤帝神名赤熛怒，精爲朱鳥。」

2.《太上靈寶五符序》卷上曰：「南方赤飆弩，號曰赤帝，其神丙丁，服色尚赤，駕赤龍，建朱旗，氣爲火，星爲熒惑，從臺神三十萬人。上和夏氣，下長萬物。」

3.《上清大洞眞經》卷 6 曰：「南方赤帝長來覺，字南和，守兆口舌之內。」

4.《大洞玉經》卷下曰：「南方赤帝，名長來覺，字南和，常鎮口中舌下。」

5.《元始上眞眾仙記》曰：「祝融氏爲赤帝，治衡霍山。」

6.《元始五老赤書玉篇眞文天書經》卷上曰：「南方梵保昌陽丹靈眞老，號曰赤帝，姓洞浮，諱極炎，字赤熛弩。頭戴赤精玉冠，衣三炁丹羽飛衣。常駕丹龍，建朱旗。從神丙丁，官將三十萬人。其精始生上號南方朱丹三炁之天。中爲熒惑星，下爲霍山。其炁如絳雲之包日，其光如玄日之暎淵，下有赤泉之丹池，上有長生之朱宮，室有太丹玉女，居於太陽三山之上，堂有元炁丈人，駕三角之麟。上導泰清玄元之靈化，下和三炁之陶鎔，令萬物之永存，運天精於南夏……」《太上洞玄靈寶赤書訣妙經》卷下有相似記載。

7.《上清太上玉清隱書滅魔神慧高玄眞經》有「南方赤帝長來覺」。

8.《太上諸天靈書度命妙經》有「梵保昌陽丹靈眞老赤帝」。

9. 《太上洞玄靈寶授度儀》有「三炁丹天梵保昌陽丹靈真老君赤帝君」、「南方無極太上靈寶天尊炎帝」。又曰：「赤帝姓祝，名昌中。」又曰：「極炎赤熛弩通班。」

10. 《太上九赤班符五帝內真經》曰：「南方赤帝君姓炎，諱洞丹，頭建三炁玄梁寶冠，衣緋雲錦袍、丹文之幘，佩南極制陽之符，帶朱宮八光之劍。常以立夏之日乘赤霞飆輪，從太丹玉女十二人，乘九色之鳳，手把日精三炁之華，遊行南嶽衡山，校定真人仙官錄札及學者之名，時詣南海水帝神王，考算學道功過罪目……」

11. 《上清元始變化寶真上經九靈太妙龜山玄籙》卷下曰：「南方通陽納陰赤帝君元入丹之炁，形長九千萬丈……」

12. 《赤松子章歷》卷3、《太上赤文洞神三籙》有「南方赤帝」。

西方曜魄寶

【註】

1. 《詩含神霧》曰：「其西白帝座，曰白招矩，其精為白虎之類。」又曰：「其西白帝坐，神名柘拒。」宋均曰：「為柘，舉也，拒，法也，西方義舉法理也。」《春秋佐助期》曰：「紫宮天皇，曜魄寶之所理也。」宋均註：「魄寶，天皇之號。」《河圖》曰：「西方白帝神名白招矩，精為白虎。」

2. 《太上靈寶五符序》卷上曰：「西方曜魄寶，號曰白帝，其神庚辛，服色尚白，駕白龍，建素旗，氣為金，星為太白，從羣神七十萬人。上和秋氣，下藏萬物。」

3. 《元始上真眾仙記》曰：「金天氏為白帝，治華陰山。」

4. 《上清大洞真經》卷6曰：「西方白帝彰安幸，字西華，守兆陰囊之中。」

5. 《大洞玉經》卷下曰：「西方白帝，名彰安幸，字西華，常鎮男之外腎，女之兩乳。」

6. 《元始五老赤書玉篇真文天書經》卷上曰：「西方七寶金門皓靈皇老，號曰白帝，姓上金，諱昌開，字曜魄寶，一字白招拒。頭戴白精玉冠，衣白羽飛衣。常駕白龍，建素旗。從神庚辛，官將七十萬人。其精始生上號明石七靚之天，中為太白，下為華陰山。其氣如明月之落於景雲，其光如幽夜之靚於明珠……下有玉泉長河，上有流英之樓，室有太上素女，堂有元氣大夫……」《太上洞玄靈寶赤書訣妙經》卷下有相似記載。

7. 《上清太上玉清隱書滅魔神慧高玄真經》有「西方白帝彰安幸」。

8. 《太上諸天靈書度命妙經》有「七寶金門皓靈皇老白帝」。

9. 《太上洞玄靈寶授度儀》有「七炁白天七寶金門皓靈皇老君白帝君」、「西方無極太上靈寶天尊白帝」。又曰：「白帝姓辱，名曲正。」又曰：「上金昌開曜魄寶。」

10. 《太上九赤班符五帝內眞經》曰：「西方白帝姓混，諱辱歸，頭建七炁明光寶冠，衣白錦雲光之袍、素錦飛帬，佩素靈之綬，龍潮誕之劍。常以立秋之日乘素雲飛輿，從太素玉女十二人，白虎手把七色華幡，遊行西嶽華山，校定眞人仙官錄札及學者之名。時詣西海水帝神王，考筭學道功過罪目……」

11. 《上清元始變化寶眞上經九靈太妙龜山玄籙》卷下曰：「西方少陰西金白帝君元六素之炁，形長六千萬丈……」

12. 《赤松子章歷》卷3、《太上赤文洞神三籙》有「西方白帝」。

北方隱侯局

【註】

1. 《詩含神霧》曰：「其北黑帝座，神名協光紀，其精爲玄武之類。」又曰：「其北黑帝坐，神名汁光紀。」宋均曰：「汁，合也，合日月之光，以爲數紀也。」《河圖》曰：「北方黑帝神名葉光紀，精爲玄武。」

2. 《太上靈寶五符序》卷上曰：「北方隱侯局，號曰黑帝，其神壬癸，服色尙玄，駕黑龍，建皂旗，氣爲水，星爲辰，從羣神五十萬人。上和冬氣，下藏萬物。」

3. 《上清大洞眞經》卷6曰：「北方黑帝，保成昌，字北伐，守兆兩膀胱之中。」

4. 《大洞玉經》卷下曰：「北方黑帝，名保成昌，字北伐，常鎮膀胱之中。」

5. 《元始上眞眾仙記》曰：「顓頊氏爲黑帝，治太恒山。」

6. 《元始五老赤書玉篇眞文天書經》卷上曰：「北方洞陰朔單鬱絕五靈玄老，號曰黑帝，姓黑節，諱靈會，字隱侯局，一字叶光紀。頭戴玄金玉冠，衣玄羽飛衣。常駕黑龍，建皂旗。從神壬癸，官將五十萬人。其精始生上號玄滋五炁之天，中爲辰星，下爲常山，其氣如飆風之激於炎林，其光如流星之墮於洪波……下有長生之淵，中有太上之家，室有夜光玉女……」《太上洞玄靈寶赤書訣妙經》卷下有相似記載。

7. 《上清太上玉清隱書滅魔神慧高玄眞經》有「北方黑帝保成曷」。

8. 《太上諸天靈書度命妙經》有「五氣玄天洞陰朔單鬱絕五靈玄老黑帝天君」

9.《太上洞玄靈寶授度儀》有「五炁玄天洞陰朔單鬱絕五靈玄老君黑帝」、「北方無極太上靈寶天尊黑帝」。又曰：「黑帝姓玄，名尹豊。」又曰：「黑節靈會隱侯局。」

10.《太上九赤班符五帝內眞經》曰：「北方黑帝君姓玄，諱朔萌，頭建五炁玄晨之冠，衣玄錦之袍、五色飛帬，佩七元流鈴，帶文身通神之劍。常以立冬之日，乘玄雲飛輿，從太玄玉女十二人，乘十二飛龜，手把五色華幡，遊行北嶽，拒山校定眞人仙官錄札及學者之名。時詣北海水帝神王，考筭學道功過罪目……」

11.《上清元始變化寶眞上經九靈太妙龜山玄籙》卷下曰：「北方通陰太陽黑帝君元五靈之炁，形長五千萬丈……」

12.《赤松子章歷》卷 3、《太上赤文洞神三籙》有「北方黑帝」。

中央含樞紐

【校】

輯本「紐」作「杻」。

【註】

1.《詩含神霧》曰：「黃帝座，一星在太微宮中，含樞紐之神，其精有四象。」又曰：「其中黃帝坐，神名含樞紐。」宋均曰：「含樞機之綱紐也。」《河圖》曰：「中央黃帝神名含樞紐，其精爲麟。」

2.《太上靈寶五符序》卷上曰：「中央含樞紐，號曰黃帝，其神戊己，服色尚黃，駕黃龍，建黃旗，氣爲土，星爲鎮，從羣神十二萬人。下和土氣，上戴九天。」

3.《上清大洞眞經》卷 6 曰：「中央黃帝含光露，字中細，守兆脾胃之中。」

4.《大洞玉經》卷下曰：「中央黃帝，名含光露，字魂明，常鎮脾胃之中。」

5.《元始上眞眾仙記》曰：「軒轅氏爲黃帝，治嵩高山。」

6.《元始五老赤書玉篇眞文天書經》卷上曰：「中央玉寶元靈元老，曰黃帝，姓通班，諱元氏，字含樞紐。頭戴黃精玉冠，衣五色飛衣。常駕黃龍，建黃旗。從神戊巳，官將十二萬人。其精始生上號中央元洞太帝之天，中爲鎮星。下爲嵩高山，上出黃氣，下治地門，其煙如雲，徑杳九天，元精往來，炁眞如弦，太上無極，下生神靈，其光如飛景之羅朝日，其明如朗月之照幽域……眞人名曰子丹，天中黃庭戊巳天倉玉女却死養生，官號曰太

帝，總御九天之兵，乘地軸之輦，從六丙六丁，遷賞道功，誅伐魔精，上等自然之和，下旋五土之靈……」《太上洞玄靈寶赤書訣妙經》卷下有相似記載。

7. 《太上洞玄靈寶授度儀》有「元洞太帝天玉寶元靈元老君」。又曰：「元氏含樞杻。」

8. 《太上九赤班符五帝內眞經》曰：「中央黃帝君姓麻，諱忠愼，頭建黃晨通天玉冠，衣黃錦之袍、玄黃飛雲錦帬，佩黃帝越元之策，帶靈飛紫綬。常以太歲之日乘黃雲飛輿，從黃素玉女十二人，乘十二飛騕，手把五帝華幡，遊行中嶽嵩山，校定眞人仙官錄札及學者之名。時詣三河四海十二水帝神王，考籌學道功過罪目……」

9. 《上清元始變化寶眞上經九靈太妙龜山玄籙》卷下曰：「中央總靈高皇黃帝君元黃生之炁，形長三千萬丈……」

10. 《赤松子章歷》卷 3、《太上赤文洞神三籙》有「中央黃帝」。

此太清五帝，自然之神。

【註】

1. 《尚書帝命驗》曰：「帝者成天立府，以尊天立象，赤曰文祖，黃曰神斗，白曰顯紀，黑曰玄矩，蒼曰靈府。」註曰：「象，五精之神也。天有五帝，集居太微，降精以生聖人。故帝者承天以立五帝之府，是爲天府。赤帝熛怒之府，名文祖，火精光明，文章之祖，故謂之文，周曰明堂。黃帝含樞紐之府，而名曰神斗，斗主也，上精澄靜，四行之主，故謂之神主，周曰太室。白帝白招矩之府，曰顯紀，法也，金精斷割，萬物成，故記之顯紀，周曰總章。黑帝汁光紀之府，名曰玄矩，矩法也，水精玄昧，能權輕重故謂玄矩，周曰玄堂。蒼帝靈威仰之府，名靈府，周曰青陽。」

2. 《春秋文曜鉤》曰：「太微宮有五帝座星，蒼帝其名曰靈威仰，赤帝其名曰赤熛怒，黃帝其名曰含樞紐，白帝其名曰白招矩，黑帝其名曰汁光紀。」又曰：「蒼帝春受制，其名靈威仰。赤帝夏受制，其名赤熛怒。黃帝受制，王四季，其名含樞紐。白帝秋受制，其名白招矩。黑帝冬受制，其名汁光紀。」又曰：「春起青受制，其名靈威仰。夏起赤受制，其名赤熛怒。秋起白受制，其名白招矩。冬起黑受制，其名汁光紀。季夏六月火受制，其名含樞紐。」又曰：「太微之座，五帝之廷，蒼則靈威仰，白則白招矩，黃則含樞紐，赤則赤熛怒，黑則協光紀。黑帝之精，潤以紀衡；赤帝之精，

燥以明量；黃帝之精，安以主度；白帝之精，軌以正矩；蒼帝之精，以開
玄窈；五帝降精萬情以導。凡王者皆用正歲之日，正月祭之，蓋特尊也。
夫太微者，大妙之謂，用以序星辰，揆日月，定歲時，齊七政，開陰陽，
審權量，發萬物，舉興廢，佈大小，施長短。故五帝居之，以試天地四方
之邪正而起滅之。其勢強者強之，弱者弱之，強之強之而弱之，弱之弱之
而強之。是故危者能安，興者亡之，皆五帝降精而使之反覆其世道焉。世
道之強而亡者，黑帝降之；弱而存者，赤帝降之；安而危者，白帝降之；
滅而興者，青帝降之。」

3. 《河圖》曰：「東方蒼帝，體爲蒼龍，其人長頭面大，角骨起眉，被豐博，
順金授火。南方赤帝，體爲朱鳥，其人尖頭圖面，方頤長目，小上廣下，
鬚髯偃胸，順水授土。中央黃帝，體爲軒轅，其人面方廣顙，兌頤緩唇，
背豐厚，順木授金。西方白帝，體爲白虎，其人方顙直面，兌口大鼻小角，
順火授水。北方黑帝，體爲玄武，其人夾面兌頤，深目厚耳，垂腹反羽，
順土授木。」

五嶽君（五百年而一替）

【註】

1. 五嶽，《爾雅・釋山》曰：「泰山爲東嶽，華山爲西嶽，霍山爲南嶽，恒山
爲北嶽，嵩高爲中嶽。」《白虎通》引《尚書大傳》曰：「五嶽爲岱、霍、
華、恒、嵩也。」應劭《風俗通》曰「泰、岱」與「衡、霍」皆一山而二
名。《博物志》卷1曰：「五嶽：華、岱、恒、衡、嵩。」

2. 《孝經援神契》曰：「五嶽之神聖，四瀆之精仁，河者水之伯，上應天漢。」
《龍魚河圖》曰：「東方泰山君神，姓圓名常龍。南方衡山君神，姓丹名
靈峙。西方華山君神，姓浩名鬱狩。北方恒山君神，姓登名神。中央嵩山
君神，姓壽名逸群。呼之令人不病。」又曰：「一云：嵩山君角普生，泰
山君玄邱目睦，華山君浩元倉，衡山君爛洋光，恒山君伏通萌。」

3. 《抱朴子・雜應》曰：「以三皇天文召司命、司危、五嶽之君，阡陌亭長六
丁之靈，皆使人見之，而對問以諸事，則吉凶昭然，若存諸掌，無遠近幽
深，咸可先知也。」

4. 《太上求仙定錄尺素眞訣玉文》曰：「東嶽君諱區更生；南嶽君諱祝昌中；
中嶽君諱王精；西嶽君諱辱曲正；北嶽君諱玄尹豊。」

5. 《太上洞玄靈寶赤書訣妙經》卷下曰：「閉眼思東嶽泰山青帝君，姓玄丘，

諱目陸，形長九寸九分，頭戴青玉通天寶冠，衣青羽飛衣，駕乘青龍，從青腰玉女十二人，從東方來降兆室，良久，青帝君化爲嬰兒始生之狀在青炁之中，隨炁從兆口入，俓至肝中……」又曰：「閉眼思南嶽霍山赤帝君姓燗，諱洋光，形長三存九分，頭戴赤玉通天寶冠，衣丹羽飛衣，駕乘赤龍，從赤圭玉女十二人，從南方來降兆室，良久赤帝君化爲嬰兒始生之狀在赤炁之中，隨炁從兆口入，俓至心中……」又曰：「閉眼思中嶽嵩山黃君，姓角，諱普生，形長一尺二寸，頭戴黃玉通天寶冠，衣黃羽飛衣，駕乘黃龍，從黃素玉女十二人，從中嶽來降兆室，良久黃帝君化爲嬰兒始生之狀在黃炁之中，隨炁從兆口入，俓至脾府……」又曰：「閉眼思西嶽華山白帝君，姓浩丘，諱元倉，形長七寸七分，頭戴素玉通天寶冠，衣素羽飛衣，駕乘白龍，從白素玉女十二人，從西嶽來降兆室，良久白帝君化爲嬰兒始生之狀在白炁之中，隨炁入兆口中，入兆肺府……」又曰：「閉眼思北嶽恒山黑帝君，姓伏，諱通萌，形長五寸五分，頭戴玄玉通天寶冠，衣玄羽飛衣，駕乘黑龍，從太玄玉女十二人，從北嶽來降兆室，良久黑帝君化爲嬰兒始生之狀在黑炁之中，隨炁入兆口中，俓至腎府……」

6.《洞玄靈寶五嶽古本眞形圖（並序）》曰：「東嶽泰山君領群神五千九百人，主治生死，百鬼之主帥也，血食廟祀宗伯者也。俗世所奉鬼祠邪精之神，而死者皆歸泰山受罪考焉。諸得佩五嶽形入經山林及詣泰山君及諸山百川神，皆出境拜迎子也。泰山君服青袍，戴蒼碧七稱之冠，佩通陽太明之印，乘青龍從群官來迎子。南嶽衡山君領仙官七萬七百人，諸入南嶽所部山川神皆出迎。南嶽君服朱光之袍，九丹日精之冠，佩夜光天眞之印，乘赤龍，從群官來迎子。中嶽嵩高君領仙官玉女三萬人，入山諸是中嶽所部名靈皆來迎子，中嶽君服黃素之袍戴黃玉太巳之冠，佩神宗陽和之印，乘黃龍，從群官而來迎子也。中嶽是五土之主，子善敬之，太上常用三天眞人有德望者以居之。西嶽華山君領僊人玉女四千一百人，道士入其所部之山，神並來迎。華山君身服白素之袍，太素九旒之冠，佩開天通眞之印，乘白龍而來迎子。北嶽恒山君領僊人玉女七千人，其入所部之山川，神皆來迎，北嶽君服玄流之袍，太冥眞靈之冠，佩長津悟津之印，乘黑龍而來迎於子也。」

7.《上清太上八素眞經》曰：「後聖李君具受玄教，施行道成，時乘八景之輿，上登上清宮，受書爲金闕帝君。臨去之日，及手書五星中皇上眞道君、君

夫人諱字及太上五通，吉日以白玉爲簡，丹玉書之一通，封於雲蕊之函，印以三光之章……又書一通各付五嶽，使五嶽君領守之焉，須壬辰吉會聖君來下，當命召五嶽出此笱書以付上相四輔，使教上眞之才也。」

8. 《上清高上玉眞眾道綜監寶諱》曰：「東嶽君諱闔」、「南嶽君諱比」、「西嶽君諱遒」、「北嶽君諱愛」、「中嶽君諱（按：此字不清，難以辨認）」。

9. 《洞神八帝妙精經》有「齋十日東嶽君」、「齋十日西嶽君」、「齋十日南嶽君」、「齋十日北嶽君」、「召中嶽君主，丹欲作神丹，仙召問一生度」、「齋百日召太山君王」。

10. 《三皇內文遺秘》曰：「東嶽泰山，兗州之鎮，號曰蓬玄洞天，在泰安州，徂勑長白山爲輔，封天齊大生仁聖帝；南嶽衡山，荊州之鎮，號曰朱陵洞天在衡山縣，潛山、霍山爲輔嶽，封司天昭聖帝主治水之要；西嶽華山鎮之號曰總仙洞天，在華陰縣，地肺山、女幾山二山爲輔嶽，封金天順聖帝，主羽翼之事；北嶽恒山，并州之鎮，號曰總玄洞天，在定州曲陽縣，逢山、抱犢山爲輔嶽，封安天元聖帝，主五穀果熟之事；中嶽嵩山號曰司眞洞天，在河南府登封縣，少室、武當二山爲輔嶽，封中天崇聖帝，主地土山谷之事。」

11. 《太上九赤班符五帝內眞經》曰：「東嶽泰山君，常以春分之日列奏眞仙巳得道及始學之人名錄，上言高上帝君檢校玄名。」又曰：「東嶽泰山君姓玄丘，諱目陸，頭建三寶九光夜冠，衣青羽章羣，披九色班裘，帶上皇命神之篆，乘青雲飛輿、九色蒼龍，從十二仙官，手把五芝，東北而迴，上登無崖之上玉清之天，徘徊玄虛之內，青雲之之中。」又曰：「南嶽衡山君，常以夏節之日列奏眞仙巳得道及始學之人名錄，上言高上帝君檢校玄名、區別功過。」又曰：「南嶽衡山君姓爛，諱洋光，頭建八朗寶光玉冠，衣赤錦飛羣，披神光緋文之表，帶封靈制魔之章，乘赤霞飛輪，從南嶽仙官十二人，悉乘飛鳳，手把神芝，東南而迴，上登無崖之上玉清之天，徘徊空虛之內，赤雲之中。」又曰：「西嶽華山君，常以秋分之日列奏眞仙巳得道及始學之人名錄，上言高上帝君檢校玄名，區別功過。」又曰：「西嶽華山君姓浩丘，諱元會，頭建六元通神飛冠，衣白錦飛裙，披素錦之裘，帶交靈素綬，乘霞飛龍，從西嶽仙官十二人，悉乘十二白虎，手把七色華幡，西南而迴，上登無崖之上、玉清之天，徘徊空虛之內，白雲之中。」又曰：「北嶽恒山君，常以冬至之日列奏眞仙巳得道及始學之人名錄，上

言高上帝君檢校玄名、區別功過。」又曰：「恒山君姓伏，諱通萌，頭建五炁寶晨玉冠，衣黑錦飛羣，披玄文明光之裘，帶交靈紫綬，乘玄霞飛輪，北嶽仙官十二人悉乘飛龜，手把五色華幡，西北二迴，上登無崖之上、玉清之天，徘徊空虛之內，玄雲之中。」又曰：「中嶽嵩高山君，以三月、六月、九月、十二月，戊辰、戊戌、己丑、己未之日列奏眞仙已得道及始學之人名錄，上言高上帝君檢校玄名、區別功過。」又曰：「中嶽君姓角，諱普生，頭建中元黃晨玉冠，衣黃錦飛羣，披玄黃文裘，帶黃神中皇之章，乘黃霞飛輪，從中嶽仙官十二人，悉乘飛驎，手把玄黃十二節麾，西南而迴，上登無崖之上玉清宮，徘徊空虛之中，黃雲之內。」

12. 《上清高上玉晨鳳臺曲素上經》有「五嶽君」。《上清曲素訣辭籙》有「五嶽君」。《上清元始變化寶眞上經九靈太妙龜山玄籙》卷中有「五嶽眞君」。

13. 《洞眞上清太微帝君步天綱飛地紀經簡玉字上經》有「東嶽君」、「南嶽君」、「西嶽君」、「北嶽君」、「中嶽君」。

河侯

【註】

1. 《道要靈祇神鬼品經》曰：「《老子天地鬼神目錄》云：……河侯姓周名歐。」

2. 《清靈眞人裴君傳》（《雲笈七籤》卷 105）曰：「至夏至之日日中時，天上三官會於司命河侯，校定萬民罪福，增年減算。」

3. 陶弘景《水仙賦》曰：「選奇於河侯之府，出寶於驪龍之川。」

4. 《眞誥·稽神樞第二》曰：「昔有一人，數旦詣河邊拜河水。如此十年，河侯河伯遂與相見，與其白璧十雙，教授水行不溺法。此人見在中嶽得道。」註曰：「河侯、河伯故當是兩神邪？」

河伯

【註】

1. 《莊子·大宗師》曰：「馮夷得之，以遊大川。」成玄英疏：「姓馮，名夷，弘農華陰潼鄉堤首里人也，服八石，得水仙。大川，黃河也。天帝錫馮夷為河伯，故遊處孟津大川之中也。」《秋水》曰：「秋水時至，百川灌河，涇流之大，兩涘渚崖之間，不辯牛馬。於是河伯欣然自喜，以天下之美為盡在己。順流而東行，至於北海，東面而視，不見水端，於是焉河伯始旋其面目，望洋向若而歎曰：『野語有之曰，聞道百以為莫己若者，我之謂

也。且夫我嘗聞少仲尼之聞而輕伯夷之義者，始吾弗信；今我睹子之難窮也，吾非至於子之門則殆矣，吾長見笑於大方之家。」

2. 屈原《楚辭・九歌・河伯》曰：「與女遊兮九河，衝風起兮水揚波。乘水車兮荷蓋，駕兩龍兮驂螭……」《天問》曰：「帝降夷羿，革孽夏民。胡羿射夫河伯，而妻彼雒嬪？」王逸註曰：「傳曰：河伯化爲白龍，遊於水旁，羿見射之，眇其左目。河伯上訴天帝，曰：『爲我殺羿。』天帝曰：『爾何故得見射？』河伯曰：『我時化爲白龍出遊。』天帝曰：『使汝探守神靈，羿何從得犯？汝今爲蟲，當爲人所射，固其宜也，羿何罪歟？』」《遠遊》曰：「令海若舞馮夷。」王逸註曰：「馮夷，水僊人。」

3. 《山海經・大荒東經》曰：「有因民國，勾姓，黍食。有人曰王亥，兩手操鳥，方食其頭。王亥託於有易、河伯僕牛。有易殺王亥，取僕牛。河伯念有易，有易潛出，爲國於獸，方食之，名曰搖民。帝舜生戲，戲生搖民。」《山海經・大荒東經》郭璞註引《竹書紀年》曰：「殷王子亥賓於有易而淫焉，有易之君緜臣殺而放之，是故殷主甲微假師於河伯以伐有易，滅之，遂殺其君臣也。」《山海經・海內北經》曰：「從極之淵深三百仞，維冰夷恒都焉。冰夷人面，乘兩龍。一曰忠極之淵。」

4. 《穆天子傳》卷1曰：「天子西征，鶩行至於陽紆之山，河伯無夷之所都居，是惟河宗氏。河宗伯夭逆天子燕然之山。」郭璞註曰：「無夷，馮夷也，《山海經》云冰夷。」又曰：「伯夭爲無夷之宗。」

5. 《水經注・洛水》引《竹書紀年》曰：「洛伯與河伯馮夷鬥。」《竹書》曰：「帝芬十六年，雒伯用與河伯馮夷鬥。」又曰：「帝泄十六年，殷侯微，以河伯之師伐有易，殺其君緜臣。」

6. 《尸子》曰：「禹理水，觀於河，見白面長人魚身出曰：『吾河精也。』授禹河圖而還於淵中。」

7. 《淮南子・齊俗訓》曰：「馮夷得道，以潛大川。」註曰：「馮夷，河伯也，華陰潼鄉堤首人也，服八石得水仙。」

8. 《史記・滑稽列傳》曰：「即不爲河伯娶婦，水來漂沒，溺其人民。」

9. 《神異經》曰：「西海上有人焉，乘白馬朱鬣，白衣素冠，從十二童子，馳馬西海上如飛，名曰河伯使者。其所至之國，雨水滂沱。」

10. 張衡《思玄賦》曰：「號馮夷俾清津兮，棹龍舟以濟予。」

11. 《尚書中候考河命》曰：「觀於河，有長人，白面魚身，出曰：『吾河精也。』

呼禹曰：『文命治淫。』言訖，受禹河圖，言治水之事，乃退入於淵。於是以告曰：『臣見河伯，面長人首魚身，曰吾河精，授臣河圖。』」

12.《孝經援神契》曰：「五嶽之神聖，四瀆之精仁，河者水之伯，上應天漢。」宋均：「伯其最長也。水始於河，而終入於海，故曰河者水之伯也。」

13.《河圖括地象》曰：「馮夷恒乘雲車，駕二龍。」《龍魚河圖》曰：「河伯姓呂名公子，夫子姓馮名夷。上古聖賢處所記曰：『馮夷者，弘農華陰人也，在潼關提道里住，服八石得水仙，爲河伯。』」或曰：「河伯姓呂名公子，夫人姓馮名夷。」

14.《博物志》卷 7 曰：「昔夏禹观河，見長人魚身出曰：『吾河精。』豈河伯也？馮夷，華陰潼鄉人也，得仙道，化爲河伯，豈道同哉？仙夷乘龍虎，水神乘魚龍，其行恍惚，萬里如室。」又曰：「夏桀之時，費昌之河上，見二日：在東者爛爛將起；在西者沉沉將滅，若疾雷之聲。昌問於馮夷曰：「何者爲殷？何者爲夏？」馮夷曰：「西夏東殷。」於是費昌徙，疾歸殷。」

15. 郭璞《馮夷贊》（《藝文類聚》卷 78 引）曰：「乘華之精，食惟八石，乘龍隱淪，往來海客，若是水仙，號曰河伯。」

16.《搜神記》曰：「胡母班字季友，泰山人也。曾至泰山之側，忽於樹間逢一絳衣騶，呼班云：『泰山府君召。』班警愕， 行未答。復有一騶出，呼之。遂隨行數十步，騶請班暫瞑。少頃，便見宮室，威儀甚嚴。班乃入閣拜謁。主爲設食，語班曰：『欲見君，無他，欲附書與女婿耳。』班問：『女郎何在？』曰：『女爲河伯婦。』班曰：『輒當奉書，不知緣何得達？』答曰：『今適河中流，便叩舟呼青衣，當自有取書者。』班乃辭出。昔騶復令閉目，有頃，忽如故道。遂西行，如神言而呼青衣。須臾，果有一女僕出，取書而沒。少頃復出，云：『河伯欲暫見君。』婢亦請瞑目。遂拜謁河伯。河伯乃大設酒食，詞旨殷勤。」（按：《幽明錄》亦載有河伯嫁女之事。）又曰：「弘農馮夷，華陰潼鄉隄首人也。以八月上庚日渡河，溺死。天帝署爲河伯。又《五行書》曰：『河伯以庚辰日死。不可治船遠行，溺沒不返。』」

17.《抱朴子·金丹》曰：「禮天二十斤，日月五斤，北斗八斤，太乙八斤，井五斤，竈五斤，河伯十二斤，社五斤，門戶閭鬼神清君各五斤，凡八十斤。」《登涉》曰：「臨川先祝曰：『卷蓬卷蓬，河伯導前辟蛟龍，萬災消滅天清明。』」

18. 《道要靈祇神鬼品經》曰：「《老子觀太清中經》云：『河伯神名馮夷，號無梁使者。』《老子天地鬼神目錄》云：『……河伯字崇仲（一名崇仲）……北海神姓河，名伯，主駕蛟龍，號曰地天，一秩萬石。』」

19. 《洞神八帝妙精經》曰：「高皇名可召河伯，如召山神法，著水中，河伯立至，可問水旱。」

20. 陶弘景《水仙賦》曰：「隨洞臺，娥英之所遊往，琴馮是焉去來。」

21. 《眞誥・稽神樞第二》曰：「昔有一人，數旦詣河邊拜河水。如此十年，河侯河伯遂與相見，與其白璧十雙，教授水行不溺法。此人見在中嶽得道。」註曰：「河侯、河伯故當是兩神邪？」《眞誥・稽神樞第四》曰：「蔡天生者，上谷人也。小爲嘯父，賣雜香於野外，以自業贍。惰性仁篤，口不言惡。道逢河伯少女，從天生市香。天生知是異人，再拜上一櫨香。少女感之，乃教其朝天帝、玉皇之法，遂以獲仙，託形爲杖，隱存方臺。少女今猶往來之也，天生師之。」

22. 《無上秘要》卷 84《得太清道人名品》曰：「河侯、河伯，又有河伯少女者，非必胎生，皆化附而已。此三條是得道人所補。」

23. 《太上赤文洞神三籙》有「河伯」。

此三條是得道之人所補

西嶽丈人
【註】

1. 《抱朴子・登涉》有「西嶽公禁山符」。

2. 《眞誥・稽神樞第二》曰：「昔有劉少翁，曾數入太華山中，拜禮向山。如此二十年，遂忽一旦得見西嶽丈人，授其仙道。」註曰：「《禁山符》有西嶽君西嶽公，不知是此丈人邪？」

三天玉童
【註】

1. 《元始高上玉檢大籙》有「三天玉童」，爲元始天王侍從。又曰：「玉清三天玉童道君，諱正覽。」

2. 《太眞玉帝四極明科經》卷 2 曰：「太玄都四極明科曰：『左乙混洞束蒙之籙、右收攝殺之律二訣，上清之盛章，三天玉童所佩於上皇先生、太素三

元君，舊科七千年有神仙圖籙，骨氣合眞，聽得三傳……』」

3. 《上清大洞三景玉清隱書訣籙》曰：「元始天王清齋千日於玉清宮中，告盟十天，無聲無色無形無名無祖無宗無極洞靈玉清九玄自然無數劫道，授大洞三景三元玉清金虎鳳文，三天玉童、玉女領付後學。」

4. 《上清元始高上玉皇九天譜錄》有神名「造」，號「玉清三天王（疑爲玉）童道君」。

5. 《上清元始變化寶眞上經九靈太妙龜山玄籙》卷上曰：「虛上三天玉童，元玄虛之氣，諱高玉腎，字元常在，形長三千萬丈。以夏三月，頭建三華寶曜爾天玉冠，衣青黃七變錦袍，帶朱精禁天之章，坐十二色之雲，百變之光流映上清之上，思之還長三寸二分。秋三月，三天玉童則化形爲三童子，頭戴日象，衣五色班文虎衣，手把五色之幡，坐蓮華之中，光明洞耀太清之上，思之還反眞形，冬三月，三天玉童則化形爲老翁，頭建三角黃巾，衣黃錦之裘，手把九節金杖，坐五色雲上，光明洞耀玉清之中，思之還反眞形。春三月，三天玉童則化形爲青黃白三色之光，更相纏繞，如日月之輝，此則反玄虛之氣，更受鍊三天元生之精，思之還反眞形。」

6. 《太上玉佩金檔太極金書上經》、《太上洞玄靈寶眞文要解上經》、《上清三元玉檢三元布經》、《上清金眞玉光八景飛經》、《上清大洞九微八道大經妙籙》有「三天玉童」。

洛水神女

【註】

1. 屈原《楚辭·離騷》曰：「吾令豐隆乘雲兮，求宓妃之所在。」

2. 司馬相如《上林賦》曰：「若夫青琴、宓妃之徒，絕殊離俗。」李善註引如淳曰：「宓妃，伏羲氏女，溺死洛，遂爲洛水之神。」

3. 揚雄《甘泉賦》曰：「想西王母欣然而上壽兮，屏玉女而卻宓妃。」《羽獵賦》曰：「鞭洛水之宓妃，餉屈原與彭胥。」

4. 曹植《洛神賦》曰：「河洛之神，名曰宓妃。」

5. 郭璞《遊仙詩》曰：「靈妃顧我笑，粲然啓玉齒。」

6. 《拾遺記》卷 8 曰：「錄曰：趙、潘二夫人，妍明伎藝，婉變通神，抑亦漢遊洛妃之儔，荆巫雲雨之類，而能避妖幸之釁，睹進退之機。」

此三條亦是學道人所補

飛天丈人

太一中黃

【校】

《無上秘要》「黃」作「皇」。

【註】

1. 《三國志‧魏書‧武帝紀》註引《魏書》曰:「賊乃移書太祖曰:『昔在濟南,毀壞神壇,其道乃與中黃太一同……』」

2. 《神仙傳‧衛叔卿》曰:「叔卿曰:『吾前爲太上所遣,欲戒帝(指漢武帝)以災厄之期,及救危厄之法,國祚可延。而帝強梁自貴,不識道眞,反欲臣我,不足告語,是以棄去。今當與中黃太一共定天元九五之紀,吾不得復往也。』」

3. 《登眞隱訣》卷上曰:「丹田上一寸爲玄丹宮。」註曰:「一名玄丹腦精泥丸玄宮,有中黃太一眞君居之。」

玄上玉童

【校】

古本「玄」作「元」,說本「玄」字闕末筆「、」,皆避康熙諱。

猛獸先生(此自然之神,主天下鬼神禽獸)

【註】

1. 《十洲記》曰:「猛獸所出,或生崑崙,或生玄圃,或生聚窟,獲生天路,其壽不窮,食氣飲露。解人言語,仁慧忠恕,當其仁也;愛護蠢動,不犯虎豹,當其威也;一聲叫發,千人伏息,牛馬百物,驚斷絪繫,武士奄忽,失其勢力。當其神也。立興風雲,吐嗽雨露,百邪迸走,蛟龍騰驚。處於太上之殿,役御獅子,名曰猛獸。蓋神化無常,能爲大禽之宗主,乃獲天之元王,辟邪之長帥者也。靈香雖少,斯更生之神丸也。疫病災死者,將能起之。及聞氣者,即活也。芳又特甚,故難歇也。」

2. 《神異經》曰:「西北有獸焉,狀似虎,有翼能飛,知人言語,聞人鬥,輒食直者,聞人忠信,輒食其鼻,聞人惡逆不善,輒殺獸往饋之,名曰窮奇。」

3. 《博物志》卷 3 曰：「漢武帝時，大苑之北胡人有獻一物，大如狗，然聲能警人，雞犬聞之皆走，名曰猛獸。帝見之，怪其細小。及出苑中，欲使虎狼食之。虎見此獸即低頭著地，帝爲反觀，見虎如此，欲謂下頭作勢，起搏殺之。而此獸見虎甚喜，舐唇搖尾，徑往虎頭上立，因搦虎面，虎乃閉目低頭，匍匐不敢動，搦鼻下去，下去之後，虎尾下頭起，此獸顧之，虎輒閉目。」

4. 《抱朴子・袪惑》中蔡誕曰：「（崑崙山）有神獸，名獅子辟邪、三鹿焦羊、銅頭鐵額、長牙鑿齒之屬，三十六種，盡知其名，則天下惡鬼惡獸不敢犯人也。」

趙昇期（在王屋山）

【註】

《洞仙傳》曰：「趙叔期，不知何許人，學道於王屋山中。遇卜者謂叔期曰：『欲入天門，修三關，存朱衣，正崑崙。』叔期請其要道，因以《素書》一卷與之，是《胎精中記》。拜受之，後得道。」

陰長生

【註】

1. 《神仙傳・陰長生》曰：「陰長生者，新野人也，漢陰皇后之屬。少生富貴之門，而不好榮位，專務道術。聞有馬鳴生得度世之道，乃尋求，遂與相見……乃將長生入青城山中，煮黃土而爲金以示之；立壇四面，以《太清神丹經》受之，乃別去。長生歸，合丹，但服其半，即不昇天。乃大作黃金數十萬斤，布施天下窮乏，不問識與不識者。周行天下，與妻子相隨，舉門而皆不老。後於平都山白日昇天，臨去時，著書九篇，云：『上古得仙者多矣，不可盡論。但漢興以來，得仙者四十五人，連余爲六矣，二十人尸解，餘者白日昇天焉。』……陰君留人間一百七十年，色如童子，白日昇天也。」

2. 《抱朴子・對俗》曰：「昔安期先生、龍眉寧公、修羊公、陰長生皆服金液半劑者也。其止世間，或近千年，然後去耳。」《金丹》曰：「近代漢末新野陰君，合此太清丹得仙。其人本儒生，有才思，善著詩及丹經讚並序，述初學道隨師本末，列己所知識之得仙者四十餘人，甚分明也。」《極言》曰：「若乃人退己進，陰子所以窮至道也。」

3.《元始上眞衆仙記》曰：「陰長生爲地肺眞人。」

劉偉道（漢時人）

【註】

　　《眞誥・甄命授第一》曰：「君（裴君）曰：『昔中山劉偉道學仙在嶓冢山，積十二年。僊人試之，以石重十萬斤，一白髮懸之，使偉道臥其下。偉道顏無變色，心安體悅，臥在其下，積十二年。僊人數試之，無所不至，已皆悟之，遂賜其神丹，而白日昇天。』」註曰：「此應是漢時人。」

郭崇子（殷人）

【註】

　　《眞誥・甄命授第一》曰：「昔有郭崇子者，殷時人也，彭眞人之弟子。嘗兄弟四人俱行，爲惡人所擊，傷其左臂。三弟大怒，欲取治之。崇子曰：『無用。』笑而各去。此人後仕官，而崇子譽致之，數數非一。此人乃往謝之，而猶譽不止。其人曰：『我惡人也，不可以受君子之施。』乃自殺。後崇子得道，太極眞人以爲有殺人之過，不得爲眞人。」註曰：「此蓋爲善之過，尚招其弊，況爲惡乎！今時事亦多有類此者，故以爲戒。」

郭聲子（洛市中卜）

【註】

1.《元始上眞衆仙記》曰：「郭聲子爲閬風眞人。」

2.《眞誥・甄命授第一》曰：「君（指裴君）曰：『晉初有眞人郭聲子，在洛市中作卜師。』」《眞誥・稽神樞第二》曰：「玄善於變幻，而拙於用身。今正得不死而已，非僊人也。初在長山，近入蓋竹，亦能乘虎使鬼，無所不至，但幾於未得受職耳。亦恒與謝稚堅、黃子陽、郭聲子相隨。」

周君

【註】

　　《眞誥・甄命授第一》曰：「君（指裴君）曰：『……昔周君兄弟三人，並少而好道，在於常山中積九十七年，精思無所不感。忽見老公頭首皓白。三人知是大神，乃叩頭流血，涕淚交連，悲喜自搏，就之請道。公乃出素書七卷，以與誦之。兄弟三人俱精讀之。奄有一白鹿在山邊，二弟放書觀之，周君讀之不廢。二弟還，周君多其弟七過。其二弟內意或云仙人化作白鹿，

呼周視之，周君不應。周君讀之萬過，二弟誦得九千七百三十三過。周君翻然飛仙。二弟取書誦之，石室忽有石爆成火，燒去書，二人遂不得仙。今猶在常山中，陸行五嶽也。』」

徐季道（鵠鳴山）

【註】

《眞誥・甄命授第一》曰：「昔徐季道學道在鵠鳴山中，亦時時出民間。忽見一人着皮袴練褶，拄桃枝杖，逢季道，季道不覺之。數數非一，季道乃悟而拜謝之。因語季道曰：『欲學道者，當巾天青，詠大曆，蹹雙白，佪二赤』此五神之事也，其語隱也。大曆，《三皇文》是也。」

鹿皮公

【註】

1. 《列仙傳・鹿皮公》曰：「鹿皮公者，淄川人也。少爲府小吏木工，舉手能成器械。岑山上有神泉，人不能至也。小吏白府君，請木工斤斧三十人，作轉輪懸閣，意思橫生。數十日，梯道四開成，上其巔，作祠舍，留步其旁，絕其二開以自固。食芝草，飲神泉，且七十年。淄水來，三下，呼宗族家室，得六十餘人，令上山半。水盡漂一郡，沒者萬計。小吏乃辭遣宗家，令下山。著鹿皮衣，遂去，復上閣。後百餘年，下賣藥於市。」

2. 《神仙傳・序》曰：「鹿翁涉險而流泉。」

3. 《眞誥・運象篇第四》曰：「鹿皮公吞玉華而流蟲出戶。」

仇季子

【註】

1. 《眞誥・運象篇第四》曰：「仇季子咽金液而臭聞百里。」

2. 《天地宮府圖・七十二福地》（《雲笈七籤》卷 27）曰：「第三十五金精山。」註曰：「在虔州虔化縣，仇季子治之。」

司錄君

【註】

1. 《周禮・春官・天府》曰：「若祭天之司民、司祿而獻民數、穀數，則受而藏之。」鄭玄註：「司祿，文昌第六星，或曰下能也。祿之言穀也。年穀登乃後制祿。」

2. 《史記‧天官書》曰：「（文昌宮中）一曰上將，二曰次將，三曰貴相，四曰司命，五曰司中，六曰司祿。」

3. 《春秋元命包》曰：「司祿賞功進事，司命主老幼，司災主災害，司中主左理也。」　又曰：「西近文昌二星曰十臺，爲司命，主壽。次二星中臺，爲司中，主宗室。東二星曰下臺，爲司祿，主兵。」又曰：「三臺，主明德宜將也。西奇、文信二星爲上能，爲司命，主壽。次二星爲中能，爲司中，主宗室。震方二星謂下能，爲司祿，主兵武，所以照德塞違背也。」又曰：「危東六星，兩兩而比，曰司空，主水、金、木守之，天下憂水。」宋均註：「司空六星，二名司祿，二爲司命，二爲司非，二爲司危也。」《春秋文曜鈎》曰：「魁戴匡六星曰文昌宮，爲六府。」宋均註：「文昌宮六星，上將、次將、貴相、司祿、司命、司中六府也。」

4. 《晉書‧天文志》曰：「司祿主賞功進爵。」

5. 《上清大洞眞經》卷 5 曰：「太極主四眞，凌羽逸上清，七轉召司命，太一揚威明，司錄促詣位，三舉登震靈……」卷 6 曰：「《大洞玉經》曰：『玉眞萬華宮，高仙藏帝經，主圖九天表，洞觀無中生，七轉召萬生，五嶽一來庭，三宮召眾魔，司錄校所呈，拔籍重泉曲，記仙書上清』……」

6. 《太上玄靈北斗本命延生眞經註》卷 1 曰：「三官五帝九府四司。」註曰：「四司者，天曹四司則司命、司錄、司非、司危，地府四司則司命、司錄、司功、司殺，與三官五帝九府同檢察人間之罪福也……四司者，四肢也。」

7. 《太上隱書八景飛經八法》（《雲笈七籤》卷 53）曰：「司錄道君……乘八輿之輪，飛龜玄雲之車。」

8. 《太上洞玄靈寶三十二天尊應號經》曰：「至於今生存亡，二世積行所犯言無信，實詭誑之罪，爲東方十眞之神天帝使者司命、司錄著名罪錄，歷世纏結，不能解脫。」

9. 《赤松子中誡經》曰：「赤松子對曰：『天上三臺北辰、司命、司錄差太一直符常在人頭上察其有罪，奪其筭壽……』」

10. 《上清高上玉眞眾道綜監寶誥》曰：「白白赤赤玄命在庭，上告天帝撥死定生，延壽注年，與天地並，司錄定籍，不屬北星，急急如律令。」

11. 《太上洞玄靈寶三元品戒功德輕重經》曰：「諸天飛仙、神仙、眞人、玉女、長生司命、司錄、司殺、南斗、北斗、諸天日月星宿璿璣玉衡，一切眾神，莫不森然俱至，三元左右中三官九府百二十曹左右水火風刀考官，各筭計

天上天下生死之簿錄，更相校訊。有善功者上名青簿，罪重者下名黑簿，各以一通列言三官，功過善惡毫分無失。」

12.《洞神八帝妙精經》曰：「高天名可召司錄，如召司命法，婦女帶淫，目心閉。」

13.《洞眞高上玉帝大洞雌一玉檢五老寶經》曰：「得大洞眞經者，欲召司命、司錄去巳及所念人死籍，勑三官，乞除俗罪之名。又校泰山民命之簿者，有七轉洞經之法。」

14.《上清元始高上玉皇九天譜錄》有神名「甥」，號「清微南宮定仙司錄道君」。

15.《元始五老赤書玉篇眞文書經》卷下、《太上靈寶諸天內音自然玉字》卷3、《太上洞玄靈寶滅度五鍊生屍妙經》、《太上大道三元品誡謝罪上法》有「司錄」。

張巨君

【註】

1.《上清金書玉字上經》曰：「太上神錄曰：『諸見北斗、高上、太微一星，皆增算三百年，見二星，增算六百年……韓眾、司馬季主及中嶽眞人孟子卓、張巨君逮尹軌之徒，皆亦得見之者也。』」

2.《無上秘要》曰：「張巨君授許季山易法。」

郭芍藥

趙愛兒

王魯連

【校】

《無上秘要》作「王魯」。

此三人女眞

【註】

1.《上清瓊宮靈飛六甲左右上符》曰：「郭少藥者，漢度遼將軍陽平郭騫女也，少好道精誠，眞人因受其『六甲』之術。趙愛兒者，幽州刺史劉虞妻，別駕漁陽趙該姊也，好道得尸解，後又受此符。王魯連者，魏文帝城門校尉

范陵王伯周女也，亦學道。一旦忽委化壻李子期，入陸渾山中，眞人又授此法。子期者，司馬魏人，清河王傅也。常言此婦狂走，云一旦失所在矣。」《上清瓊宮靈飛六甲籙》記載與此相似。

2.《眞誥‧稽神樞第四》：「郭芍藥，漢度遼將軍東平郭騫女也。少好道篤誠，眞人因授其『六甲』。趙愛兒者，幽州刺史劉虞別駕、漁陽趙該姊也。好道得尸解，後又受此符。王魯連者，魏明帝城門校尉范陽王伯綱女也，亦學道。一旦忽委壻李子期，入陸渾山中，眞人授此法。子期者，司州魏人，清河王傅也。其常言此婦狂走，云一旦失所在。」註曰：「此事乃出《靈飛六甲經》中，長史鈔出之。」

救苦眞人君軌

【校】

古本、《無上秘要》、《雲笈七籤》「君」作「尹」，以「尹」爲是。

【註】

1.《神仙傳‧尹軌》曰：「尹軌，字公度，太原人也。博學五經，尤明天文理氣，河洛讖緯，無不精微。晚乃奉道，常服黃精日三合，年數百歲，而顏色美少。常聞其遠祖尹喜，以周康王、昭王之時，居草樓，遇老君與說經，其後周穆王再修樓觀，以待有道之士，公度遂居樓觀焉。自云喜數來與相見，授以道要，由是能坐在立亡，變化之事……公度腰中帶漆竹管數十枚，中皆有藥，入口即活。天下大疫，有得藥如棗者，塗其門，則一家不病，病者立愈……公度後到南陽太和山升仙去矣。」

2.《上清金書玉字上經》曰：「太上神錄曰：『諸見北斗、高上、太微一星，皆增籌三百年，見二星，增籌六百年……韓眾、司馬季主及中嶽眞人孟子卓、張巨君逮尹軌之徒，皆亦得見之者也。』」

3.《太和眞人傳》（《雲笈七籤》卷104）曰：「太和眞人尹軌字公度，太原人也，乃文始先生之從弟。少學天文，兼通讖緯，來事先生。因教服黃精花，及授諸道經凡百餘篇，皆蒙口訣。先生登眞之後，即與隱士杜沖等同於先生宅修學，時年二十八，絕粒行氣，專修上法。太上哀之，賜任太和眞人，仍下統仙僚於杜陽宮。時復出遊，帶神丹十餘筒，周歷天下，濟護有緣。或煉金銀，以賑貧窮；或行丹藥，以救危厄。求哀之人，咸得其福利焉。或上朝玉京，校一切行業善惡報應宿命之期……」

司危

【註】

1. 《史記・天官書》曰：「司危星，出正西方之野，星去地可六丈，大而白，類太白。」

2. 《春秋元命包》曰：「危東六星，兩兩而比，曰司空，主水、金、木守之，天下憂水。」宋均註：「司空六星，二名司祿，二爲司命，二爲司非，二爲司危也。」《春秋運斗樞》曰：「機星散爲司危。」《春秋合誠圖》曰：「白彗之氣，分爲司危。司危，平非也，以爲乖爭之征。」又曰：「司危如太白，有目，以爲乖爭之征，見則主失法，期八年、豪傑起，天子以不爲義失國，有聲之臣行主德也。」《春秋考異郵》曰：「司危見，則其下國殘賊。」《春秋潛潭巴》曰：「司危，主擊強侯兵也。」

3. 《抱朴子・雜應》曰：「以三皇天文召司命、司危、五嶽之君，阡陌亭長六丁之靈，皆使人見之，而對問以諸事，則吉凶昭然，若存諸掌，無遠近幽深，咸可先知也。」

4. 《洞神八帝妙精經》曰：「皇天名可召司危，告齋三日，赤書青著，淨室中，司危立至，可問吉凶。」

司厄

司命

【註】

1. 屈原《九歌・大司命》曰：「紛總總兮九州，何壽夭兮在予？」《少司命》曰：「夫人自有兮美子，蓀何以兮愁苦？」

2. 《韓非子・喻老》曰：「扁鵲曰：『疾在腠理，湯熨之所及也；在肌膚，針石之所及也；在腸胃，火齊之所及也；在骨髓，司命之所屬，無奈何也。今在骨髓，臣是以無請也。』」

3. 《周禮・春官・大宗伯》曰：「以槱燎祀司中、司命、飌師、雨師。」鄭玄註曰：「鄭司農云：『……司命，文昌宮星。』」鄭玄曰：「司中、司命，文昌第五第四星，或云中能上能也。」

4. 張衡《思玄賦》曰：「死生錯其不齊兮，雖司命其不目制。」

5. 《詩緯》曰：「司命執刑行罰。」

6. 《春秋元命包》曰：「西近文昌二星曰十臺，爲司命，主壽。次二星中臺，

為司中，主宗室。東二星曰下臺，為司祿，主兵。」又曰：「三臺，主明德宣將也。西奇、文信二星為上能，為司命，主壽。次二星為中能，為司中，主宗室。震方二星謂下能，為司祿，主兵武，所以照德塞違背也。」又曰：「司命舉過，滅除不祥。」又曰：「危東六星，兩兩而比，曰司空，主水、金、木守之，天下憂水。」宋均註：「司空六星，二名司祿，二為司命，二為司非，二為司危也。」《春秋文曜鉤》曰：「魁戴匡六星曰文昌宮，為六府。」宋均註：「文昌宮六星，上將、次將、貴相、司祿、司命、司中六府也。」《春秋佐助期》曰：「司命神名為滅黨，長八尺，小鼻望羊，多髭朧瘦，通於命運期度。」

7. 《河圖紀命符》曰：「天地有司過之神……（三尸）每到六甲窮日輒上天，白司命道人罪過。」

8. 《十洲記》曰：「方丈洲在東海中心，西南東北岸正等方丈，方面各五千里，上專是群龍所聚，有金玉琉璃之宮，三天司命所治之處。群仙不欲昇天者，皆往此洲受太玄生籙。」

9. 《列仙傳·木羽》曰：「木羽者，鉅鹿南和平鄉人也。母貧賤，主助產。嘗探產婦，兒生便開目，視母大笑，其母大怖。夜夢見大冠赤幘者守兒，言此司命君也。當報汝恩，使汝子木羽得仙，母陰信識之。」

10. 《神仙傳·劉根》曰：「司命奪人籌紀，使少壽。」

11. 《抱朴子·對俗》曰：「按《玉鈐經中篇》云：『行惡事大者，司命奪紀，小過奪算，隨所犯輕重，故所奪有多少也……』」《金丹》曰：「司命削去死籍，與天地相畢。」《微旨》曰：「按《易內戒》及《赤松子經》及《河圖記命符》皆云天地有司過之神，隨人所犯輕重，以奪其算，算減則人貧耗疾病，屢逢憂患，算盡則人死，諸應奪算者有數百事，不可具論。又言身中有三尸，三尸之為物，雖無形而實魂靈鬼神之屬也。欲使人早死，此屍當得作鬼，自放縱遊行，享人祭酹。是以每到庚申之日，輒上天白司命，道人所為過矣。又月晦之夜，竈神亦上天白人罪狀。大者奪紀，紀者，三百日也。小者奪算，算者，三日也。吾亦未能審此事之有無也。」《雜應》曰：「以三皇天文召司命、司危、五嶽之君，阡陌亭長六丁之靈，皆使人見之，而對問以諸事，則吉凶昭然，若存諸掌，無遠近幽深，咸可先知也。」

12. 《搜神記》卷4曰：「風伯、雨師，星也。風伯者，箕星也；雨師者，畢星也。鄭玄謂司中、司命，文昌第四、第五星也。」卷15曰：「漢建安四年

二月……武陵太守聞娥死復生，召見，問事狀。娥對曰：『聞謬爲司命所召，到時得遣出……』」

13.《上清大洞眞經》卷 2 曰：「中央司命丈人君理明初，字玄度卿，常守兆絳宮心房之中，血孔之戶，死炁之門……」又曰：「司命定年，丈人保仙。」卷 4 有「九皇上眞司命道君」。卷 5 曰：「日中司命接生君，字道靈，常守兆左手通眞之戶，死炁之門，使四大正明，玉華保眞，魔氣滅絕，生神固靈，七祖解脫，魂魄更生。」卷 5 曰：「太極主四眞，凌羽逸上清，七轉召司命，太一揚威明，司錄促詣位，三舉登震靈……」又曰：「司命塞我死門。」

14.《大洞玉經》卷上曰：「中央司命丈人君，名理明初，字玄度卿，一名神宗，一名靈華，常鎮我絳宮心房之中，四孔之戶。」卷下有「九皇上眞司命道君」。又曰：「日中司命君，名接生，字通靈，一名上景，一名圓光，一名眇景，一名九曜，一名微玄，一名曜羅……」

15.《洞眞高上玉帝大洞雌一玉檢五老寶經》曰：「得大洞眞經者，欲召司命、司錄去巳及所念人死籍，勑三官，乞除俗罪之名。又校泰山民命之簿者，有七轉洞經之法。」又曰：「中央司命君者，或曰制命丈人，主生年之本命，攝壽夭之簡札。太一變魂而符列司命，混合而對魂，帝君，司命之神，主典年壽魁柄長短之期，是以混合，太一以符籍而由之，故稱丈人焉，名理明初，字玄卿度，一名神宗，一名靈華。白日治幽極宮，通御陰房，出入神廬兩門中，夕治在玄室地戶之中，幽宮之下，六合宮之上一界中耳。陰房者，是鼻之兩孔中也，司命出入當由鼻孔，不兩眉間也。夕在玄室，爲玉莖之中，地戶，亦爲陰囊中也。」

16.《太眞玉帝四極明科經》卷 2 曰：「太玄都四極明科曰：『司命君經宿命清圖上皇民籍，定眞玉錄……』」

17.《清靈眞人裴君傳》（《雲笈七籤》卷 105）曰：「至夏至之日日中時，天上三官會於司命河侯，校定萬民罪福，增年減算。」

18.《太上洞玄靈寶三十二天尊應號經》曰：「至於今生存亡，二世積行所犯言無信，實詭誑之罪，爲東方十眞之神天帝使者司命、司錄著名罪錄，歷世纏結，不能解脫。」

19.《太上玉佩金檔太極金書上經》曰：「魂精帝君即九天司命，部九天之魂精，下統後學籌命也，帝君鎮在日門金庭之內。」

20. 《赤松子中誡經》曰：「赤松子曰：『……人與朝夕為惡，人神司命奏上星辰，奪其筭壽，天氣去之，地氣著之，故曰衰也……』」又曰：「赤松子對曰：『天上三臺北辰、司命、司錄差太一直符常在人頭上察其有罪，奪其筭壽……』」

21. 《上清太一金闕玉璽金真紀》曰：「《素靈玄洞經》曰：『上皇大帝君玉尊陛下乃上登清靈宅太虛之闕丹城紫臺長綿玉樓，君集於太微之觀，上開九天之門，請九天之真皇，中要太上三老君、北極諸真及八海大神，下命五嶽名山諸得仙者靈尊萬萬並會於寥陽之殿，共議天下萬民之罪福……生死之狀，各隨其屬部境，根源條例，副之司命，書於黃篇……』」

22. 《太上洞玄靈寶三元品戒功德輕重經》曰：「諸天飛仙、神仙、真人、玉女、長生司命、司錄、司殺、南斗、北斗、諸天日月星宿璿璣玉衡，一切眾神，莫不森然俱至三元左右中三官九府百二十曹左右水火風刀考官，各筭計天上天下生死之簿錄，更相校訊。有善功者上名青簿，罪重者下名黑簿，各以一通列言三官，功過善惡毫分無失。」

23. 《上清高上玉真眾道綜監寶諱》曰：「長生司命諱閶之。」

24. 《洞神八帝妙精經》曰：「天皇名召司命君，青書條一尺，清齋七日，著應中食項，司命形見，可問吉凶，勿久留之。」又曰：「齋七日召都官司命夫人，主變化先召之法。」

25. 《太上洞玄靈寶本行宿緣經》曰：「太上遙觀十方善惡之人，即勑司命延此人壽三四年……」

26. 《洞真太上太霄琅書》卷6曰：「太山削死籍，司命書仙名。」

27. 《上清玉帝七聖玄紀迴天九霄經》曰：「太一定籍，司命於年。」

28. 《上清元始高上玉皇九天譜錄》有神名「混」，號「玉虛九皇上真司命道君」。

29. 《洞真太上三元流珠經》曰：「凡人兩眉之間近上卻入一寸為明堂，二寸為洞房，三寸為丹田，四寸為流珠，流珠宮內，有太一君，寶座光明，冠於紫房，司命往還，諮稟命錄，有過則削生注死，有功則除死上生。生生之人，謹遵此法，立功無過，司命奏言，請太一增筭益年，雖未及四宮雌一之妙，實五官雄一之高矣。」

30. 《幽明錄‧冢上紫氣》曰：「孫鍾，吳郡富春人也，孫武之後。鍾種瓜為業，瓜初熟，有三人來就乞瓜。鍾遂引三人入草庵，設飯摘瓜以食之。三人食訖，謂鍾曰：『蒙君厚恩，無以報也，請視君葬地。』遂將之上。謂曰：『欲

得世世封侯，數世天子？』鍾曰：『諾。』遂指一處：『可葬之！』三人曰：『我等是司命。君下山百步勿反顧！』鍾行三十步回首，見三人化作白鶴飛去。鍾於指地葬父母。冢上常有紫氣屬天，漫延於地。父老曰：「孫氏興矣！」鍾生堅，字文臺，仕靈帝，爲破虜將軍，長沙太守。堅生權，字仲謀，漢末據江東，建立吳，爲天子，都揚州，號建業，後都武昌。權生亮，亮生休，休生皓。皓爲晉所伐，皓降晉，武帝封爲歸命侯。果四世天子爲皇。孫權號太皇，亮被廢，休爲景皇帝，皓爲後主皇帝，相繼六十八年。」《幽明錄·易腳》曰：「晉元帝世，有甲者，衣冠族姓，暴病亡。見人將上天，謁司命，司命更推校，算歷未盡，不應枉召。主者發遣令還。甲尤腳痛，不能行，無緣得歸。主者數人共愁，相謂曰：『甲若卒以腳痛不能歸，我等坐枉人之罪。』遂相率俱白司命。司命思之良久，曰：『適新召胡人康乙者，在西門外，此人當逐死，其腳甚健，易之，彼此無損。』主者承敕出，將易之。胡形體甚醜，腳殊可惡。甲終不肯。主者曰：『君若不易，便長留此耳。』不獲已，遂聽之。主者令二人並閉目，倏忽，二人腳已互易矣。仍即遣之，豁然復生。具爲家人說，發視果是胡腳，叢毛連接，且胡臭。」

31.《登眞隱訣》卷下曰：「太上告司命入名神簡，上記長生。」

32.《眞誥·握眞輔第一》曰：「恐楊以呈司命，不許眞事宜行，因隱絕之也。」

33.《釋三十九章經》（《雲笈七籤》卷8）曰：「第二十三章《九皇上眞司命君》曰：『九皇上眞者，玉虛之元君也。四司者，天帝之禁宮也』」

34.《太上洞玄靈寶滅度五鍊生屍妙經》、《太上靈寶諸天內音自然玉字》卷3、《元始五老赤書玉篇眞文書經》卷下、《太上大道三元品誡謝罪上法》有「司命」；《上清太上帝君九眞中經》卷上有「中黃司命」；《赤松子章歷》卷2有「司命宮」，卷4有「皇天上帝十二司命君」；《上清元始變化寶眞上經九靈太妙龜山玄籙》卷下有「九皇上眞司命」。

八威
【註】

1.《黃帝內經·黃庭》曰：「重堂煥煥明八威。」梁丘子註曰：「八卦之神曰八威也。」

2.《易乾鑿度》曰：「易一陰一陽，合而爲十五，之謂道。陽變七之九，陰變

八之六，亦合於十五。則象變之數若一，陽動而進，變七之九，象其氣之息也；陽動而退，變八之六，象其氣之消也。故太一取其數，以行九宮，四正四維，皆合於十五。」鄭玄註曰：「太一者，北辰之神名也，居其所曰太一。常行於八卦日辰之間，曰天一，或曰太一。出入所遊，息於紫宮之內外，其星因以爲名焉。故《星經》曰「天一」、「太一」，主氣之神，行，猶待也。四正四維，以八卦神所居，故亦名之曰宮。天一下行，猶天子出巡狩，省方岳之事。每卒則復。太一下行八卦之宮，每四乃還於中央，中央者北神之所居，故因謂之九宮。天數大分，以陽出，以陰入。陽起於子，陰起於午，是以太一下九宮，從坎宮始。坎，中男，始亦言無適也。自此而從於坤宮，坤，母也。又自此而從震宮，震，長男也。又自此而從巽宮，巽，長女也。所行者半矣，還息於中央之宮，既又自此而從乾宮，乾，父也。自此而從兌宮，兌，少女也。又自此從於艮宮，艮，少男也。又自此從於離宮，離，中女也，行則周矣。」

3. 《抱朴子·雜應》曰：「或祭致八史，八史者，八卦之精也，亦足以預識未形也矣。」《抱朴子·登涉》有「八威五勝符」。《遐覽》著錄《八史圖》、《八卦符》、《八威五勝符》。

4. 《太上赤文洞神三籙》有八卦神符八道，各代表一神。

5. 《道要靈祇神鬼品經》曰：「《老子觀身太清中經》曰：『八卦天神下著於人，常衛太一，爲八方使者，主八節之日，上計校定天下吉凶。乾神字仲尼，號伏戲；坎神字大象子；艮神字非先王；震神字小曾子；巽神字大憂侯；離神字文昌；坤神字楊權王，號曰女媧；兌神字一世，人常以八節日存念之吉。』」

6. 《太上無極大道自然眞一五稱符上經》卷下有「震神建剛」、「離神月精」、「兌神太玄」、「坎神天建」、「艮神日原」、「巽神玄精」、「坤神柱史」、「乾神靈剛」。又曰：「畫八卦玄洞通靈八威神符於八方。」又曰：「通靈八符，威制八方之神皇。」

7. 《度人經集註》齊嚴東註曰：「八威者，龍、麟、虎、豹、獅子、丹蛇、天馬、猛獸。」

8. 《元始五老赤書玉篇眞文書經》卷中有「八威策文」；《太上洞玄靈寶赤書訣妙經》卷上有：「東山神呪八威策文」、「赤天八威策文」、「八威召龍文」、「八威制天文」；《太上洞玄靈寶授度儀》有「八威神呪」；《洞玄靈寶五老

攝召北酆鬼魔赤書玉訣》有「靈寶八威神策訣」。

除福

【校】

古本「除」作「徐」，應爲「徐福」。《無上秘要》作「徐福」。

【註】

1. 《史記‧秦始皇本紀》曰：「（二十八年）齊人徐市等上書，言海中有三神山，名曰蓬萊、方丈、瀛洲，僊人居之。請得齋戒，與童男女求之。於是遣徐市發童男女數千人，入海求僊人……方士徐市等入海求神藥，數歲不得，費多，恐譴，乃詐曰：『蓬萊藥可得，然常爲大蛟魚所苦，故不得至，願請善射與俱，見則以連弩射之。』」《淮南衡山列傳》曰：「又使徐福入海求神異物，還爲僞辭曰：『臣見海中大神，言曰：汝西皇之使邪？臣答曰：然。汝何求？曰：原請延年益壽藥。神曰：汝秦王之禮薄，得觀而不得取。即從臣東南至蓬萊山，見芝成宮闕，有使者銅色而龍形，光上照天。於是臣再拜問曰：宜何資以獻？海神曰：以令名男子若振女與百工之事，即得之矣。秦皇帝大說，遣振男女三千人，資之五穀種種百工而行。徐福得平原廣澤，止王不來。」

2. 《列仙傳‧安期先生》曰：「安期先生者，瑯邪阜鄉人也。賣藥於東海邊，時人皆言千歲翁。秦始皇東遊，請見，與語三日三夜，賜金璧度數千萬。出於阜鄉亭，皆置去。雷書，以赤玉舄一量爲報。曰：『後數年，求我於蓬萊山。』始皇即遣使者徐市、盧生等數百人入海，未至蓬萊山，輒逢風波而還。立祠阜鄉亭海邊十數處云。」

3. 《三國志‧吳書‧吳主傳》曰：「亶洲在海中，長老傳言秦始皇帝遣方士徐福將童男童女數千人入海，求蓬萊神山及仙藥，止此洲不還。世相承有數萬家，其上人民。時有至會稽貨布，會稽東縣人海行，亦有遭風流移至亶洲者。」

4. 《十洲記》曰：「祖洲近在東海之中，地方五百里，去西岸七萬里，上有不死之草……始皇遣使者齎草以問北郭鬼谷先生。鬼谷先生云：『臣嘗聞東海祖洲，上有不死之草，生瓊田中，或名爲養神芝，其葉似菰，苗叢生，一株可活一人。始皇於是慨然言曰：可採得否。』乃使使者徐福發童男童女五百人，率攝樓船等入海尋祖洲，遂不返。福，道士也，字君房，後亦

得道也。」

5. 《神仙傳・茅君》曰：「（秦始皇）望祀蓬萊，使徐福將童男童女，入海求
　　神仙之藥。」

6. 《上清金書玉字上經》曰：「《太上神錄》曰：『諸見北斗、高上、太微一星，
　　皆增筭三百年，見二星，增筭六百年……太上法諸妄說精名及見而泄者，
　　身被兵火卒而獲考地獄，生死父母得罪三官。秦時徐福本凡人也，亦悟見
　　二星，乃不敢道，遂得增年，於是始信天下有仙，乃知學道耳。』」

帛和

【註】

1. 《神仙傳・帛和》曰：「帛和，字仲理。師董先生行氣斷穀術，又詣西城山
　　師王君。君謂曰：『大道之訣，非可卒得。吾暫往瀛州，汝於此石室中，
　　可熟視石壁，久久當見文字，見則讀之，得道矣。』和乃視之，一年了無
　　所見，二年似有文字，三年了然見《太清中經》、《神丹方》、《三皇丈五嶽
　　圖》。和誦之上口。王君回曰：『子得之矣。』乃作神丹，服半劑，延年無
　　極。以半劑作黃金五十斤，救惠貧病也。」

2. 《抱朴子・袪惑》曰：「乃復有假託作前世有名之道士者，如白（帛）和者，
　　傳言已八千七百歲，時出俗閒，忽然自去，不知其在。其洛中有道士，已
　　博涉眾事，洽煉術數者，以諸疑難諮問和，和皆尋聲為論釋，皆無疑礙，
　　故為遠識。人但不知其年壽，信能近千年不啻耳。後忽去，不知所在。有
　　一人於河北自稱為白和，於是遠近競往奉事之，大得致遺至當。而白和子
　　弟，聞和再出，大喜，故往見之，乃定非也。此人因亡走矣。」又曰：「又
　　《仙經》云：僊人目瞳皆方。洛中見之白仲理者為余說其瞳正方，如此果
　　是異人也。」

華子期

【註】

1. 《神仙傳・華子期》曰：「華子期者，淮南人也。師角里先生，受隱現靈寶
　　方：一曰伊洛飛龜秩，二曰伯禹正機，三曰平衡方。按合服之，日以還少，
　　一日能行五百里，力舉千斤，一歲十二易其形，後乃仙去。」

2. 《太上靈寶五符序》卷上曰：「華子期者，九江人也。少好仙道，入山隱跡，
　　採服草藥，棲身林阜二十餘年。忽遇角里先生，乃授之仙隱靈寶方，一曰

河圖隱存符，二曰伊雒飛龜，三曰平衡。案合服之，日更少壯，色如少女，一日行五百里，能舉千斤，一歲十易皮。乃入潛山中，而白日昇天矣。」又曰：「僊人挹服五方諸天氣經。」註曰：「華子期受甪里先生訣，樂子長書出神名。」

3. 《上清大洞九微八道大經妙籙》有「華子期」。

鮑察

【註】

《眞誥‧稽神樞第四》曰：「張祖常者，彭城人也。吳時從北來，得入此室（指四平山洞室方臺）。祖常託形墮車而死，故隱身幽館，而修守一之業。師事上黨鮑察者，漢司徒鮑宣五世孫也。察受道於王君。」註曰：「鮑宣，漢司隸校尉，爲王莽所害。宣子永，永子昱，昱子某。」

欒巴

【校】

說本「欒」作「欒」。

【註】

1. 《後漢書‧欒巴傳》曰：「欒巴字叔元，魏郡內黃人也。順帝世，以宦者給事掖庭，補黃門令，非其好也。性質直，學覽經典，雖在中官，不與諸常侍交接。後陽氣通暢，白上乞退，擢拜郎中，四遷桂陽太守……再遷豫章太守。郡土多山川鬼怪，小人常破貲產以祈禱。巴素有道術，能役鬼神，乃悉毀壞房祀，翦理奸巫，於是妖異自消。百姓始頗爲懼，終皆安之。」

2. 《神仙傳‧欒巴》曰：「欒巴，蜀人也。太守請爲功曹以師事之……遷豫章太守，有廟神，能與人言語，巴到，推社稷，問其蹤由，乃老往齊爲書生。太守以女妻之，生一男。巴往齊，敕一道符，乃化爲狸……所著百章發明道秘，要眇深切，迷途之指南也。」

3. 《抱朴子‧極言》曰：「朱邑、欒巴、於公有功惠於民，百姓皆爲之立廟祠。」

4. 《紫陽眞人內傳》曰：「聞有欒先生者，得道在蒙山，能讀龍蹻經。」又曰：「門子（指衍門子）曰：『欒先生，仙之下耳……』」

5. 《眞誥‧稽神樞第四》曰：「欒巴昔作兵解去，入林慮山中。積十三年，而後還家。今在鵠鳴赤石山中。」註曰：「《漢書》云：『巴爲桂陽豫章太守，後下獄死。』當仍是用靈丸解去也，亦出《仙傳》中。」又曰：「……出

掾寫《劍經》中。」《眞誥·協昌期第二》有「變巴口訣」。註曰：「即變豫章也。出《劍經》、《神仙傳》、《虎豹符》及《後漢書》。」

葛洪（隱羅浮山）

【註】

1. 《抱朴子·金丹》曰：「昔左元放於天柱山中精思，而神人授之金丹仙經……余（指葛洪）從祖仙公又從元放受之……余師鄭君者，則余從祖仙公之弟子也，又於從祖受之，而家貧無用買藥。余親視之，灑掃積久，乃於馬跡山中立壇盟受之，並諸口訣訣之不書者。江東先無此書，書出於左元放，元放以授余從祖，從祖以授鄭君，鄭君以授余，故他道士了無知者也。然余受之已二十餘年，資無擔石，無以爲之，但有長歎耳。」

2. 《抱朴子外篇自敍》有葛洪生平。

3. 《元始上眞眾仙記》曰：「洪歷觀天地之寶藏，上聖之宮第，至上之尊神仙圖記，猶未知極妙之根。以去月乙丑月夜半靜齋於羅浮山，忽警風駁起，香馥亂芳，虎嘯躑躅空中，有頃之間，紫雲覆林，忽見一眞人……自號玄都太眞王，問曰：『子是葛洪乎？何爲而希長存？』洪稽首披陳長跪執禮，神告余曰：『子是籍九天之嘉慶，乘運挺英，復千年之後太清有仙伯之名，今當遠變去世，卜宅西鄉，相攜於太華上丹宮之中，且還時朝以龍淵代身，密乎寂往，莫識今眞，子窮玩墳典，聰秀逸群，解滯悟感，可謂妙才矣。但未知眞仙之宮第，上聖之所由耳，吾今行矣。相告計共事不復爲久也。』」

4. 《老君音誦戒經》曰：「老君曰：『抱朴子者，未明蓋世，掬合前賢諸家經方，造經勸仙，內外卷首言仙之可得，開悟人心，承前多遺經，亦復不妄造，出意不犯改經詐說之罪，造經勸仙，功過自保，補後身當得僊人之階……』」

5. 《洞神八帝妙精經》曰：「鮑君（指鮑靚）不以洪（指葛洪）淺薄，乃見授三文要道。」

6. 《眞誥·稽神樞第二》曰：「小括即小括蒼山，在永嘉橋谿之北。」有註曰：「葛玄字孝先，是抱朴從祖。」

7. 《晉書·葛洪傳》曰：「葛洪，字稚川，丹陽句容人也……從祖玄，吳時學道得仙，號曰葛仙公，以其煉丹秘術授弟子鄭隱。洪就隱學，悉得其法焉。後師事南海太守上黨鮑玄……止羅浮山煉丹……後忽與岳（指鄧岳）疏云：當遠行尋師，尅期便發。岳得疏，狼狽往別。而洪坐至日中，

兀然若睡而卒。岳至，遂不及見，時年八十一。視其顏色如生，體亦柔軟，舉屍入棺，甚輕，如空衣，世以爲尸解得仙云。」

8. 《天地宮府圖・十大洞天》（《雲笈七籤》卷 27）曰：「第七羅浮山洞，周迴五百里，名曰朱明輝眞之洞天。在循州博羅縣，屬青精先生治之。」

左東无上王

【校】

古本、秘本、說本「无」作「元」。

四天官王

【校】

古本「王」作「土」；《無上秘要》「官」作「君」。

【註】

《上清洞眞智慧觀身大戒文》有「四天帝王」，位於大梵天流景宮。

昌命天王

佐命君王

飛真虎王

【校】

《無上秘要》「虎」作「虛」。

九都去死王

四海陰王

【校】

《無上秘要》作「四海司陰王。」

【註】

1. 《莊子・應帝王》曰：「南海之帝爲儵，北海之帝爲忽，中央之帝爲渾沌。儵與忽時相與遇於渾沌之地，渾沌待之甚善。儵與忽謀報渾沌之德，曰：『人皆有七竅以視聽食息，此獨無有，嘗試鑿之。』日鑿一竅，七日而混沌死。」

2. 《龍魚河圖》曰：「東海君姓馮名修青。」又曰：「東海君姓馮名修青，夫

人姓朱名隱娥。南海君姓視名赤，夫人姓翳名逸寥。西海君姓勾大名丘百，夫人姓靈名素簡。北海君姓是名禹帳裏，夫人姓結名連翹。河姓公名子，夫人姓馮名夷君。有四海河神名，並可請之呼之，卻鬼氣。」

3.《太上洞玄靈寶赤書訣妙經》卷上有「東海水帝」、「南海水帝」、「西海水帝」、「北海水帝」。

4.《太上九赤班符五帝內真經》曰：「東海水帝神王姓王，諱度源，頭建太晨寶明之冠，衣青文翠羽飛羣，帶七色師子虎頭鞶囊，乘碧輦飛龍，從東海水帝十二仙，掾乘十二蒼龍飛行，上詣高皇玉帝，徘徊青雲。」又曰：「南海水帝神王姓開，諱納靈，頭建太晨寶明之冠，衣赤錦文羣，帶交靈紫綬，九色鞶囊，乘蛟龍飛行雲輪，從南海水帝十二仙，掾乘十二飛龍，上詣高皇玉帝，徘徊青雲。」又曰：「西海水帝神王姓道，諱洞清，頭建太晨寶明之冠，衣素錦飛羣，帶素靈命神之章，九色師虎頭鞶囊，乘飛輿，從西海水帝十二仙，掾乘十二白虎，飛行玄虛，上詣高皇玉帝，徘徊玄虛青雲之中。」又曰：「北海水帝神王姓噏，諱淵元，頭建太晨寶明之冠，衣玄錦飛裙，帶豁落七元五色虎頭鞶囊，乘玄霞飛輿，從北海水帝十二仙，掾乘十二飛龜，遊行玄虛，是哪個詣高皇玉帝，徘徊玄靈之上，郁郁青炁之中。」

5.《道要靈祇神鬼品經》曰：「《老子天地鬼神目錄》云：……南海公字少明，北海公字未昌（一名水昌）；東海公字四易（一名西易）……東海神姓辱名牧，主駕飛龍，號曰天帝公，秩萬石，得治巳七百五十五年；西海神姓馮名脩，主駕小魚，號曰地天公，秩萬石；北海神姓河名伯，主駕蛟龍，號曰地天，一秩萬石……」

6.《真誥·稽神樞第一》曰：「玄帝時，召四海神，使運安息國天市寶玉璞石……」

太一元君

【註】

1.《神仙傳·彭祖》曰：「彭祖曰：『欲舉形登天，上補仙官者，當用金丹，此元君太一所服，白日昇天也。然此道至大，非君王所為。」

2.《抱朴子·金丹》曰：「復有太清神丹，其法出於元君（指太乙元君）。元君者，老子之師也……元君者，大神仙之人也，能調和陰陽，役使鬼神風雨，驂駕九龍十二白虎，天下眾仙皆隸焉，猶自言亦本學道服丹之所

致也，非自然也⋯⋯」又曰：「金液，太乙所服而仙者也⋯⋯老子受之於元君。」《極言》曰：「按神仙經，皆云黃帝及老子，奉事太乙元君，以受要訣。況乎不逮彼二君者，安有自得仙度世者乎！」

3. 《上清高上玉眞眾道綜監寶諱》曰：「太元一君諱闚目曜。」

4. 《太上大道三元品誡謝罪上法》有「太一君」；《元始五老赤書玉篇眞文書經》卷下有「太元一君」；《洞玄靈寶丹水飛術運度小劫妙經》有「太一君」、「元一君」；《上清金書玉字上經》有「三天太一元君」、「太一元君」。

上虛君

摩病上元君

七星瑤光君

【註】

1. 《春秋元命包》曰：「瑤光星散爲鷹，立秋之日鷹鸇擊。」《春秋運斗樞》曰：「北斗七星，第一天樞，第二璇，第三璣，第四權，第五玉衡，第六闓陽，第七瑤光。第一至第四爲魁，第五至第七爲杓，合爲斗。居陰布陽，故稱北。」又曰：「搖光得則陵出黑芝。」又曰：「搖光得則山出神車，陵出黑芝。」又曰：「瑤光得，江吐大貝。」又曰：「瑤光海出明珠。」《春秋合誠圖》曰：「斗第一星名樞，二名璇，三名璣，四名權，五名衡，六名開陽，七名標光。」又曰：「樞星爲雍州，璇星爲冀州，璣星爲青、兗州，權星爲徐、揚州。衡星爲荊州，開陽星爲梁州，標光星爲豫州。」

2. 《上清天關三圖經》有「第七關星玄陽天關搖光太明太上玉皇道君」；《上清太上九眞中經絳生神丹訣》有「第七關星玄陽天關瑤光太明太上玉皇道君」；《上清河圖寶籙》有「七瑤光星運天宮」。

三元萬福君

【校】

《無上秘要》「元」作「天」。

【註】

1. 《正一法文經章官品》卷 1 曰：「萬福君官將一百二十人，主保萬民遠行萬里道路滑利，却死來生，轉禍爲福，收除殃殺，往還無它，思所意所所從心。」又曰：「無上萬福君吏二十八人，求五利，金銀布帛綿絹穀米

錢物，所思者至，所索者皆得，主治招財求利……無上萬福君官將一百二十人，主求五利，金銀布帛，所思者得，所願者成。」

2.《赤松子章歷》曰：「上請萬福君、運氣君、解厄君……爲弟子某落除死簿，注上生名。」

3.《上清高上玉眞衆道綜監寶諱》曰：「萬福君諱推。」

4.《登眞隱訣》卷下曰：「又勅三天萬福君，令致四方之財寶，八方之穀帛，富積巍巍，施行功德，所嚮所欲，萬事成克，如心所願，如手所指，長生神仙，壽同天地。」註曰：「……此萬福君猶是官將，主財寶者。」

5.《元始五老赤書玉篇眞文書經》卷下有「萬福君」、「無上萬福君」；《太上大道三元品誡謝罪上法》有「萬福君」、「無上萬福君」；《太上洞玄靈寶眞文要解上經》、《上清河圖內玄經》有「萬福君」。

夜光夫人

【校】

《無上秘要》「夫人」作「大夫」。

和適夫人

【校】

《無上秘要》「夫人」作「大夫」。

第五節　第五中位

九宮尚書

【校】

　　輯本「宮」作「官」，誤。

【註】

1. 《河圖括地象》曰：「崑崙有銅柱焉，其高入天，所謂天柱也。圍三千里，周員如削。下有僊人九府治之，與天地同休息。」

2. 《七域修眞證品圖》曰：「九宮僊人初修前兩種九轉之行或修仙行或修眞行九轉不缺，行三百大戒，有三千善功，兼修靈寶之經者，位爲九宮眞人。在五嶽虛宮之上，太空之中，分有九位，位統一方。得九宮僊人者，執三色之節，諸仙侍從，給玉童玉女三千人。」

3. 《眞誥・甄命授第一》曰：「仙道之妙皆有方也，能盡此道便爲九宮眞人，不但登仙而已。然道之多方各備則可知矣。」註曰：「此蓋能爲盡一條之道便得九宮眞人，若各各備具則爲太極眞人矣。」又曰：「崑崙上有九府，是爲九宮，太極爲太宮也。諸僊人俱是九宮之官僚耳。至於眞人，乃九宮之公卿大夫。」

姓張，名奉，字公先，河內人。先爲河北司命禁保侯，今爲太極仙侯公，領北轗，位在太極矣。

【校】

　　古本、秘本、說本「司」作「河」；「公」作「兼」；「轗」作「職」。第六左位有「北河司命保禁侯桃俊」。《眞誥・稽神樞第二》曰：「定錄官寮……又有北河司命，主水官考，此職常領九宮禁保侯，禁保侯職主領應爲種民者。」《眞誥・闡幽微第一》曰：「玄德今爲北河侯，與韓遂對統，今屬仙官。」註曰：「仙官又有北河司命禁保侯，亦司三官中事。」故「河北」應爲「北河」。

【註】

1. 《三國志・魏書・張範傳》曰：「張範，字公儀，河內修武人。河內修武人。祖歆，漢司徒，父延，爲太尉。太傅袁隗欲以女妻範，範辭不受。性恬靜樂道，忽於榮利，徵命無所就。弟承，字公先，亦知名……」

2.《眞誥·稽神樞第二》曰：「張激子當爲太極仙侯。激子者，河內張奉者也，
　　字公先，少時名激子耳。此人亦少發名字，太傅袁隗嘆其高操，妻以女……
　　後棄世入剡山，遇山圖公子。山圖公子，周哀王時大夫仙人者也，授激子
　　九雲水強梁鍊桂法，激子修此得道。今在東華宮，行爲太極所署也；或領
　　九宮尚書，與北河侯對職治水考，北河司命或爲禁保侯，亦並共業故也，
　　北河司命亦治在洞天之中，與張激子對局。」

　　按：陶註對張範之字，有考辨之辭。

左位

左相（清虛眞人，從小有洞天王，受王眞人替，巳度上清）

【校】

　　輯本、說本「巳」作「已」。

【註】

　1. 清虛眞人，見第二右位「王褒」。
　2. 王眞人，《元始上眞眾仙記》曰：「《眞記》曰……趙文和、王眞人爲西方
　　　鬼帝，治嶓冢山。」

左仙公郭四朝兼玉臺執蓋郎

【註】

　　《眞誥·稽神樞第三》曰：「後有郭四朝，又於其處種五果。」又註曰：
「四朝爲王（玉）臺執蓋郎。」又曰：「四朝，燕國人也。兄弟四人並得道，
四朝是長兄也。眞法：其司三官者，六百年無違坐，超遷之。四朝職滿，上
補九宮左仙公，領玉臺執蓋郎。中間久闕無人，後以思和代四朝也。」

左仙公王遙甫（赤君弟子，齊獻公時人）

【校】

　　《無上秘要》作「石仙公王遙」。

【註】

　　《無上秘要》曰：「石仙公王遙有胡姓竺，名石寶，赤君弟子。」

辛彦雲（赤君弟子，隨師下降）

【註】

　　《無上秘要》曰：「仙伯辛彦雲胡姓安，名法疉，赤君弟子。」

散位（未受其職）

朱陵嬪丁淑英

【校】

　　古本、秘本、說本「淑」作「叔」。

【註】

　　《眞誥・甄命授第四》曰：「郗綜婦丁淑英者，有救窮之陰德；又遇趙阜之厄而不言，內慈自中，玄感皇人，故令福逮於回（指郗回），使好仙也。綜墓在東平，淑英今爲朱陵嬪。數遊三上，司命亦令聽政焉。」註曰：「此二人當是回之曾祖也，外書不顯。」

管城子（尹虔子師）

【校】

　　《眞誥・稽神樞第四》、《無上秘要》「城」作「成」。

【註】

　　《眞誥・稽神樞第四》曰：「華陰山中有學道者尹虔子、張石生、李方回，並晉武帝時人。授僊人管成子蒸丹餌術法，俱服得延年健行。」此條正文又見於《道迹靈仙記》。

蘇門先生周壽陵

【註】

　　《眞誥・稽神樞第四》曰：「華陰山中有學道者尹虔子、張石生、李方回，並晉武帝時人。授僊人管成子蒸丹餌術法，俱服得延年健行。又受蘇門周壽陵服丹霞之道，行已五十年。」此條正文又見於《道迹靈仙記》。

孟德然（鄭景女師）

【校】

　　《眞誥・稽神樞第四》、《道迹靈仙記》、《無上秘要》「女」作「世」。

【註】

　　《眞誥·稽神樞第四》曰：「廬江潛山中有學道者鄭景世、張重華，並以晉初受僊人孟德然口訣，以入山，行守五藏含日法，兼服胡蔴，又服玄丹。」此條正文又見於《道迹靈仙記》。

宋君

【註】

　　《眞誥·稽神樞第四》曰：「括蒼山有學道者平仲節，河中人。以大胡亂中國時來渡江，入括蒼山，受師宋君存心鏡之道，具百神行洞房事。如此積四十五年中精思，身形更少，體有眞炁。

李法成（趙廣信師）

【註】

　　《眞誥·稽神樞第四》曰：「剡小白山中有學道者趙廣信，陽城人。魏末來度江，入此山，受李法成服炁法。」此條正文又見於《道迹靈仙記》。

鄧元伯

【校】

　　《眞誥·稽神樞第四》、《無上秘要》作「鄧伯元」。

【註】

　　見「王玄甫」條。

王玄甫（霍山人）

【校】

　　古本「玄」作「元」，說本「玄」字闕末筆「、」，皆避康熙諱。

【註】

1. 《登眞隱訣》（《三洞群仙錄·服食品》引）曰：「霍山中有學道者鄧伯元、王玄甫受服青精迅飯、吞日景之法，用思房以來，積三十四年，乃內見五藏，冥中夜書。」

2. 《眞誥·稽神樞第四》曰：「霍山中有學道者鄧伯元、王玄甫，受服青精石飯吞日丹景之法。用思洞房已來，積三十四年，乃內見五藏，冥中夜書。以今年正月五日，太帝遣羽車見迎伯元、玄甫，以其日遂乘雲駕龍，白日登天。今在北玄圃臺，受書位爲中嶽眞人。」註曰：「伯元，吳人。玄甫，

　　沛人。」此條正文又見於《道迹靈仙記》。

尹虔子（華山）

【校】

　　古本、說本「華山」作「華山人」。

【註】

　　見「李方回」條。

張石生（爲東源伯）

【註】

　　見「李方回」條。

李方回（三人並晉時服術）

【校】

　　古本、輯本、說本「回」作「囘」。

【註】

　　《眞誥・稽神樞第四》曰：「華陰山中有學道者尹虔子、張石生、李方回，並晉武帝時人。授仙人管成子蒸丹餌朮法，俱服得延年健行。又受蘇門周壽陵服丹霞之道，行已五十年。精心內視，不復飲食，體骨輕健，色如童子。以今年二月十二日，太一遣迎，以其日乘雲升天。今在玄州，受書爲高仙眞人。張石生爲東源伯。」此條正文又見於《道迹靈仙記》。

張禮正（衡山，漢末服黃精）

【註】

　1.《抱朴子・仙藥》曰：「黃精一名兔竹，一名救窮，一名垂珠。服其花勝其實，服其實勝其根，但花難多得。得其生花十斛，才可得五六斗耳，而服之日可三合，非大有役力者不能辦也。服黃精僅十年，乃可大得其益耳。」
　2. 見「治明期」條。

治明期（衡山）

【校】

　　《道迹靈仙記》有「李明期」；《眞誥・稽神樞第四》「治」作「冶」；古本「衡山」作「衡山人」。

【註】

《眞誥・稽神樞第四》曰：「衡山中有學道者張禮正、冶明期二人。禮正以漢末在山中服黃精，顏色丁狀，常如年四十時。明期以魏末入山，服澤瀉柏實丸，乃共同止巖中。後俱授西城王君虹景丹方，從來服此丹，已四十三年。中患丹砂之難得，俱出廣州爲沙門，是滕含爲刺史時也。遂得內外洞徹，眼明身輕，一日行五百里。又兼守一，守一亦已三十年。以三月一日，東華遣迎，以其日乘雲升天。今在方諸飇室，俱爲上仙。」註曰：「滕含以永和十年甲寅年爲廣州刺史。此得仙乙丑歲十二年，是爲前服丹已三十二年，猶更出查也。」此條正文又見於《道迹靈仙記》。

鄭景世（廬江潛山）

【校】

古本「潛」作「潛」。

【註】

1. 《眞誥・稽神樞第四》曰：「廬江潛山中有學道者鄭景世、張重華，並以晉初受偓人孟德然口訣，以入山，行守五藏含日法，兼服胡麻，又服玄丹。久久不復飲食，而身體輕強，反易故形。以今年四月十九日，北玄老太一迎以雲軿，白日昇天。今在玄州。」此條又見於《道迹靈仙記》。

2. 《無上秘要》卷 83《得地眞道人名品》曰：「鄭景世、張重華，此二人，晉初人，俱在潛山中。受行守五藏吞日法，服胡麻及玄丹。北玄老君太一遣迎，在玄洲。」

右位

右相（巳度上清）

【校】

輯本、說本「巳」作「已」。

右保召公奭（從羅南明公受此位）

【註】

見第七左位「南明公召奭」條。

右保司展上公

【註】

《眞誥·稽神樞第三》曰：「昔高辛時有偓人展上公者，於伏龍地植李，彌滿其地。展先生今爲九宮內又司保。」

右眞公郭少金

【註】

《無上秘要》曰：「右眞公郭少金，撰甘草丸者。」

恊晨夫人黃景華（黃瓊之女）

【校】

古本、輯本、說本「恊」作「協」。

【註】

1. 《眞誥·運象篇第三》曰：「綠蓋入恊晨，青軿擲空同。」《眞誥·稽神樞第三》曰：「洞中有易遷館、含眞臺，皆宮名也。計今在易遷館東廂中。此館中都有八十三人。又有恊辰夫人者，九宮之女也。太上亡遣來教此等法，皆以保命受書，恊辰夫人主教領之也。夫人漢司空黃瓊女黃景華也。韓終授其岷山丹，服得仙。」註曰：「黃瓊，江夏人，字世英。漢順帝時司空司徒太尉，年七十九亡。父名香，章、和帝時爲尙書令，救活千餘人。瓊子琬，司徒太尉，爲李權所殺。夫人亦不知出適未。今此諸人或稱女，或稱婦，或稱母，蓋各取名達者而言之，非必因附其功福所及也。」

2. 《清靈眞人裴君傳》（《雲笈七籤》卷105）曰：「遂與君共乘飛龍之車，西到六嶺之門，八絡之丘，恊晨之宮，八景之城，登七靈之臺，坐太和之殿。」

3. 黃瓊，見《後漢書·黃瓊傳》。

文德右仙監張叔隱

【註】

1. 《登眞隱訣》（《太平御覽》卷674引）曰：「文德宮，張叔隱處之。」

2. 《無上秘要》曰：「文德右仙監張叔隱，受青精方者。」

眞人禺君章

【校】

《無上秘要》「禺君章」作「虞尹章」。

【註】

　　《無上秘要》曰：「眞人虞尹章，上洛人，受青精方者。」

散位

張重華（晉初服胡麻）

【校】

　　古本「晉初服胡麻」作「晉服初胡麻」，誤。

【註】

1. 《太上靈寶五符序》卷中曰：「老君曰：『……胡麻，本生大宛，生來萬歲，來度東關，留在中土，斷絕胡蠻，含水之精，卻風除寒，自名巨勝，擯逐邪軒。服之不息，與世長存。』又曰：「《孝經援神契》曰：『薑椒益氣，菖蒲益聰，巨勝延年，威僖辟兵。此即孔丘之秘言，上聖之明旨也。』」

2. 《眞誥・稽神樞第四》曰：「盧江潛山中有學道者鄭景世、張重華，並以晉初受僊人孟德然口訣，以入山，行守五藏含日法，兼服胡麻，又服玄丹。久久不復飲食，而身體輕強，反易故形。以今年四月十九日，北玄老太一迎以雲軿，白日昇天。今在玄州。」此條又見於《道迹靈仙記》。

3. 《抱朴子・仙藥》曰：「巨勝，一名胡麻，餌服之不老，耐風濕，補衰老也。」

平仲卿（括蒼山，受僦境）

【校】

　　秘本「卿」作「鄉」，「僦」作「志」；說本「卿」作「鄉」；《眞誥・稽神樞第四》、《道迹靈仙記》、《無上秘要》作「平仲節」。

【註】

1. 《眞誥・稽神樞第四》曰：「括蒼山有學道者平仲節，河中人。以大胡亂中國時來渡江，入括蒼山，受師宋君存心鏡之道，具百神行洞房事。如此積四十五年中精思，身形更少，體有眞炁。今年五月一日，中央黃老遣迎。即日乘雲駕龍，白日昇天。今在滄浪雲臺。」註曰：「大胡亂者是劉淵、劉聰時也。石勒爲小胡。」

2. 《天地宮府圖・十大洞天》（《雲笈七籤》卷 27）曰：「第十括蒼山洞，周迴三百里，號曰成德隱玄之洞天。在處州樂安縣，屬北海公涓子治之。」

趙廣信（魏末小白山）

【註】

  《眞誥・稽神樞第四》曰：「剡小白山中有學道者趙廣信，陽城人。魏末來度江，入此山，受李法成服朮法。又受左君守玄中之道，內見五藏徹視法。如此七八十年，周旋郡國。或賣藥出入人間，人莫知也。多來都下市丹砂，作作九華丹，丹成一服。太一道君以今年六月十七日遣迎。停三日，與山中同志別去，逐乘雲駕龍，白日登天。今在東華。」此條又見於《道迹靈仙記》。

虞公生（海中狼山）

【校】

  《眞誥・稽神樞第四》、《道迹靈仙記》、《無上秘要》「公」作「翁」。

【註】

  《眞誥・稽神樞第四》曰：「海中有狼五山，中有學道者虞翁生，會稽人也。昔受僊人介君食日精法，以吳時來隱此山，兼行雲朮迴形之道，精思積久，形體更少如童子。今年七月二十三日，東太帝遣迎，即日乘雲昇天。今在陽谷山中。」註曰：「狼五山在海中，對白章岸。今直呼爲狼山。」此條正文又見於《道迹靈仙記》。

朱孺子（赤水山）

【校】

  說本「山」作「名」，誤。

【註】

1. 《眞誥・稽神樞第四》曰：「赤水山中學道者朱孺子，吳末入山，服菊花及朮餌。後遇西歸子，從乞度世。西歸子授以要言入室存泥丸法。三十年，遂能致雲雨於洞房中。今年八月五日，西王母遣迎，即日乘五色雲車登天。今在積石臺。」註曰：「赤水山云在鄞縣南十里，從楠溪口入三百里。山正赤，周迴五十里，高千餘丈。如此則應是臨海永嘉東北名赤巖者也。許先生所住赤山，一名燒山，即此。」此條正文又見於《道迹靈仙記》。

2. 《眞誥・運象篇第四》曰：「赤山一名燒山。」《周氏冥通記》卷4曰：「臨海燒山中有僊人，遊在人間。」註曰：「燒山即赤水山，今亦屬永寧樂成三縣共界。」

黃盧子（西嶽公，姓葛，禁氣召龍）

【註】

1. 《神仙傳·黃盧子》曰：「黃盧子者，姓葛名越。甚能理病，若千里，只寄姓名，與治之，皆得痊癒，不必見病人身也。善氣禁之道，禁虎狼百蟲皆不得動，飛鳥不得去，水位逆流一里。年二百八十歲，力舉千鈞，行及走馬。頭上常有五色氣，高丈餘。天大旱時，能到淵中召龍出，催促使昇天，使降雨，數數如此。一旦與親故別，乘龍而去，遂不復還也。」

2. 《抱朴子·仙藥》中黃盧子爲一種仙藥。曰：「黃盧子、尋木華、玄液華，此三芝生於泰山、要鄉及奉高，有得而服之，皆令人壽千歲。」

孫田廣（一名登）

【註】

1. 《神仙傳·孫登》曰：「孫登，字公和，汲郡人。無家屬，於郡北山爲土穴居之。好讀《易》，撫一弦琴。性無恚怒，人或投諸水中，欲觀其怒，登既出，便大笑。嘗住宜陽山，有作炭人見之，知非常人，與語，登不應。文帝聞之，使阮籍往觀，既見與語，亦不應。嵇康從之遊三年，問其所圖，終不答。康將別，謂曰：『先生竟無言乎？』登乃曰：『子識火乎？生而有光，而不用其光，果在於用光；人生而有才，而不用其才，果在於用才。故用光在乎得薪，所以保其體；用才在乎識貞，所以全其生。今子才多識寡，難乎免於今之世矣，子無求乎。』康不能用，後作《幽憤詩》曰：『昔慚柳下，今愧孫登。』竟莫知所終。」

2. 《元始上眞眾仙記》曰：「孫登爲閶丘眞人。」

3. 《眞誥·稽神樞第二》曰：「太賓（指周太賓）亦有才藝，善鼓琴。昔教麋長生、孫廣田。廣田即孫登也，獨絃能彈而成八音，眞奇事也。」註曰：「孫登即嵇康所謂長嘯者，亦云見彈一絃之琴，斯言非虛矣。」

麋長生（周大賓弟子）

【註】

　　《眞誥·稽神樞第三》曰：「太賓（指周太賓）亦有才藝，善鼓琴。昔教麋長生、孫廣田。」

許肇（先在羅酆都爲讞，東明公右司晨）

【校】

　　古本、秘本、說本「哉」作「職」；說本「晨」作「農」。

【註】

1.《眞誥・運象篇第四》曰：「吾（指許邁）七世父許子阿者，積仁著德，陰和鳥獸……是以功書上帝，德刊靈閣，使我祖根流宗澤，陰光後緒。故使垂條結華，生而好仙，應得度世者五人，登升者三人。錄名太上，策簡青宮，豈是爾輩所可豫乎？」《眞誥・稽神樞第二》曰：「亦如子七世祖父許肇字子阿者，有賑死之仁，拯饑之德，故令雲蔭流後，陰功垂澤。」《眞誥・闡幽微第二》曰：「許肇今爲東明公又帥晨，帥晨之任如世間中書監。」註曰：「許肇，字子阿，即長史七代祖司徒敬也。雖有賑救之功而非陰德，故未蒙受化。既福流後葉，方使上拔，然後爲九宮之仙耳。此帥晨之官，四明亦並應有之。」《眞誥・翼眞檢第二》曰：「謹按許長史六世祖名光，字少張……《眞誥》云：『長史七世祖肇，字子阿，有振惠之功。』今檢《譜》，七世祖名敬，字鴻卿，後漢安帝時爲光祿，順帝永建元年拜司徒。名字與《眞誥》不同，未詳所以舛異……應邵《漢官儀》載崔瑗表云：『許敬年且百歲，猶居相位。』如此非唯陰德遠流後胤，交目陽功著世，所以年永身安，位至臺鼎，子訓、孫相并爲三公。光來過江，奕世丕承，遂至神仙。」

2. 又見於第七左位。

許副（字仲先，修《大洞眞經》）

【註】

　　見第七右位「許副」條。

第六節　第六中位

右禁郎定錄真君中茅君（治華陽洞天）

【註】

1. 見第四左位「句曲眞人定錄右禁師茅君」註。

2. 《上清明堂元眞經訣》有註曰：「司命後以經存之法授二弟。竭誠精思，三年之中，神光乃見爾，乃更授纏旋之事，故得爲定錄、保命之位矣。」

3. 《登眞隱訣》（《太平御覽》卷 671 引）曰：「太極眞人昔以神方一首傳長里先生，先生姓薛，自號長里，周武王時人也。先生以傳西域總眞王君，即金闕聖君之上宰也。按：迅飯方受西梁所傳，時在大宛北谷，今長里傳九轉，乃周初間是爲受服迅飯，三四百年後，乃合此丹，蓋司命劍經序也。總眞王君傳太元眞人，即東卿司命茅大君也，以漢武帝天漢三年受之，時年四十八，後又付二弟，並各賜成丹一劑。司命既傳二弟，而不載於此，當以王君命使付，非正次傳授也。自二君以後，惟定錄與楊君使示許長史並掾，乃至於今。」

4. 《眞誥・稽神樞第一》有「定錄眞君」。曰：「大天之內有地中之洞天三十六所，其第八是句曲山之洞，周迴一百五十里，名曰金壇華陽之天。」

5. 《周氏冥通記》卷 1 范帥曰：「定錄、保命二府同在一域，而名界有分，各天眞守之。二君並姓茅，是兄弟，兄弟（守）定錄，弟守保命。」

6. 《無上秘要》卷 21《三界宮府品》曰：「太元府，定錄府，保命府，右在句曲山，三茅君所居……右出《洞眞經》及《道跡眞跡經》。」

7. 《天地宮府圖・十大洞天》（《雲笈七籤》卷 27）曰：「第八句曲山洞，周迴一百五十里，名曰金壇華陽之洞天。在潤州句容縣，屬紫陽眞人治之。」

左位

三官保命小茅君

【註】

1. 見第四左位「句曲眞人定錄右禁師茅君」註。

2. 《元始上眞眾仙記》曰：「三茅爲保命定錄司非監，在華陽洞府，治北居，

棲憩包山。」

3. 《眞誥・運象篇第一》有「三官保命司茅思和」。《眞誥・運象篇第二》有
「保命仙君小茅」。《太元眞人東嶽上卿司命眞君傳》曰：「盈、固弟衷，
挺業該清，雖晚反正，思微徹誠，斷讞六天，才穎標明。今屈司三官，保
命建名；總括岱宗，領死記生；位爲地仙，九宮之英；勸教，開道方成；
教訓女官，授諸妙靈；菹治百鬼，典崇校精；開察水源，江海流傾；封掌
金谷，藏錄玉漿；監植龍芝，洞草夜光。治於良常之山，帶北洞之口，鎮
陰宮之門也。」《眞誥・稽神樞第一》曰：「句曲山，秦時名爲句金之壇。
以洞天內有金壇百丈，因以致名也。外又有積金山，亦因積金爲壇號矣。
漢有三茅君，來治其上，時父老又轉名茅君之山。三君各乘一白鵠，分句
曲之山爲大茅君、中茅君、小茅君三山焉。」《眞誥・稽神樞第二》曰：「保
命府多女官，司三官。官屬有七人，四女三男明晨侍郎七人。如今世上御
史中丞，並隸東華方諸宮，保命君總關之耳。」《眞誥・闡幽微第一》曰：
「二天宮立一官，六天凡立爲三官。三官如今刑名之職，主諸考謫，常以
眞仙、司命兼以總御之也，並統仙府，共司生死之任也。大斷制皆由仙官。」
註曰：「道家常呼三官者是此也。而《消魔經》云：『岱宗又有左火官、右
水官及女官，亦名三官，並主考罰。』今三茅君通掌之，大君爲都統，保
命爲司察矣。所以隸仙官者，以爲天下人不盡皆死，其中應得眞仙，則非
北帝所詮，或有雖死而神化反質者。如此皆在眞仙家簡錄，故司命之職應
而統之也。」

4. 《無上秘要》卷 21《三界宮府品》曰：「太元府，定錄府，保命府，右在
句曲山，三茅君所居……右出《洞眞經》及《道跡眞跡經》。」

5. 《周氏冥通記》卷 4 有註曰：「保命府職僚皆總治酆岱，丞位彌相關，涉上
宮當保籍任也。」

三官大理都李豐
【註】
　　見「三官大理守王附子」條。

三官大理守王附子
【校】
　　秘本「大」作「太」。

【註】

　　《眞誥·稽神樞第四》曰：「范帥云：『三官有獄官，不名廷尉，名大理。李豐今爲大理都，餘一守缺，以擬王附子，不以與許虎也。守職如今獄之三官也。』」註曰：「李豐字安國，改字宣國，馮翊人，李義子。本寒微有才志，遂事魏爲尚書僕射。與夏侯玄謀廢晉景王，事泄召來，令人以刀鐶撞腰煞之。大理當爲大理，即古之獄官。前漢洎魏時，廷尉亦名大理，此職是仙官也。王附子是王厶之小名。許虎即虎牙也。」

荀中侯（不顯名字）

【校】

　　《無上秘要》「侯」作「候」。

【註】

　　《眞誥·協昌期第二》曰：「昨具以墓事請問荀侯……」註曰：「荀侯即應是荀中侯耶。」《眞誥·闡幽微第一》曰：「蓋鬼神之事，不足示於世也，荀公言也。」註曰：「荀公即是荀侯，既隸司命，統諸鬼官，故究知之。但論事參差，前後遞互，如似隨問隨答，非自然敍述事也。世人多不信幽冥鬼神，故戒勿宣示。若致疑謗，益漏失爾。」

白水仙都朱交甫

【註】

1. 《眞誥·運象篇第一》有「白水仙都朱交甫」。

2. 《周氏冥通記》卷4曰：「七日夢見定錄云：臨海燒山中有僊人，遊在人間，自號彭先生，實是鄭玄，字子陰，陸渾僊人也，朱交甫令其觀上人情及修道者……」

北河司命保禁侯桃俊

【校】

　　《無上秘要》作「俊」作「浚」。

【註】

1. 《眞誥·稽神樞第二》曰：「（定錄官寮）又有北河司命，主水官考，此職常領九宮禁保侯，禁保侯職主領應爲種民者。」又曰：「云北河頃闕無人，昔以桃俊兼之耳。俊似錢唐人，少爲郡幹佐，末負笈到太學受業，明經術災異。晚爲交阯太守。漢末棄世，入增城山中學道，遇東郭幼平。幼平，

秦時人，久隱增城得道者也。幼平教俊服九精鍊氣輔星在心之術，俊修之道成，今在洞中，兼北河司命，主水官之考罰。此位雖隸定錄，其實受事於東華宮中節度。桃俊，字翁仲者也。」註曰：「《漢書》無此事。今冢在錢唐臨平，墳壇歷然，苗裔猶存……幼平亦無所顯出。」

左理中監韓崇（如大府長史左如司馬）

【註】

《眞誥・稽神樞第二》曰：「定錄官寮有左右理中監，準今長史、司馬職。又有北河司命，主水官考……」註曰：「今洞宮自二君以下，便次此三職爲大矣。」又曰：「左理中監準大府長史，昔用韓崇以居之。崇字長季，吳郡毗陵人也。少好道，林屋仙人王瑋玄曾授之以流珠丹一法。崇奉而修之，大有驗……崇在郡積十四年，政化洽著，舉天下最。年七十四，瑋玄乃授以隱解法，得去入大霍山，受瑋玄遁化泥丸紫戶術以度世。今在洞中爲左理中監。」註曰：「《漢書》所載事迹亦略同，而置辭小異耳……韓即隱解，必是託尸。今晉陵上有韓冢，崔巍高大，從來相呼爲韓冢。疑如桃君，或即是此墟壙，而世呼爲孫策將韓當冢也。」

九宮協晨夫人

【校】

古本、輯本、說本「協」作「協」；《眞誥・稽神樞第三》有「協辰夫人」。

【註】

1. 《清靈眞人裴君傳》（《雲笈七籤》卷 105）曰：「遂與君共乘飛龍之車，西到六嶺之門，八絡之丘，協晨之宮，八景之城，登七靈之臺，坐太和之殿。」
2. 《眞誥・稽神樞第三》曰：「洞中有易遷館、含眞臺，皆宮名也。計今在易遷館東廂中。此館中都有八十三人。又有協辰夫人者，九宮之女也。太上亡遣來教此等法，皆以保命受書，協辰夫人主教領之也。夫人漢司空黃瓊女黃景華也。韓終授其岷山丹，服得仙。」
3. 見第五右位「協晨夫人黃景華（黃瓊之女）」。

文解地上主者

【校】

《眞誥・稽神樞第二》「上」作「下」。

【註】

1. 《太上靈寶升玄內教經中和品議疏》曰：「得道之品，莫不有三，上得神仙，中得泥丸，下得延年……延年之法，康壯不死，絕穀清腸，休粮无滯，服食草木，以却尸鬼，壽終命極，免隸北酆，得爲地下主者，檢攝人鬼生死之目，經三百六十歲，進爲仙人。」

2. 《眞誥·甄命授第三》曰：「《眞司科》云：『……地下主者，解下道之文官。地下鬼帥，解下道之武官。文解一百四十年一進，武解二百八十年一進。武解，一解之下者也。』」《眞誥·稽神樞第三》曰：「……其第三等，地下主者之高者，便得出入仙人之堂寢，遊行神州之鄉，出館易遷、童初二府，入晏東華上臺，受學化形，濯景易氣，十二年氣攝神魂，十五年神束藏魄，三十年棺中骨還附鬼氣，四十年平復如生人，還遊人間，五十年位補仙官，六十年得遊廣寒，百年得入昆盈之宮。此即主者之上者、仙人之從容矣。」又曰：「地下主者，復有三等。鬼帥之號，復有三等。並是世有功德，積行所鍾，或身求長生，步道所及。或弟子善行，庸播祖禰，或諷明《洞玄》，化流昆祖……鬼帥武解，主者文解，俱仙之始也。度名東華。簡刊上帝，不隸酆宮，不受制三官之府也。」註曰：「又別云：『心勤於事欲，兼味於清正，華目以隨世，畏死而希仙者，亦多作文武解主者。』」此條正文又見於《道迹靈仙記》。《眞誥·闡幽微第二》曰：「夫至忠至孝之人，既終，皆受書爲地下主者。一百四十年乃得受下仙之教，授以大道。從此漸進，得補仙官。一百四十年聽一試進也……夫有上聖之德，既終，皆受三官書爲地下主者，一千年乃轉補三官之五帝，或爲東西南北明公，以治鬼神。復一千四百年乃得遊行太清，爲九宮之中仙也。」

鮑靚（南海太守）

【註】

1. 《元始上眞眾仙記》曰：「鮑靚爲地下主者，帶潛山眞人，復五百年當爲崑兵侍郎。」

2. 《洞神八帝妙精經》曰：「鮑南海說天文三皇大字有四萬言。」

3. 《眞誥·稽神樞第一》曰：「包公是鮑靚，句容人悉呼作包也。」又曰：「包公及妹朱氏，昔在世曾得入此宮（指華陽陰宮）不？二人爲未得登舉作地下主者耶？」《眞誥·稽神樞第二》曰：「鮑靚，靚及妹，並是其七世祖李湛、張慮，本杜陵北鄉人也。在渭橋爲客舍，積行陰德，好道希生，

故今福逮於靚等，使易世變練，改氏更生，合爲兄弟耳。根胄雖異，德蔭者同，故當同生氏族也。今並作地下主者，在洞宮中。靚所受學本自薄淺，質又撓滯，故不得多也。」註曰：「……鮑亦通神，而敦尙房中之事，故云撓滯。後用陰君「太玄陰生符」 爲太淸尸解之法，當是主者之最高品矣。」

4. 《雲笈七籤》卷 85 有《陰君傳鮑靚屍法》。

5. 《晉書・鮑靚傳》曰：「鮑靚，字太玄，東海人也……靚學兼內外，明天文、河洛書。稍遷南陽中部都尉，爲南海太守……靚嘗見僊人陰君，授道訣，百餘歲卒。」《晉書・許邁傳》曰：「許邁，字叔玄，一名映，丹楊句容人也……時南海太守鮑靚隱跡潛遁，人莫之知，邁乃往候之，探其至要。

岱宗神侯領羅酆右禁司鮑元節

【註】

《眞誥・運象篇第一》有「岱宗神侯領羅酆右禁司鮑元節（東海人）」。

地仙散位

許虎牙（名聯，字文暉，受楊君守一之道）

【校】

《無上秘要》「聯」作「聰」。

【註】

《眞誥・翼眞檢第二》曰：「（長史）中男名聯，字元暉，少名虎牙，正生，敦厚信向。郡主簿、功曹，謝安爲護軍，又引爲功曹。除永康令、衛尉丞、晉康太守，不之官，又爲輔國司馬。安帝元興三年，於家去世，年六十八，則成帝咸康三年丁酉歲生也。」又曰：「度世者五人。」註曰：「虎牙、黃民、榮弟、大娘、小娘。尋虎牙云：『遂得不死，過度壬辰。』必是度世之限。其餘無跡顯出。」

王眞（上黨人也）

【註】

1. 《漢武帝內傳》曰：「王眞字叔經，上黨人。習閉氣而吞之，名曰『胎息』，習漱舌下泉而咽之，名曰『胎食』。眞行之，斷穀二百餘日，肉色光美，力並數人。」

2.《博物志》魏王（指曹操）所集方士中有「上黨王眞」。

3.《神仙傳・王眞》曰：「王眞，字叔堅，上黨人也。少爲群吏，年七十乃好道。尋見《仙經雜言》……自歎曰：『我行此術唯可不死，豈及神丹金玉之方邪？』乃師事蒯子訓，子訓授其肘後方也。……鄉里計眞已四百歲。後一日三少妾登女幾山，語弟子言，合丹去，去遂不復還。」《神仙傳・劉京》曰：「劉京，字太玄，南陽人也……周流名山五嶽，與王眞俱行，悉遍也。」

4.《後漢書・王眞傳》曰：「王眞、郝孟節者，皆上黨人也。王眞年且百歲，視之面有光澤，似未五十者。自云周流登五嶽名山，悉能行胎息、胎食之方，漱舌下泉咽之，不絕房室。」

5.《眞誥・協昌期第二》曰：「九華眞妃言：『守五斗內一，是眞一之上也，皆地眞人法也。』上黨王眞、京兆孟君、司馬季主，皆先按於此道而始矣。魯女生、邯鄲張君，今皆在中嶽及華山，正守此一。亦可得漸階上道而進，復爲不難也。五斗內一，涓子內法，昔授於峨嵋臺中。本其外守一、玄一之屬，莫有逮其從者也。」

孟君（京兆人也）

【註】

　　《眞誥・協昌期第二》曰：「九華眞妃言：『守五斗內一，是眞一之上也，皆地眞人法也。』上黨王眞、京兆孟君、司馬季主，皆先按於此道而始矣。」《眞誥・稽神樞第三》曰：「一人是孟君入室弟子鄭稚正者，孟君所屬用。」註曰：「孟君，京兆人，或呼爲孟先生，不知何名位。」

魯女生（在中嶽，此三人受行三一眞一）

【註】

1.《神仙傳・魯女生》曰：「魯女生者，長樂人也。服胡麻餌術，絕穀八十餘年，甚少壯，一日行三百里，走逐獐鹿，鄉里人傳世見之。二百餘年，入華山中去。時故人與女生別後五十年，入華山廟，逢女生，乘白鹿，從後有玉女數十人。」

2.《後漢書・華佗傳》曰：「冷壽光、唐虞、魯女生三人者，皆與華佗同時。」

3.《眞誥・協昌期第二》曰：「九華眞妃言：『守五斗內一，是眞一之上也，皆地眞人法也。』……魯女生、邯鄲張君，今皆在中嶽及華山，正守此一。

亦可得漸階上道而進，復爲不難也。」

左元放（李仲甫弟子，在小括山）

【校】

古本、秘本、說本「李」作「孟」，誤。

【註】

1. 《博物志》卷 5 曰：「魏武帝好養性法，亦解方藥，招引四方之術士，如盧江左慈，譙郡華陀之徒無不畢至。」又曰：「魏時方士，甘陵甘始，盧江有左慈，陽城有卻儉。始能行氣導引，慈曉房中之術，善辟穀不食，悉號二百歲人。凡如此之徒，武帝皆集之於魏，不使遊散。」又有「左元放荒年法」。

2. 《神仙傳‧左慈》曰：「左慈者，字元放，盧江人也。少明五經，兼通星緯……乃學道術，尤明六甲，能役使鬼神，坐致行廚。精思於天柱山中，得石室內九丹金液經，能變化萬端，不可勝紀……魏太祖召左慈，閉一石室中，斷穀期年，乃出之，顏色如故……慈告葛仙公言：『當入霍山中合九轉丹。』丹成，遂仙去矣。」《搜神記》略同。

3. 《抱朴子‧金丹》曰：「……四望山、大小天台山、蓋竹山、括蒼山並在會稽。」又曰：「昔左元放於天柱山中精思，而神人授之金丹仙經。會漢末亂，不遑合作，而避地來渡江東，志欲投名山以修斯道。余（指葛洪）從祖仙公又從元放受之……江東先無此書，書出於左元放，元放以授余從祖，從祖以授鄭君，鄭君以授余，故他道士了無知者也。」《論仙》曰：「陳思王著《釋疑論》云：『初謂道術，直呼愚民詐僞空言定矣。及見武皇帝試閉左慈等，令斷穀近一月，而顏色不減，氣力自若，常云可五十年不食，正爾，復何疑哉？』」《至理》曰：「近世左慈、趙明等以炁禁水，水爲之逆流一二丈。又於茅屋上然火，煮食食之，而茅屋不焦……」《辨問》曰：「左慈兵解而不死。」《抱朴子》（內篇佚文）曰：「魏武帝以左慈爲妖妄，欲殺之，使軍人收之。慈姑欲見而不去。欲拷之，而獄中有七慈，形狀如一，不知何者爲眞。以白武帝，帝使人盡殺之。須臾，六慈盡化爲札，而一慈徑出，走赴羊羣。」又曰：「魏武收左慈，慈走入市。吏傳言慈一目眇，葛巾單衣。於是一市皆然也。」

4. 《元始上眞眾仙記》曰：「左元放今爲天柱眞人監仙侯。」

5. 《後漢書・左慈傳》曰：「左慈字元放，廬江人也。少有神道。嘗在司空曹操坐，操從容顧眾賓曰：『今日高會，珍羞略備，所少吳松江鱸魚耳。』放於下坐應曰：『此可得也。』因求銅盤貯水，以竹竿餌釣於盤中，須臾引一鱸魚出。操大拊掌笑，會者皆驚。操曰：『一魚不周坐席，可更得乎？』放乃更餌鉤沈之，須臾復引出，皆長三尺餘，生鮮可愛。操使目前鱠之，周浹會者。操又謂曰：『既已得魚，恨無蜀中生薑耳。』放曰：『亦可得也。』操恐其近即所取，因曰：『吾前遣人到蜀買錦，可過敕使者，增市二端。』語頃，即得薑還，並獲操使報命。後操使蜀反，驗問增錦之狀及時日早晚，若符契焉。後操出近郊，士大夫從者百許人，慈乃爲齎酒一升，脯一斤，手自斟酌，百官莫不醉飽。操怪之，使尋其故，行視諸鱸，悉亡其酒脯矣。操懷不喜，因坐上收，欲殺之，慈乃卻入壁中，霍然不知所在。或見於市者，又捕之，而市人皆變形與慈同，莫知誰是。後人逢慈於陽城山頭，因復逐之，遂入走羊羣。操知不可得，乃令就羊中告之曰：『不復相殺，本試君術耳。』忽有一老羝屈前兩膝，人立而言曰：『遽如許。』即競往赴之，而羣羊數百皆變爲羝，並屈前膝人立，云『遽如許』，遂莫知所取焉。」

6. 《登眞隱訣》（《太平御覽》卷 678 引）曰：「李翼字仲甫，以七變法傳左慈，慈修之以變化萬端。此經在茅眞人傳，後道士以還丹方殊秘，故略出別爲一卷。」

7. 《眞誥・稽神樞第一》曰：「漢建安之中，左元放聞傳者云江東有此神山（指句曲山），故渡江尋之，遂齋戒三月乃登山，乃得其門入洞虛、造陰宮，三君亦授以神芝三種。元放周旋洞宮之內經年……元放當是爲魏武所逼後仍來。」《眞誥・稽神樞第二》曰：「左慈今在小括山，常行來數在此下，尋更受職也。慈顏色甚少，正得爐火九華之益。」註曰：「左慈，字元放，李仲甫弟子，即葛玄之師也。魏武父子招集諸方士，慈亦同在中。建安末，渡江尋山，仍得入洞，又乞丹砂合九華丹。九華丹是《太清中經》法。小括即小括蒼山，在永嘉橋谿之北。」又曰：「左慈初來，亦勤心數拜禮靈山。五年許，乃得深進內外東西宮耳。」註曰：「前云三月便得進，與此大殊，恐以深進爲異也。」

8. 《道教相承次第錄》（《雲笈七籤》卷 4）曰：「太上老君命李中甫出神仙之都，以法授江南左慈字元放，故令繼十六代爲師相付。」

9. 《晉書・許邁傳》曰：「玄（指許邁）遺羲之書云：『自山陰南至臨安，多

有金堂玉室，儡人芝草，左元放之徒，漢末諸得道者皆在焉。』」

九嶷山女眞羅郁（今在湘東山）

【註】

《眞誥・運象篇第一》曰：「愕綠華者，自云是南山人，不知是何山也。女子，年可二十。上下青衣，顏色絕整。以升平三年十一月夜降羊權……云本姓楊……訪問此人，云：『是九嶷山中得道女羅郁也。宿命時，曾爲師母毒殺乳婦。玄洲以先罪未滅，故令謫降於臭濁，以償其過……今在湘東山，此女已九百歲矣。』」

杜陵夫人

【校】

《無上秘要》作「杜陵朱夫人」。

宜安宋姬

此二人，並受西梁眞人青精方，而不書位號，未委何仙，且在地眞之列。

許邁（字叔玄，小名映，改名遠遊，東華署爲地仙矣）

【校】

古本「玄」作「元」，避康熙諱，「遠遊」作「遠游」；說本「玄」字闕末筆「、」，避康熙諱。

【註】

1. 《元始上眞眾仙記》曰：「許映始爲霍林儡人。」
    2. 《洞眞太微黃書九天八籙眞文》曰：「眞人於赤城山中授許遠遊（指《太微黃書》）。」
3. 《上清金眞玉光八景飛經》曰：「桐栢眞人以六月二十九日以此文（指豁落七元二符）授於許遠遊。」
4. 《上清太上元始耀光金虎鳳文章寶經》曰：「興寧三年乙丑七月七日，桐栢眞人承樂子長、安期先生受出三皇蘊中金虎鳳文章符，令晚學道士許遠遊承受以制萬魔。」
5. 《眞誥・運象篇第四》曰：「阿映逐能絕志山林，懃心道味，淨神註精，研澄虛鏡，玄淳獨宴，子棲偶眞，乃翁道遠之疇匹，姜伯眞之徒也。服

炁挹液，卒獲其益，亦至事也。昔又入在臨海赤山中，赤山一名燒山，遇良友王世龍、趙道玄、傅太初者。此數子始以晉建興元年渡江，入東山中學道耳。並與相見，數人之業皆勝於映矣。映遂師世龍，授解束之道，修反行之法，服玉液，朝腦精。二三年中，面有光華，還顏反少，極爲成道，但恨其所稟不饒，不得高品之通耳。於是司命敕吾（指茅中君）舉之，使奏聞上宮，迢名東方諸，署爲地仙。時三官都禁左郎遣典柄侯周魴、主非使者嚴白虎，來於赤山中，即欲執之以去，且詰其罪狀。吾時禁訝，又乃馳啓司命。司命即遣中侯李遵握火鈴而來，呵攝之。於是魴及白虎乃走去耳。李遵未來之時，映懼怖失膽，亦喪氣矣。亦賴龔幼節、李開林，助映爲答對，亦幾至敗也。自無此二人及其師王世龍，亦早惡矣。」又曰：「許映或名遠遊。」《眞誥・翼眞檢第二》曰：「副（指許副）有八男……第四邁，即先生也。」又曰：「先生名邁，字叔玄，小名映。清虛懷道，遐棲世外，故自改名遠遊。與王右軍父子周旋，子猷乃修在三之敬。按手書授『六甲陰陽符』云：『永昌元年，年二十三歲。』則是永康元年庚申歲生也。而《譜》云：『永和四年秋，絕跡於臨安西山，年四十八。』此則永寧元年辛酉生，爲少一年。今以自記爲正，絕跡時年四十九矣。」又曰：「登升者三人。」註曰：「先生、長史、掾也。」

6. 《晉書・許邁傳》曰：「許邁，字叔玄，一名映，丹楊句容人也。家世士族，而邁少恬靜，不慕仕進……時南海太守鮑靚隱跡潛道，人莫之知，邁乃往候之，探其至要。父母尚存，未忍違親。謂餘杭懸溜山近延陵之茅山，是洞庭西門，潛通五嶽，陳安世、茅季偉常所遊處。於是立精舍於懸溜，而往來茅嶺之洞室，放絕世務，以尋仙官，朔望時節還家定省而已。父母既終，乃遣婦孫氏還家，遂攜其同志遍遊名山焉……乃改名玄，字遠遊。與婦書告別，又著詩十二首，論神仙之事焉。羲之造次，未嘗不彌日忘歸，相與爲世外之交。玄遺羲之書云：『自山陰南至臨安，多有金堂玉室，僊人芝草，左元放之徒，漢末諸得道者皆在焉。』羲之自爲之傳，述靈異之跡甚多，不可詳記。玄自後莫測所終，好道者皆謂之羽化矣。」

7. 《雲笈七籤》卷 106 有《許邁先生傳》。

翁道遠

【註】

《眞誥・運象篇第四》曰：「阿映，遂能絕志山林，勤心道味，淨神注精，研澄虛鏡玄淳獨宴，子棲偶眞，乃翁道遠之儔匹，姜伯眞之徒也。」

姜伯眞（一云在猛山學道採藥，二人映之儔侶）

【校】

古本無「一云」二字；「採」作「采」；秘本、說本無「一云」二字；說本「映」作「暎」。

【註】

《眞誥・運象篇第四》曰：「阿映，遂能絕志山林，勤心道味，淨神注精，研澄虛鏡玄淳獨宴，子棲偶眞，乃翁道遠之儔匹，姜伯眞之徒也。《眞誥・甄命授第一》曰：「昔有姜伯眞者，學道在猛山中，行道採藥，奄值僡人。僡人使平倚日中，其影偏，僡人曰：『子知仙道之貴而篤志學之，而不知心不正之爲失。』因教之如此。後遂得道。」註曰：「定錄目許先生云：『姜伯眞之徒，不知即此姜不？』」《眞誥・稽神樞第三》曰：「罷山東北有穴，通大句曲南之方山之南穴。姜伯眞數在此山上取石腦，石腦在方山北穴下。繁陽子昔亦取服。」

郭聲子

【註】

見第四右位「郭聲子」條。

黃子陽（一云魏夫人，食桃皮，師二人，葛玄常相隨矣）

【校】

古本「玄」作「元」，說本「玄」字闕末筆「、」，皆避康熙諱。《眞誥・甄命授第一》、《無上秘要》「魏夫人」作「魏人」，疑衍一「夫」字。

【註】

1. 《眞誥・甄命授第一》曰：「君（指裴君）曰：『『黃子陽者，魏人也，少知長生之妙，學道在博落山中九十餘年，但食桃皮、飲石中黃水。後逢司馬季主，季主以導仙八方與之，遂以度世。」註曰：「此六國時魏，非漢後魏世也。』」《眞誥・稽神樞第二》曰：「玄善於變幻，而拙於用身。今正得不死而已，非僡人也。初在長山，近入蓋竹，亦能乘虎使鬼，無所不至，

但幾於未得受職耳。亦恒與謝稚堅、黃子陽、郭聲子相隨。」

2. 桃皮，《眞誥・甄命授第一》曰：「世人之食桃檐以補身，不知桃皮之勝也。桃皮別自有方。」《沐浴七事或七福》（《雲笈七籤》卷41）曰：「桃皮，能辟邪氣。」

葛玄（字孝先，丹陽句曲人，稚川之從祖也。初在長山乘虎使鬼，無處不至，位在太極宮）

【校】

　　古本「玄」作「元」，說本「玄」字闕末筆「、」，皆避康熙諱。

【註】

　　見第三左位「太極左仙公葛玄」。

鄭思遠（即葛玄弟子，晉永昌元年入括蒼山）

【校】

　　古本「玄」作「元」，說本「玄」字闕末筆「、」，皆避康熙諱。《無上秘要》「永昌」作「永康」。

【註】

1. 《抱朴子・金丹》曰：「昔左元放於天柱山中精思，而神人授之金丹仙經……余從祖仙公又從元放受之……余師鄭君者，則余從祖仙公之弟子也，又於從祖受之，並諸口訣訣之不書者。江東先無此書，書出於左元放，元放以授余從祖，從祖以授鄭君，鄭君以授余，故他道士了無知者也。」又曰：「……四望山、大小天台山、蓋竹山、括蒼山並在會稽。」又曰：「余（指葛洪）師鄭君者，則余從祖仙公之弟子也。」《遐覽》曰：「昔者幸遇明師鄭君……鄭君時年出八十，先髮鬢班白，數年間又黑，顏色豐悅，能引強弩射百步，步行日數百里，飲酒二斗不醉。每上山，體力輕便，登危越險，年少追之，多所不及。飲食與凡人不異，不見其絕穀。」又曰：「鄭君本大儒士也，晚而好道，由以《禮記》、《尚書》教授不絕。其體望高亮，風格方整，接見之者皆肅然。」又曰：「鄭君不徒明五經、知仙道而已，兼綜九宮三奇、推步天文、河洛讖記，莫不精研。太安元年，知季世之亂，江南將鼎沸，乃負笈持仙藥之撲，將入室弟子，東投霍山，莫知所在。」

2. 《元始上眞眾仙記》曰：「鄭思遠住南霍，常乘虎豹白鹿，未有職事。」

3. 《太上洞玄靈寶智慧本願大戒上品經》曰：「仙公（指葛玄）告弟子鄭思遠

日：『吾少游諸名山……』」

4. 《太極眞人敷靈寶齋戒威儀諸經要訣》曰：「南嶽先生鄭君曰：『吾先師仙公……』」

5. 《眞誥·稽神樞第二》曰：「小括即小括蒼山，在永嘉橋谿之北。」有註曰：「葛玄字孝先，是抱朴從祖，即鄭思遠之師也。」

6. 《晉書·葛洪傳》曰：「從祖玄（指葛玄），吳時學道得仙，號曰葛仙公。以其煉丹術授弟子鄭隱，洪就隱學，悉得其法焉。」

戴孟（本姓燕，名濟，字仲微，裴君弟子）

【註】

《眞誥·稽神樞第四》曰：「武當山道士戴孟者，乃姓燕名濟，字仲微，漢明帝末時人也。夫爲養生者，皆隱其名字，藏其所生之時，故易姓爲戴，託官於武帝耳。而此人少好道德，不仕於世矣。少孤養母，母喪行服喪。服闋，遂入華陽山，服朮，食大黃及黃精，種雲母、雄黃、丹砂、芝草，受法於清靈眞人，即裴冀州之弟子也，得不死之道。裴眞人授其《玉佩金鐺經》並『石金精光符』，遂能輕身健行，周旋名山，日行七百里，多所經涉，猶未得成仙人也。」註曰：「戴乃授行《玉佩金鐺》，而止不死而已，未得神仙，於理爲小難詳。」又曰：「仙人郭子華、張季連、趙叔達，晚又有山世遠者，此諸人往來與之（指戴孟）遊焉。昔居武當，今來大霍，欲從司命君受書，故未許焉。」

謝允（歷陽人，戴孟弟子，晉成帝時得道）

【校】

說本「成」作「城」，誤。

【註】

1. 《搜神記》卷2曰：「謝糺常食客，以朱書符投井中，有一雙鯉魚跳出。即命作膾，一作皆得便。」

2. 《搜神後記》卷2曰：「謝允從武當閃還，在桓宣武座，有言及左元放爲曹公致鱸魚者，允便云：『此可得耳。』求大甕盛水，朱書符投水中，俄有一鯉魚鼓鬐水中。」

3. 《眞誥·稽神樞第四》曰：「戴公（指戴孟）拍腹有十數卷書，是《太微黃書》耳。此人即謝允之師也。」註曰：「……拍腹之義，謂恒以繫腰也……

謝允，字道通，歷陽人。小時爲人所略賣，往東陽。後告官，被誣在烏傷獄，事將欲入死。夜有老公授其符，又有黃衣童子去來，於是得免。咸康中至襄陽，入武當山，見戴孟。孟即先來獄中者，因是受道。又出仕作歷陽、新豐、西道三縣，所在多神驗。年七十餘猶不老，後乃告終也。」

4. 《天地宮府圖・七十二福地》（《雲笈七籤》卷 27）曰：「第一地肺山，在江寧府句容縣界，昔陶隱居幽棲之處，眞人謝允治之。」

施存（一號婉盆子，孔子弟子三千人數，得道）

【校】

　　說本闕「存」字。

【註】

1. 《博物志》卷 5 魏王（指曹操）所集方士中有「汝南費長房」。

2. 《神仙傳・壺公》曰：「壺公者，不知其姓名，今世所有召軍符、召鬼神治病玉府符凡二十餘卷，皆出於壺公，故摠名爲壺公符。汝南費長房爲市掾時，忽見公從遠方來，入市賣藥，人莫識之。其賣藥口不二價，治百病皆愈……得錢日收數萬，而隨施與市道貧饑凍者，所留者甚少。常懸一空壺於坐上，日入之後，公輒轉足跳入壺中，人莫知所在，唯長房於樓上見之，知其非常人也……公語長房曰：『我僊人也，忝天曹職，所統供事不勤，以此見謫，暫還人間耳。卿可教，故得見我。』」

3. 《抱朴子・論仙》曰：「近世壺公將費長房去。」《辨問》曰：「孔子門徒，達者七十二，而各得聖人之一體，是聖事有剖判也。」又曰：「長房縮地脈。」

4. 《元始上眞眾仙記》曰：「（孔子）七十二人受名玄洲，門徒三千不經北酆之門。」

5. 《後漢書・費長房傳》曰：「費長房者，汝南人也。曾爲市掾。市中有老翁賣藥，懸一壺於肆頭，及市罷，輒跳入壺中。市人莫之見，唯長房於樓上覩之，異焉，因往再拜奉酒脯。翁知長房之意其神也，謂之曰：『子明日可更來。』長房旦日復詣翁，翁乃與俱入壺中。唯見玉堂嚴麗，旨酒甘肴盈衍其中，共飲畢而出。翁約不聽與人言之。後乃就樓上候長房曰：『我神仙之人，以過見責，今事畢當去，子寧能相隨乎？樓下有少酒，與卿爲別。』長房使人取之，不能勝，又令十人扛之，猶不舉。翁聞，笑而下樓，以一指提之而上。視器如一升許，而二人飲之終日不盡……後失其符，爲

眾鬼所殺。」

6. 《眞誥‧稽神樞第四》曰:「施存者,齊人也,自號婉盆子,得遁變化景之道。今在中嶽或少室。往有壺公,正此人也。然未受太上書,猶未成眞焉。其行《玉斧》、《軍火符》,是其所受之枝條也。施存是孔子弟子三千之數。」註曰:「三千之限有此人。而不預七十二者,明夫子不以仙爲教矣。壺公即費長房之師。《玉斧》、《軍火符》,世猶有文存。」

劉奉林（周時人,服黃連）

【註】

1. 《眞誥‧甄命授第一》曰:「君（指裴君）曰:『有劉奉林者,是周時人,學道在嵩高山,積四百年。三合神丹,爲邪物所敗。乃行徙入委羽之山,能閉炁三日不息。於今千餘年矣,猶未升仙,猶是試多不過、道數未足故也。此人但服黃蓮以得不死耳,不能有所役使也。』」

2. 黃連,《漢武帝內傳》曰:「其下藥有松柏之膏、山薑、沉精、芻草、澤瀉、枸杞、茯苓、昌蒲、門多、巨勝……黃連,如此下藥,略舉其端。草類繁多,各有數千,子得服之,可以延年,雖不長享無期,上陞青天,亦能身死光澤,還發童顏,役使群鬼,得爲地仙。」《抱朴子‧仙藥》曰:「玄中蔓方,楚飛廉、澤瀉、地黃、黃連之屬,凡三百餘種,皆能延年,可單服也。」

張兆期（費長房之師）

【校】

《眞誥‧稽神樞第四》曰:「壺公即費長房之師。」故此「費長房之師」舛誤,應在「施存」條。

【註】

1. 《眞誥‧甄命授第一》曰:「昔毛伯道、劉道恭、謝稚堅、張兆期,皆後漢時人也,學道在王屋山中,積四十餘年,共合神丹。毛伯道先服之而死,道恭服之又死。謝稚堅、張兆期見之如此,不敢服之,並捐山而歸去。後見伯道、道恭在山上。二人悲愕,遂就請道。與之茯苓持行方。服之,皆數百歲,今猶在山中,遊行五嶽。此人知神丹之得道,而不悟試在其中,故但陸仙耳,無復登天冀也。」

2. 費長房,見前「施存」條。

周君（二人俱讀素書七卷得道）

【註】

　　《眞誥・甄命授第一》曰：昔周君兄弟三人，並少而好道，在於常山中積九十七年，精思無所不感。忽見老公頭首皓白。三人知是大神，乃叩頭流血，涕淚交連，悲喜自搏，就之請道。公乃出素書七卷，以與誦之。兄弟三人俱精讀之。奄有一白鹿在山邊，二弟放書觀之，周君讀之不廢。二弟還，周君多其弟七過。其二弟內意或云僊人化作白鹿，呼周視之，周君不應。周君讀之萬過，二弟誦得九千七百三十三過。周君翻然飛仙。二弟取書誦之，石室忽有石爆成火，燒去書，二人遂不得仙。今猶在常山中，陸行五嶽也。

雷氏（周氏養龍）

【校】

　　《眞誥・稽神樞第三》有「周時有雷氏養龍」，故「氏」應爲「時」。

【註】

　　《眞誥・稽神樞第三》曰：「許長史今所營屋宅，對東面有小山，名雷平山。周時有雷氏養龍，來在此山。」

姜叔

【校】

　　《眞誥・稽神樞第三》有「姜叔茂」。

【註】

　　見下「田公」條。

田公

【註】

1. 《眞誥・稽神樞第三》：「華陽雷平山有田公泉水，飲之除腹中三蟲，與隱泉水同味，云是玉砂之流津也，用以浣衣不用灰，以此爲異矣。」又曰：「許長史今所營屋宅，對東面有小山，名雷平山。周時有雷氏養龍，來在此山。後有姜叔茂、田翁，亦居焉。其山北有柳汧水，或名曰田公泉，以其人曾居此山，取此水故也。」

2. 《無上秘要》曰：「叔田公先居雷平山北柳汧下，今謂田公泉。」

劉安之（裴君時冀州別駕）

【註】

　　《清靈眞人裴君傳》曰：「（裴君）遂棄官委家，逃遊名山，尋此微妙，別駕劉安之從焉。」

赤魯班（即黃初起也）

【校】

　　《無上祕要》作「赤魯」。

【註】

　　見第四左位「赤松子」。

范安遠

【註】

　　《眞誥・甄命授第三》曰：「精合五飲丸，當大得力，且可自靜息乎。」註曰：「范安遠所言。」《眞誥・稽神樞第四》曰：「范安遠適云：『湛子不事齊，齊師伐之。』」

賈玄道

【校】

　　古本「玄」作「元」，說本「玄」字闕末筆「、」，皆避康熙諱。

李叔勝

【校】

　　《眞誥・稽神樞第二》「勝」作「升」。

言成生

傅道流

四人並隸司命，主察試學道者，在太山。

【校】

　　古本「四」作「五」。

【註】

　　《眞誥・稽神樞第二》曰：「東卿司命監太山之眾眞，總括吳越之萬神，

可謂道淵德高，折衝羣靈者也。賈玄道、李叔升、言成生、傅道流往並受東卿君之要也。玄道，河東人，周威王之末年生。叔升，涿郡人，漢元帝時生。道流，北地人，漢靈帝殿中將軍也。成生，吳人，後漢劉聖公時爲武當郡尉也。受學至勤，並得眞道，今在太山支子小陽山中，此所謂地眞者也。諸來作試者，非一津而往矣。或亦因人犯者，此最難了也。於斯之際，可不愼乎。」註曰：「此四人隸司命，主察試學道者。所以長史有書與賈，賈即呈司命，司命亦答之……此諸人名位小，不顯外書。周威王即應是六國時威烈王也。於時雖未立河東郡，而即地已有其名矣。漢官無正殿中將軍，或應中郎將也。」

真人樊子明

【註】

《眞誥‧稽神樞第三》曰：「張玄賓者，定襄人也，魏武帝時曾舉茂才。歸鄉里，事師西河薊公，服朮餌，兼行洞房白元之事。後遇眞人樊子明於少室，授以遯變隱景之道。」

龍威丈人

【註】

1. 《河圖絳象》曰：「太湖中洞庭山林屋洞天，即禹藏眞文之所，一名包山。吳王闔閭登包山之上，命龍威丈人入包山，得書一卷，凡一百七十四字而還。吳王不識，使問仲尼，詭云，赤烏銜書以授王。仲尼曰：昔吾遊四海之上，聞童謠曰：吳王出遊觀震湖，龍威丈人名隱居，北上包山入靈墟，乃造洞庭竊禹書。天帝大文不可舒，此文長傳六百初，今強取出喪國廬。丘按謠言，乃龍威丈人洞中得之，赤烏所銜。非某所知也。吳王懼，乃復歸其書。」

2. 《太上靈寶五符序》卷上曰：「吳王闔閭十有二年孟春正月，命檝江湖，耀旗蛟龍，觀兵於敵國，解帶乎包山。包山隱居爲使者，號曰龍威丈人，令極洞室之所，深履洪穴之源。包山隱居，得道者也，處於昊山，莫知其名，敫朮不羣，高離世榮，時人號曰包山隱居。闔閭數親駕修敬，問以安危。」

3. 陶弘景《水仙賦》曰：「索龍威於洞庭。」

4. 《眞誥‧稽神樞第一》曰：「天后者，林屋洞中之眞君，位在太湖苞山下，龍威丈人所入得《靈寶五符》處也。」

劉少翁（華山）

【校】

古本「華山」作「華山人」。

【註】

《眞誥‧稽神樞第二》曰：「昔有劉少翁，曾數入太華山中，拜禮向山。如此二十年，遂忽一旦得見西嶽丈人，授其仙道。」

梁伯鸞

【註】

1. 《高士傳》曰：「梁鴻字伯鸞，扶風平陵人也。遭亂世，受業太學，博覽不爲章句。學畢，乃牧豕上林苑中。曾誤遺火，延及他舍。鴻乃尋訪燒者，問其所去失，悉以豕償之。其主猶爲少，鴻又以身居作，執勤不懈。鄰家耆老見鴻非恒人，乃共責讓主人，而稱鴻。長者於是始敬異焉，悉還其豕。鴻不受而去，歸鄉里，執家慕其高節，多欲女之，鴻並絕不娶。同縣孟氏有女，狀醜，擇對不嫁。父母問其故。女曰：『欲得賢如梁伯鸞者。』鴻聞而聘之，及嫁，始以裝飾，入門七日，而鴻不答。妻乃下請，鴻曰：『吾欲裘褐之人可與俱隱深山者，爾今乃衣綺縞，傅粉墨，豈鴻所願哉！』妻曰：『以觀夫子之志耳。妾自有隱居之服，乃更爲椎髻，著布衣，操作而前。"鴻大喜曰："此眞梁鴻妻也，能奉我矣！』字之曰德曜孟光。居有頃，乃共入霸陵山中，以耕織爲業，詠詩書彈琴以自娛。仰慕前世高士，而爲四皓以來二十四人作頌。因東出關，過京師，作《五噫之歌》。肅宗求鴻不得。乃易姓運期，名耀，字侯光，與妻子居齊魯之間。有頃，又去，適吳，居皋伯通廡下，爲人賃舂。每歸，妻爲具食，舉案齊眉。伯通察而異之，乃方舍之於家。鴻潛閉著書十餘篇，疾，且告主人曰：『昔延陵季子葬於嬴博之間，不歸鄉里。愼勿令我子持喪歸去。』及卒，伯通等爲求葬地於吳要離冢旁。」
2. 《後漢書‧逸民列傳》有《梁鴻傳》，與《高士傳》略同。
3. 《眞誥‧甄命授第三》曰：「彼人何如梁伯鸞乎？」註曰：「彼人當是指長史也。」
4. 《無上秘要》曰：「梁伯鸞名鴻，漢末人，遯海濱者。」

樊大夫

【校】

《神仙傳・樊夫人》有「樊夫人」，疑「大夫」爲「夫人」之訛。

【註】

《神仙傳・樊夫人》曰：「樊夫人者，劉綱之妻也。」詳見第六右地仙散位「劉綱妻」條。

吳睦（長安人，少爲縣吏）

【校】

古本、秘本、說本無「人」字。

【註】

《眞誥・稽神樞第四》曰：「吳睦者，長安人也。少爲縣吏，掌局枉克民人。民人訟之，法應入死。睦登委叛，遠邂山林。餓經日，行至石室，遇見孫先生在室中隱學。左右種黍及胡麻，室中恒盈食。睦至乞食，經月不去。孫先生知是叛人，初不問之，與食、料理及誦經講道，說及禍福。睦聞之，於是心開意悟，因叩頭自搏，列其事源，立身所行，自首事實，求得改往。遂留石室，爲先生掃除驅使。經四十年後，先生受其道，俱採藥，服食胡麻，精修經教。得三百二十年，服丹白日昇天。」

朱　（陳留人，昔作劫盜）

【校】

古本「劫」作「刼」；說本「劫」作「刦」。《眞誥・稽神樞第四》「狁」作「犹」。

【註】

《眞誥・稽神樞第四》曰：「朱犹者，陳留人也。爲人無道，專作劫盜。後，人發覺收掩，犹得逸出遠他境。至汝南少室山中，見馮先生隱學，云後三年乃受其眞仙。留山服食修道三十八年。後入東阬山中，壽百四十七歲。偓人降，將入大有山洞中成眞人。」

郭端（穎川人，少孤爲縣吏）

【校】

《眞誥・稽神樞第四》作「郭靜」。

【註】

《眞誥‧稽神樞第四》曰：「郭靜，穎川人也。少孤無父母兄弟，窮苦依棲無所。年十六，縣召爲吏。後得罪，仍逃伏。經二月日不出，遇見鄭先生救度一切，以法勸化之。靜遂隨鄭負擔驅使，經七年，不敢懈怠。遂受其導引之要，餌服山朮、茯苓，得壽三百歲。復於天維山赤松子降，受其二人眞道，今在大有洞中爲眞人。」

范伯慈（桂陽人，少曾邪病）

【註】

《眞誥‧稽神樞第四》曰：「范伯慈者，桂陽人也。家本事俗，而忽得狂邪，因成邪勞病，頓臥床席經年。迎師解事，費用家資漸盡，病故不愈。聞大道清約無所用，於是意變。聞沈敬作道士精進，理病多驗，乃棄俗事之。得五十日，病疾都愈。後詣陸玩之受眞內道，玩之不能入山。伯慈不樂於世，遂辭去入天目山，服食胡麻，精思十七年。大洞眞仙司命君下降。受三十六篇經。後服還丹，白日升天。今爲玄一眞人。」註曰：「……又此四人各有所明：一則酷吏，二則凶劫，三則孤煢，四是事俗。並世間薄運，遂能得道。足知心之所造，非關善惡者也。」

鮑叔陽

【註】

《眞誥‧稽神樞第四》曰：「廣寧鮑叔陽者，漢高帝時趙王張耳、張敖之大夫也。少好養生，服桂屑而卒死於廁溷間。今墓在遼東薊城之北山。」註曰：「漢高置燕郡，以薊屬燕，當是未分時也。」此條正文又見於《道迹靈仙記》。

王養伯

【註】

《眞誥‧稽神樞第四》曰：「太原王養伯者，漢高、呂后攝政時中常侍、中郎王探也。少服澤瀉，與留侯張良俱採藥於終南山。而養伯不及，遂師事季主。」註曰：「前漢中常侍不用閹人，中郎非侍郎之官，或是後別爲此位耳。」此條正文又見於《道迹靈仙記》。

段季正

【校】

秘本、《無上秘要》「段」作「叚」；古本、說本「正」作「叔」；《道迹靈仙記》作「正」。

【註】

《眞誥・稽神樞第四》曰：「岱郡段季正，本隱士也。不聞有所服御，晚乃從季主學道。行度秦州溺水，拘得尸而葬川邊。今南鄭秦川是也。此人亦季主入室弟子。」此條又見於《道迹靈仙記》。

劉偉惠

【校】

《眞誥・稽神樞第四》「偉」作「瑋」；《道迹靈仙記》、《無上秘要》作「偉」。

【註】

《眞誥・稽神樞第四》曰：「穎川劉瑋惠，漢景帝時公車司馬劉諷也。後事季主，晚服日月炁，爲入室弟子。道成，晚歸鄉里。託形杖履，身死桑樹之下。今墓在汝南安城縣西山。」此條又見於《道迹靈仙記》。

四人師西靈子都

【註】

《眞誥・稽神樞第四》曰：「司馬季主後入委羽山石室大有宮中，受石精金光藏景化形法於西靈子都。西靈子都者，太玄仙女也。其同時今在大有室中者，廣寧鮑叔陽、太原王養伯、穎川劉瑋惠、岱郡段季正，俱受師西靈子都之道也。」又註曰：「尋此四人並是用靈丸雜解之道。」此條正文又見於《道迹靈仙記》。

宋玄德（嵩高山）

【校】

古本「玄」作「元」，說本「玄」字闕末筆「、」，皆避康熙諱；說本「宋玄德」作「宋德玄」；《眞誥・稽神樞第四》作「宋德玄」。

【註】

1. 《眞誥・稽神樞第四》曰：「九疑眞人韓偉遠，昔受於中嶽宋德玄。德玄者，周宣時人。服此『靈飛六甲』得道，能一日行三千里。數變形爲鳥獸，得玄靈之道。今在嵩高。」《上清瓊宮靈飛六甲籙》記載與此相似。

2. 《太清眞人傳》(《雲笈七籤》卷 104) 曰:「太清眞人宋倫,字德玄,洛陽人也。以厲王甲辰歲入道,於是凝心寢景,抱一沖和,不交人事,日誦《五千文》數遍,服黃精白朮。積二十餘年,乃密感老君項負圓明,面放金光……年九十餘,以景王時,受書爲太清眞人,下司中嶽神仙之錄焉。」

李東
【註】

　　《眞誥‧稽神樞第三》曰:「地下主者復有三等……其一等地下主者,散在外舍,閒停無業,不受九宮教制,不聞練化之業,雖俱在洞天,而是主者之下者,此自按四明法,一百四十年依格得一進耳。一進始得步仙階,給仙人之使令也……李東等今在第一等中。」註曰:「李東,曲阿人,乃領戶爲祭酒。今猶有其章本,亦承用鮑南海法。東才乃凡劣,而心行清直,故得爲最下主者使,是許家常所使。永昌元年,先生年二十三,就其受『六甲陰陽行厨符』。既相關悉,聊復及之耳。」《眞誥‧闡幽微第二》曰:「夫至忠至孝之人,既終,皆受書爲地下主者。一百四十年乃得受下仙之教,授以大道。從此漸進,得補仙官。一百四十年聽一試進也。」註曰:「此地下主者亦即是洞中所記李東等者,非別鬼官復爲主者也。一百四十年一進,便入第二等。給仙人使,乃得稍受道教耳。」《眞誥‧翼眞檢第二》曰:「有云李東者,許家常所使祭酒,先生亦師之。家在曲阿,東受天師吉陽治左領神祭酒。」

童初府
【註】

1. 《眞誥‧稽神樞第三》曰:「其第三等,地下主者之高者,使得出入仙人之堂寢,遊行神州之鄉,出館易遷、童初二府,入晏東華上臺,受學化形,濯景易氣,十二年氣攝神魂,十五年神束藏魄,三十年館中骨還附神氣,四十年平復如生人,還遊人間,五十年位補仙官,六十年得遊廣寒,百年得人昆盈之宮。」又曰:「易遷、童初二宮是男女之堂館也,其中閒靜。東海青童君一年再遊,校此諸宮,觀見群輩也。」註曰:「一年再遊,似依《傳》中曰,而前書云『正月二十三日,洞宮上來人』,便是不必復有定期也。」又曰:「又有童初、蕭閑堂二宮,以處男子之學也。」

2. 《無上秘要》卷 83《得地仙道人名品》曰:「王少道……范叔勝……李伯山此三人童初府、蕭閑堂中學。」

蕭閑宮（並男眞）

【校】

《無上秘要》「宮」作「堂」。

【註】

1. 見「童初府」。

2. 陶弘景《華陽頌》曰：「寢宴含眞館，高會蕭閑宮。」

易遷宮（八十三人）

【註】

1. 見「童初府」。

2.《眞誥・運象篇第四》曰：「迴眄易遷房，有懷眞感人。」《眞誥・甄命授第四》曰：「易遷即掾母，亡後得入易遷宮，因呼爲號。」《眞誥・稽神樞第二》曰：「洞中有易遷館、含眞臺，皆宮名也。計今在易遷館東廂中。此館中都有八十三人。」註曰：「今此諸人或稱女，或稱婦，或稱母，蓋各取名達者而言之，非必因附其功福所及也。」又曰：「含眞臺是女人已得道者，隸太元東宮中，近有二百人。」註曰：「前云八十三人，止是易遷耳。含眞既爲貴聖，當須遷轉乃得進入也。」又曰：「此二宮盡女子之宮也。《眞誥・稽神樞第三》曰：「易遷中有高業而蕭條者……」

含眞臺（僅二百人，並女眞）

【校】

古本「僅」作「共」。

【註】

1.《眞誥・稽神樞第三》曰：「含眞臺，洞天中皆有，非獨此也。此一臺偏屬太元府隸司命耳。其中有女眞二人總之。其一女眞是張微子……其一女眞是傅禮和……」

2. 見「易遷宮」條。

3. 見「蕭閑宮」條。

右位

右理中監劉翊

【註】

1. 《後漢書・劉翊傳》曰：「翊，字子相，陰穎人……」

2. 《眞誥・稽神樞第二》曰：「右理中監，準職如司馬，今有劉翊字子翔者居之。翊本穎川人，少好道德，而家世大富，常周窮困爲事，好行陰德密惠……恤死救窮非一人矣……行達陽平，遂遇馬皇先生……馬皇先生因將翊入桐柏山中，授以隱地八術服五星之華法。今度名東華，來在洞中，爲定錄右理中監。」又有註曰：「論翊字子翔，於字例相得。而翊義亦是相，相作息亮切音。二者未詳孰正。」

典柄執法郎淳于斟

【校】

　　輯本「淳」作「滆」。

【註】

　　《眞誥・稽神樞第二》曰：「定錄府有典柄執法郎，是淳于斟，字叔顯，主試有道者。斟，會稽上虞人，漢桓帝時作徐州縣令。靈帝時，大將軍辟掾。少好道，明術數，服食胡麻、黃精餌。後入吳烏目山中隱居，遇仙人慧車子，授以《虹景丹經》，修行得道。今在洞中爲典柄執法郎。」註曰：「《易參同契》云：『漢桓帝時，上虞淳于叔通受術於青州徐從事，仰觀乾象以處災異，數有效驗。以知術故，郡舉方士，遷洛陽市長。』如此亦爲小異。吳無烏目山，婁及吳興並有天目山，或即是也。慧車子無別顯出。」

理禁張玄賓（王雨水之官，亦保命書）

【校】

　　古本「玄」作「元」，避康熙諱，「賓」作「賓」，「王」作「主」；秘本、說本「王」作「主」；說本「玄」字闕末筆「、」，避康熙諱。

【註】

1. 《眞誥・稽神樞第三》曰：「張玄賓者，定襄人也，魏武帝時曾舉茂才。歸鄉里，事師西河薊公，服术餌，兼行洞房白元之事。後遇眞人樊子明於少室，授以遯變隱景之道。昔在天柱山中，今來華陽內爲理禁伯，理禁伯主諸水雨官也……自云：『昔曾詣蓬萊宋晨生。晨生者，蓬萊左公

也……』理禁伯亦保命之監國也。」註曰：「……按《左傳》稱：『君之
世子，從曰撫軍，守曰監國』，監國之任則是副貳。疑此監國或因作監司
也。」

2.《周氏冥通記》有註曰：「張爲保命府禁伯，主請雨水……事出《眞誥》。」

童初府師上侯劉寬（即保命府）

【註】

1.《後漢書・劉寬傳》曰：「劉寬字文饒，弘農華陰人。父名崎，順帝時爲司
徒，寬爲人謹厚……」

2.《眞誥・稽神樞第二》曰：「童初府上帥用劉文饒。文饒者，弘農劉寬也。
少好道，曾舉漢方正。稍遷南陽太守，視民如子。怒不形顏，口無疾言。
行陰德，拯寒困，萬民悅而附之如父母焉。後爲司徒太尉……年七十三，
一旦遇青谷先生降之於寢室，授其杖解法，將去入太華山，行九息服氣，
乃授以爐火丹方，修之道成。今在洞中作童初府帥上侯，主始學道者。」

3.《無上秘要》卷 83《得地仙道人名品》曰：「劉寬，字文饒，弘農人，後
漢南陽太守司徒太尉，仁和善政。年七十三，入太華山服丹，來爲童初府
師正侯。」

丞四人：

【註】

　　《眞誥・稽神樞第三》曰：「保命有四丞……」註曰：「洞宮官僚司察吳
越兆民，在任不過此四丞也。」

趙威伯（主仙籍，并暴雨水）

【校】

　　秘本「主」作「王」；輯本「并」作「並」。

【註】

1.《眞誥・稽神樞第三》曰：「趙威伯者，東郡人也。少學邯鄲張先生，先生
得道之人耳。晚在中嶽，授《玉佩金鐺經》於范丘林，丘林乃是漢樓船將
軍衛行道婦也。學道得仙……昔亦來在華陽內爲保命丞……保命有四丞，
此一人主爲暴雨水，及領五芝、金玉草。若欲致洪雨者，將可辭詣之也。」
註曰：「又理禁伯亦主雨水。若請雨，宜並爲辭也。」又曰：「趙威伯主仙
籍，並記學道者，並暴雨水、靈芝草。」

2. 《周氏冥通記》曰：「此承依別自是趙，於保命四承居大者，名威伯，河東人。主記仙籍並風雨水，領五芝金玉草，事出《眞誥》。」

樂長治（主災害）

【註】

1. 《眞誥·稽神樞第三》曰：「保命有四丞……其一丞是咸陽樂長治，東卿司命君鄉里人也。爲小君所舉用，漢桓帝中書郎。晚從中嶽李先生受道，行七元法得仙。註曰：「相去二百餘年，猶蒙鄉邦之澤也。」又曰：「樂長治主災害。」

2. 《周氏冥通記》卷2有註曰：「樂丞字長治，咸陽人，主災害，四丞中之一也。」

鄭稚政（主考注）

【註】

1. 《眞誥·稽神樞第三》曰：「保命有四丞……一人是孟君入室弟子鄭稚正者，孟君所屬用。」註曰：「孟君，京兆人，或呼爲孟先生，不知何名位。」又曰：「鄭稚正主考註。」

2. 《無上秘要》卷83《得地仙道人名品》曰：「鄭稚政，戴孟弟子。」

唐公房（主其死生）

【校】

　　古本、秘本、說本「生」作「者」。

【註】

1. 《神仙傳·李八百》曰：「李八百者，蜀人也，莫知其名，歷世見之，時人計之，已年八百歲，因以號之……知漢中唐公昉求道而不遇明師，欲教以至道，乃先往試之，爲作傭客，公昉不知也……乃告公昉曰：『吾是僊人，君有至心，故來相試。子定可教，今當相授度世之訣矣……以丹經一卷授公昉，入雲臺山中合作丹，丹成乃服之，仙去也。今拔宅之處，在漢中也。』」

2. 《眞誥·稽神樞第三》曰：「保命有四丞……其一人是西山唐公房。」註曰：「此則《神仙傳》所載，是蜀人，奉事李八百者也。」又曰：「唐公房主生死。」

3. 《周氏冥通記》卷3有註曰：「唐丞名公房，亦四丞之一，云主死生。」

明晨侍郎七人，比御史中丞

【註】

《眞誥・稽神樞第二》曰：「保命府多女官，司三官。官屬有七人，四女三男明晨侍郎七人。如今世上御史中丞之職，並隸東華方諸宮，保命君總關之耳。」

三男眞，夏馥，字子恬，陳留人，桐栢眞人弟子，二人不顯

【校】

古本「留」作「畱」；「桐」作「同」；「栢」作「柏」；秘本「桐」作「同」；說本「恬」作「治」。《無上秘要》「恬」作「治」，「栢」作「柏」。據《後漢書・夏馥傳》與《眞誥・稽神樞第二》，「恬」應作「治」。

【註】

1. 《高士傳》曰：「夏馥字子治，陳留圉人也。少爲諸生，質直不苟，動必依道。同縣高儉及蔡氏，凡二家豪富，郡人畏事之，唯馥閉門不與高、蔡通。桓帝即位，災異數發，詔百司舉直言之士各一人。太尉趙戒舉馥，不詣，遂隱身久之。靈帝即位，中常侍曹節等專朝，禁錮善士，謂之黨人。馥雖不交時官，然聲名爲節等所憚，遂與汝南范滂、山陽張儉等數百人並爲節所誣，悉在黨中。詔下郡縣，各捕以爲黨魁。馥乃頓足而歎曰：『孽自己作，空汙良善。一人逃死，禍及萬家，何以生爲？』乃自翦鬚，變服易形入林慮山中，爲冶工客作，形貌毀悴，積傭三年，而無知者。後詔委放，儉等皆出，馥獨歎曰：『已爲人所棄，不宜復齒鄉里矣！』留賃作不歸，家人求不知處。其後，人有識其聲者，以告同郡止鄉太守濮陽潛，使人以車迎馥，馥自匿不肯，潛車三返，乃得馥。」

2. 《後漢書・夏馥傳》曰：「夏馥字子治，陳留圉人也。少爲書生，言行質道……」記載與《高士傳》略同。

3. 《眞誥・稽神樞第二》曰：「明晨侍郎夏馥，字子治，陳留人也。少好道，服朮餌，和雲母。後入吳山，從赤須先生受鍊魂法。又遇桐柏眞人，授之以黃水雲漿法。得道，今在洞中。」

四女眞，周夏友，汝南安城人，河南尹周暢之女；張桃枝，沛人，司隸
朱寓之母，二人不顯

【校】

說本「寓」作「寅」。《無上秘要》「周夏友」作「周爰友」。

【註】

1. 《眞誥・稽神樞第二》曰：「明晨侍郎周爰支者，漢河南尹周暢伯持之女也。
   暢，汝南安成人。好行陰德，功在不覺……太上處以暢有陰行，令爰支從
   南宮受化得仙，今在洞中。爰支亦少好道，服茯苓三十年。後遇石長生，
   教之以化遁。化遁，上尸解也。」

2. 《後漢書・周嘉傳》曰：「嘉從弟暢，字伯持，性仁慈，爲河南尹。」

3. 《眞誥・稽神樞第二》曰：「明晨侍郎張桃枝者，漢司隸校尉朱寓季陵母也，
   沛人。寓往與陳蕃俱誅。寓母行陰德，久聞在易遷，始得爲侍郎耳。」註
   曰：「朱寓，沛人，桓靈時八俊。後同黨人之例，李膺、杜密俱下獄死。
   非陳蕃同時。」

監二人（范幽沖，遼西人，漢尚書即，李整，河內人）

【校】

古本「即」作「郎」；「內」作「南」；輯本「沖」作「仲」；秘本、輯本、
說本「即」作「郎」，是；說本「內」作「南」；「范幽沖」，《眞誥・協昌期第
二》、《周氏冥通記》作「范幼沖」，《洞眞太上太霄琅書》卷8作「范幼沖」，
《無上秘要》作「范幼沖」。

【註】

1. 《洞眞太上太霄琅書》卷8曰：「范幼沖，漢時尚書郎，解地理，乃以冢宅
   爲意，魏末得得道，在童幼（應爲初）中。」又曰：「青童君謂西城眞人
   王君曰：『范幼沖上學精專，故能洞達，知其寄屍，墓有四相，自言之者，
   微顯功德，招致有由，獎屬後之至人也……』」

2. 《上清握中訣》卷中有「服三氣法」。註曰：「此童初范監幼仲受高元君太
   素內景法，事鮮而易驗。」

3. 《登眞隱訣》有「童初監范某」。

4. 《眞誥・協昌期第二》曰：「范幼沖，遼西人也。受胎化易形，今來在此，
   恒服三氣。三氣之法，存青炁、白氣、赤氣各如縆。從東方日下來，直
   入口中，挹之九十過，自飽便止。爲之十年，身中自有三色氣，遂得神

仙……」註曰：「范即是華陽中監也。」又曰：「范幼沖，漢時尙書郎，善解地理，乃以冢宅爲意。魏末得來在此童初中。」《眞誥・稽神樞第三》曰：「范監者即其人也，昔得爲童初監，今在華陽中。」註曰：「又別云：『曾爲漢尙書郎，善解地理，以冢宅爲意……』」

5. 《周氏冥通記》卷1曰：「其夕三更中，復聞一人扣戶，雲范帥來。未應已進，脩壯，形貌端嚴，著大冠，似如幘，服緋，從三人，衣色黑晻晻，不可別。戶外有光狀如把燭，不見光形。帥倚床前而言曰：『僕姓范，爲定錄府鬼神之司……』」

6. 《眞誥・稽神樞第三》曰：「河內李整，昔受守一法並洞房得道。初在洛陽山。又主諸考崇民間事。整往爲常道鄉公傳，受道入山時，已年六十。」註曰：「不知李作何位，亦應是監職。常道鄉公，魏元帝本封也。」又曰：「李整昔未入山時，得風痺疾，久久乃愈耳。此人先多房內事，殆不同今者疾之輕薄也。」

武解鬼帥者
【註】

　　《眞誥・甄命授第三》曰：「《眞司科》云：『……地下主者，解下道之文官。地下鬼帥，解下道之武官。文解一百四十年一進，武解二百八十年一進。武解，一解之下者也。』」《眞誥・稽神樞第三》曰：「地下主者，復有三等。鬼帥之號，復有三等，並是世有功德，積行所鍾，或身求長生，步道所及。或弟子善行，庸播祖禰，或諷明《洞玄》，化流昆祖。……鬼帥武解，主者文解，俱仙之始也。度名東華。簡刊上帝，不隸酆宮，不受制三官之府也。」註曰：「又別云：『心勤於事欲，兼味於清正，華目以隨世，畏死而希仙者，亦多作文武解土者。』」

王延
【註】

　　《眞誥・甄命授第三》曰：「紙三百，酬鬼帥王延近報錄書以杵宗會，有功。」又曰：「八月六日，當有一人著平上幘，多髭鬚長長爾，著紫皮褲褶，將黃娥來。此人是鬼帥王延也。」

范糧

【校】

《眞誥‧甄命授第三》有「鬼帥范疆」;《無上秘要》作「范強」。

【註】

《眞誥‧甄命授第三》曰:「酧鬼帥范疆近執戮百惡,滅訟散禍,有功。」

傅晃

【註】

《眞誥‧甄命授第三》曰:「油三斗,酧鬼帥傅晃近與功曹使者令勢威照鬼形,使不得暴。」

除銜

【校】

古本、輯本「除」作「徐」;《無上秘要》作「徐銜」;《眞誥‧甄命授第三》有「鬼帥梁衛」,疑是此人。

【註】

《眞誥‧甄命授第三》曰:「銀叉三枚,酧鬼帥梁衛近防護疾者,招魂安神,使冢訟不行,有殊功。」

四人巳度

【校】

古本、輯本「巳」作「已」。

地仙散位

中嶽僊人宋來子 (先爲楚市長,遇馮延壽)

【註】

《眞誥‧協昌期第一》曰:「楚莊公時,市長宋來子恒灑掃一市。久時,有一乞食公入市,經日乞,恒歌曰:『天庭發雙華,山源彰陰邪。清晨按天馬,來詣太眞家。眞人無那隱,又以滅百魔。』恒歌此乞食,一市人無解歌者。獨來子忽悟,疑是僊人,然故未解其歌耳。乃遂師此乞食公,棄官追逐。積三十年,此公遂授以中仙之道。來子今在中嶽。乞食公者,西嶽眞人馮延壽也,周宣王時史官也。」

中嶽李先生

【註】

　　《眞誥·稽神樞第三》曰：「咸陽樂長治，東卿司命君鄉里人。爲小君所舉用，漢桓帝中書郎。晚從中嶽李先生受道，行七元法得仙。」

扁鵲弟子五人

【註】

1. 見《史記·扁鵲倉公列傳》。

2. 《抱朴子·辨問》曰：「世人以人所尤長，眾所不及者，便謂之聖……附、扁、和緩，治疾之聖也。」

3. 《上清太霄隱書元眞洞飛二景經》有「盧醫扁鵲」。

4. 《眞誥·運象篇第三》曰：「雖盧醫之貢針艾，扁鵲之獻藥石，無以喻也。」
　　《眞誥·稽神樞第四》曰：「長桑即是扁鵲師，事見《魏傳》及《史記》。」

5. 《無上秘要》曰：「扁鵲，治趙太子者。」

子容

子明

子威

子戲

子游

趙太子（服朮者）

【註】

1. 《說苑·辨物》有扁鵲治趙太子疾之事。

2. 《抱朴子·仙藥》曰：「朮餌令人肥健，可以負重涉險，但不及黃精甘美易食。凶年可以與老小休糧。」又曰：「朮，一名山薊，一名山精，故《神藥經》曰：『必欲長生，常服山精。』」

3. 《眞誥·甄命授第二》曰：「《太上導仙銘》曰：『子欲長生，當服山精。子欲輕翔，當服山薑。』」又曰：「朮一可以長生永壽，二可以卻萬魔之枉疾。」

將先生（支子元之師）

【校】

　　古本、《無上祕要》「將」作「蔣」。

【註】

1. 《列仙傳・赤將子輿》曰：「赤將子輿者，黃帝時人。不食五穀，而啗百草花。至堯帝時爲木工，能風雨上下。時時於市中賣繳，亦謂之繳父。」

2. 《清靈眞人裴君傳》（《雲笈七籤》卷105）曰：「蔣先生者，乃赤將子輿也。」

支子元（作裴君小時師）

【註】

1. 《清靈眞人裴君傳》（《雲笈七籤》卷105）曰：「佛圖中道人支子元者亦頗知道，宿舊人傳之云，已年一百七十歲，見君而歎曰：『吾從少至老，見人多矣！而未嘗見如子者。』乃延君入曲室之中、幽靜之房，大設豐饌。飲食既畢，將君更移隱處，呼之共坐。乃謂曰：『吾善相人，莫如爾者。子目中珠子正似北斗瑤光星，自背已下像如河魁，既有貴爵，又當神仙，天下志願，子寶享焉。然津梁未啓，七氣未淳，不見妙事，亦無緣而成也。』因以所修祕術，密以告君。道人曰：『此長生內術，世莫得知。吾昔遊焦山及鰲祖之阿，遇僊人蔣先生者，乃赤將子輿也。以《神訣》五首授吾，奉而行之，於今一百七年矣。氣力輕壯，不覺衰老。但行之不動，多失眞志，不能去世。故雖延年，不得神仙也。猶是行之多違，精思不至之罪也。今以教子，子祕而愼傳之。』」

2. 《登眞隱訣》（《三洞群仙錄・坐忘精思品》引）曰：「五靈道人支子元乃於靜室精思存五星在頭上，歲星在左，太白在右，熒惑在膝中，使鎭星在心中，各見光芒氣色也。久久行之，出入遠行，常思不忘，無所不卻也。此五神因共人身，則白日昇天也。」

盧生

【註】

1. 《史記・秦始皇本紀》曰：「三十二年，始皇之碣石，使燕人盧生求羨門、高誓，刻碣石門……因使韓終、侯公、石生求僊人不死之藥。始皇巡北邊，從上郡入。燕人盧生使入海還，以鬼神事，因奏錄圖書，曰：『亡秦者胡也。』」

2. 《列仙傳・安期先生》曰：「安期先生者，瑯邪阜鄉人也。賣藥於東海邊，時人皆言千歲翁。秦始皇東遊，請見，與語三日三夜，賜金璧度數十萬。出於阜鄉亭，皆置去。留書，以赤玉舄一量爲報。曰：『後數年，求我於蓬萊山。』始皇即遣使者徐市、盧生等數百人入海，未至蓬萊山，輒逢風波而還。立祠阜鄉亭海邊十數處云。」《抱朴子・極言》記載與此相似。

3. 《神仙傳・若士》曰：「若士者，古之僊人也，莫知其姓名。燕人盧敖，秦時遊於北海，經於太陰，入於玄關，至於蒙谷之山，而見若士焉……盧敖乃與之語曰：『惟以敖爲背群離黨，窮觀六合之外。幼而好遊，長而不渝，周行四極，唯此極之未窺，今卒睹夫子於此，殆可與敖爲友乎？』若士儵然而笑曰：『……今子游始至於此，乃云窮觀，豈不陋哉！然子處矣，吾與汗漫期於九垓之上，不可以久駐。』乃舉臂竦身，遂入雲中。盧敖仰而視之，弗見乃止，愴恨若有所喪也，曰：『吾比夫子也，猶鴻鵠之與壤蟲也：終日行，不離咫尺，而自以爲遠，不亦謬也，悲哉！』」

侯公

【註】

　　見「盧生」條。

石生（入東海，爲始皇使）

【註】

　　見「盧生」條。

林屋仙人王瑋玄

【校】

　　古本「仙人」作「先生」，「玄」作「元」，避康熙諱；輯本「瑋」作「偉」；說本「仙人」作「先生」，「玄」字末筆闕「、」，亦避康熙諱。

【註】

1. 《真誥・稽神樞第一》曰：「此山（指句曲山）洞虛內觀，內有靈府，洞庭四開，穴岫長連，古人謂爲金壇之虛臺、天后之便闕、清虛之東窗、林屋之隔遝。眾洞相通，陰路所適，七塗九源，四方交達，真洞仙館也。」註曰：「此論洞天中諸所通達。天后者，林屋洞中之真君，位在太湖苞山下，龍威丈人所入得《靈寶五符》處也。」《真誥・稽神樞第三》曰：「包山中

有白芝，又有隱泉之水，正紫色。」註曰：「此即林屋山也，在吳太湖中耳。」《太平御覽》卷 663 曰：「《五符》曰：『林屋山，周四百里，一名苞山。在太湖中，下有洞潛通五嶽，號天后別宮。』」《天地宮府圖·十大洞天》（《雲笈七籤》卷 27）曰：「第九林屋山洞，周迴四百里，號曰尤神幽居之洞天。在洞庭湖口，屬北嶽眞人治之。」

2. 《眞誥·稽神樞第二》曰：「云：『王瑋玄是楚莊王時侍郎，受術於玉君。』」註曰：「若是春秋時楚莊王者，疑侍郎之官不似古職，而漢楚王又無莊諡。」

山圖公子（周哀王時大夫，張禁保之師）

【註】

1. 《列仙傳·山圖》曰：「山圖者，隴西人也。少好乘馬，馬踶之折腳。山中道人教令服地黃、當歸、羌活、獨活、苦參散。服之一歲，而不嗜食，病癒身輕。追道人問之，自言：『五嶽使，之名山採藥，能隨吾，使汝不死。』山圖追隨之六十餘年，一旦歸來，行母服於家閒。朞年復去，莫知所之。」

2. 《天地宮府圖·三十六小洞天》（《雲笈七籤》卷 27）曰：「第二東嶽太山洞……屬山圖公子治之。」

3. 張禁保，即張奉。

赤須子（夏明晨之師）

【校】

《無上秘要》作「赤鬚先生」。

【註】

1. 《列仙傳·赤須子》曰：「赤須子，豐人也，豐中傳世見之，云：『秦穆公時主魚吏也。』數道豐界災害水旱，十不失一。臣下歸向，迎而師之，從受業，問所長，好食松實、天門冬、石脂，齒落更生，髮墮再出，服霞絕，後遂去吳山下十餘年，莫知所之。」

2. 《抱朴子·金丹》曰：「又赤松子丹法……取汁和而服之，令人面目鬢髮皆赤，長生也。昔中黃偉人有赤須子者，豈非服此乎？」《抱朴子·雜應》有「赤鬚子桃花符」。

3. 《眞誥·稽神樞第二》曰：「明晨侍郎夏馥，字子治，陳留人也。少好道，服朮餌，和雲母。後入吳山，從赤須先生受鍊魂法。」

4. 《天地宮府圖·七十二福地》（《雲笈七籤》卷 27）曰：「第六十七瑝山，

在漢州，是赤須先生治之。」

青谷先生（劉上繾之師）

【校】

古本、秘本、說本「繾」作「卿」；《無上秘要》「繾」作「師」。

【註】

《眞誥・稽神樞第二》曰：「童初府上帥用劉文饒……年七十三，一旦遇青谷先生降之於寢室，授其杖解法……」註曰：「……青谷先生無別顯出。凡此諸引教仙人恐皆是下教限，不爾則不應得輒然。」

惠車子（淳于典柄之師）

【校】

輯本「淳」作「渲」；《眞誥・稽神樞第二》「惠」作「慧」。

【註】

《眞誥・稽神樞第二》曰：「定錄府有典柄執法郎淳于斟……後入吳烏目山中隱居，遇仙人慧車子，授以《虹景丹經》，修行得道。今在洞中爲典柄執法郎。」註曰：「……慧車子無別顯出。」

石長生（周明晨之師）

【註】

《眞誥・稽神樞第二》曰：「明晨侍郎周爰支者……爰支亦少好道，服茯苓三十年。後遇石長生，教之以化遁。化遁，上尸解也。」

東郭幼平（桃北河之師）

【註】

《眞誥・稽神樞第二》曰：「云北河頃闕無人，昔以桃俊兼之耳……（俊）漢末棄世，入增城山中學道，遇東郭幼平。幼平，秦時人，久隱增城得道者也。幼平教俊服九精鍊氣輔星在心之術，俊修之道成，今在洞中，兼北河司命，主水官之考罰……」註曰：「……幼平亦無所顯出。」

鄭子眞（陽翟山）

【校】

古本「陽翟山」作「陽翟山人」；《眞誥‧協昌期第二》、《無上秘要》「翟」作「濯」。

【註】

《眞誥‧協昌期第二》曰：「鄭子眞則康成之孫也，今在陽濯山。昔初學時，正患兩腳，不授積年。其晚用針灸，兼行曲折祝法，百日都除。」註曰：「鄭玄唯有一兒，爲賊所害。有遺腹子名小同耳。既不入山，又復不病腳。此子眞又非谷口者，進退乖異，莫辯質據。」

鄧雲山

【註】

《眞誥‧協昌期第二》曰：「昔鄧雲山停當得道，頓兩手不授。吾（指保命）使人語之，令灸風徊、曲津兩處耳。六七日間，便得作五禽按摩也。若針力訖，當語所灸處。又心存行道，亦與身行之無異也。」註曰：「鄧雲山……並無別顯出也。」

唐覽（華山）

【校】

古本「華山」作「華山人」。

【註】

《眞誥‧協昌期第二》曰：「昔唐覽者，居林慮山中，爲鬼所擊，舉身不授，似如綿囊。有道人教按摩此法，皆即除也。此北帝曲折之法……」註曰：「唐覽無別所出，不知何世人也。」又曰：「唐覽今在華山，得虹丹法，合服得不死。」

西河薊公（張理禁之師）

【註】

《眞誥‧稽神樞第三》曰：「張玄賓者，定襄人也，魏武帝時曾舉茂才。歸鄉里，事師西河薊公，服朮餌，兼行洞房白元之事。」

周正時

【註】

《眞誥・稽神樞第四》曰：「劉平阿者，無名姓，名姓不示人也。漢末爲九江平阿長，故以爲號。行醫術，有功德，救人疾病如己之病。行遇僊人周正時，授以隱存之道。託形履帽，而來居此室。常服日月晨炁，顏色如玉，似年三十許人。」

刁道林（龍伯高之師）

【註】

《眞誥・稽神樞第四》曰：「龍伯高者，後漢時人。漢伏波將軍馬援戒其兄子，稱此人之佳可法，即其人也。伯高后從僊人刁道林受服胎炁之法，又常服青餂方。託形醉亡，隱處方臺，師定錄君也。」

郭子華

【註】

見「張季連」條。

趙叔逵

【校】

《眞誥・稽神樞第四》、《無上秘要》「逵」作「達」。

【註】

見「張季連」條。

張季連（三人在霍山）

【註】

《眞誥・稽神樞第四》曰：「僊人郭子華、張季連、趙叔達，晚又有山世遠者，此諸人往來與之（指戴孟）遊焉。昔居武當，今來大霍，欲從司命君受書，故未許焉。」註曰：「山已得爲太和眞人，則應居在南陽太和山矣。餘三人不見別顯出也。」

趙公成（鶴鳴山）

【校】

《無上秘要》「趙」作「唐」。

【註】

　　《真誥‧協昌期第二》曰：「昔趙公成兩腳曳不能起，且夕常心存拜太上。如此三十年，太上真人賜公成流明檀桓散一劑，即能起行。後遂得道，今在鵠鳴山下……」註曰：「趙公成並無別顯出也。」

范丘林（女真，趙威伯六甲之師）

【校】

　　輯本「丘」作「邱」。

【註】

　　《真誥‧稽神樞第三》曰：「趙威伯者，東郡人也，少學邯鄲張先生。先生得道子人耳，晚在中嶽，授《玉佩金鐺經》於范丘林，丘林乃是漢樓船將軍衛行道婦也。學道得仙。」

修羊公（化為白石矣）

【校】

　　《無上秘要》「修」作「脩」。

【註】

1. 《列仙傳‧修羊公》曰：「修羊公者，魏人也。在華陰山上石室中，有懸石榻，臥其上，石盡穿陷，略不食，時取黃精食之。以道干景帝，帝禮之，使止王邸中。數歲，道不可得。有詔問修羊公：『能何日發？』語未訖，牀上化為白羊，題其脇曰：『修羊公謝天子。』後置石羊於靈臺上。羊後復去，不知所在。」

2. 《神仙傳‧序》曰：「修羊陷石於西嶽。」

3. 《抱朴子‧對俗》曰：「昔安期先生、龍眉寧公、修養公、陰長生皆服金液半劑者也。其止世間，或近千年，然後去耳。」

稷丘子

【校】

　　輯本「丘」作「邱」。

【註】《列仙傳‧稷邱君》曰：「稷邱君者，泰山下道士也。武帝時，以道術受賞賜。髮白再黑，齒落更生。上東巡泰山，稷邱君乃冠章甫，衣黃衣，擁琴來迎，拜武帝，指帝：『陛下勿上也，上必傷足指。』及數里，右足指果

折。上諱之，故但祠而還。爲稷邱君立祠焉，爲稷承奉之云。」

2. 《抱朴子・金丹》有「稷丘子丹法」；《黃白》有「用里先生從稷丘子所授化黃金法。」

崔文子

【註】

1. 《列仙傳・崔文子》曰：「崔文子者，太山人也。文子世好黃老事，居潛山下。後作黃散赤丸，成石父祠，賣藥都市，自言三百歲。後有疫氣，民死者萬計，長吏之文所請救。文擁朱幡，繫黃散，以徇人門。飲散者即愈，所活者萬計。後去，在蜀賣黃散。故世寶崔文子赤黃散，實近於神焉。」

2. 《楚辭・天問》王逸註曰：「言崔文子學仙王子喬，子喬化爲白蜺，而嬰茀持藥於崔文子。崔文子驚怪，引戈擊蜺，中之，因墮其藥。俯而視之，王子喬之屍也，故言得藥不善也……文子取王子喬之屍，置之室中，覆之以敝筐，須臾則化爲大鳥而鳴。開而視之，翻飛而去。文子焉能亡子喬之身乎？言僊人不可殺也。」

3. 《搜神記》卷1曰：「崔文子者，泰山人也。學仙於王子喬，子喬化爲白蜺，而持藥與文子。文子警怪。引戈擊蜺，中之，因墮其藥。俯而視之，王子喬之屍也，置之室中，覆以敝筐。須臾，化爲大鳥。開而視之，翻然飛去。」

4. 《抱朴子・金丹》有「崔文子丹法」；《雜應》有「崔文黃散」；《遐覽》著錄《崔文子肘後經》。

商丘子（服菖蒲而不老）

【校】

　　輯本「丘」作「邱」。

【註】

1. 《列仙傳・商邱子胥》曰：「商邱子胥者，高邑人也，好牧豕、吹竽，年七十不娶婦而不老。邑人多奇之，從受道，問其要。言但食朮、菖蒲根、飲水，不饑不老。如此傳世，見之三百餘年。貴戚富室聞之，取而服之，不能終歲輒止墮慢矣。謂將復有匿術也。」

2. 《神仙傳・序》曰：「商邱咀菖蒲以不終。」

3. 菖蒲，《漢武帝內傳》曰：「其下藥有松柏之膏、山薑、沈精、蒭草、澤瀉、枸杞、茯苓、昌蒲、門冬、巨勝……黃連，如此下藥，略舉其端。草類繁

多，各有數千，子得服之，可以延年，雖不長享無期，上陞青天，亦能身死光澤，還發童顏，役使群鬼，得爲地仙。」《太上靈寶五符序》卷中曰：「老君曰：『菖蒲生澤附近，深淵下，濕地，浦瀆，水濱有生，高山石上結根。一寸九節，是謂靈身……服之不休壽至千千。』」又曰：「《孝經援神契》曰：『薑椒益氣，菖蒲益聰，巨勝延年，威僖辟兵。此即孔丘之秘言，上聖之明旨也。』」

劉根（服甘草）

【註】

1. 《博物志》卷5曰：「劉根不覺饑渴，或謂能忍盈虛。」

2. 《搜神記》卷1曰：「劉根字君安，京兆長安人也。漢成帝時如嵩山學道，遇異人，授以秘訣，遂得仙。能召鬼。潁川太守史祈以爲妖，遣人召根，欲戮之。至府，語曰：『君能使人見鬼，可使形見，不者加戮。』根曰：『甚易。借府君前筆硯書符。』因以叩幾。須臾，忽見五六鬼，縛二囚於祈前。祈熟視，乃父母也。向根叩頭曰：『小兒無狀，分當萬死。』叱祈曰：『汝子孫不能光榮先祖，何得罪神仙，乃累親如此！』祈哀警悲泣，頓首請罪。根默然忽去，不知所之。」

3. 《神仙傳・劉根》曰：「劉根，字君安，長安人也。少時明五經，以漢孝成皇帝綏和二年舉孝廉，除郎中，後棄世道，遁入嵩高山石室中……根說：『昔入華陰山，見一人乘白鹿，從千餘人，玉女左右……余再拜頓首，求乞一言……』乃以神方五篇見授……根乃從次合作服之，遂以得仙……根後入雞頭山中仙去矣。」

4. 《抱朴子・遐覽》曰：「其變化之術，大者唯《墨子五行記》，本有五卷。昔劉君安未仙去時，抄取其要，以爲一卷。」

5. 《後漢書・劉根傳》曰：「劉根者，潁川人也，隱居嵩山中。諸好事者自遠而至，就根學道，太守史祈以根爲妖妄，乃收執詣郡，數之曰：『汝有何術，而誣惑百姓？若果有神，可顯一驗事。不爾，立死矣。』根曰：『實無它異，頗能令人見鬼耳。』祈曰：『促召之，使太守目覩，爾乃爲明。』根於是左顧而嘯，有頃，祈之亡父祖近親數十人，皆反縛在前，向根叩頭曰：『小兒無狀，分當萬坐。』顧而叱祈曰：『汝爲子孫，不能有益先人，而反累辱亡靈！可叩頭爲吾陳謝。』祈驚懼悲哀，頓首流血，請自甘罪坐。根嘿而不應，忽然俱去，不知在所。」

介象

【註】

1. 《神仙傳·介象》曰：「介象者，字元則，會稽人也。學通五經，博覽百家之言，能屬文。陰修道法，入東嶽受氣禁之術，能茅上燃火煮雞，雞熟而茅不焦……聞《九丹之經》，周遊數千里求之……（一仙女）乃以丹方一日授象，告曰：『得此便仙，勿他為也。』……吳王詔徵象到武昌，甚敬之，稱為介君……後弟子見象在蓋竹山中，顏色更少焉。」

2. 《抱朴子·登涉》有「介先生法」。《遐覽》曰：「昔吳世有介象者，能讀符文，知誤之與否。有人試取治百病雜符及諸厭劾符，去其籤題以示象，皆一一據名之。」

白羊公（不顯姓名）

【註】

　　見下。

介琰（白羊弟子）

【註】

1. 《搜神記》卷1曰：「介琰者，不知何許人也。住建安方山。從其師白羊公。杜受玄一無為之道，能變化隱形。嘗往來東海，暫過秣陵，與吳主相聞。吳主留琰，乃為琰架公廟。一日之中，數遣人往問起居。琰或為童子，或為老翁，無所食啗，不受餉遺。吳主欲學其術，琰以吳主多內御，積月不教。吳主怒，敕縛琰，著甲士引弩射之。弩發，而繩縛猶存，不知琰之所之。」亦見《太平御覽》卷663引《道學傳》與《洞仙傳》。

2. 《真誥·稽神樞第三》曰：「介琰者即白羊公弟子也，今在建安方山中也。」註曰：「琰即『禁山符』云：『為孫權所殺，化形而去，住建安方山，尋白羊公。』」

劉綱妻

【註】

1. 《神仙傳·劉綱》曰：「劉綱者，上虞縣令也。與妻樊夫人俱得道術，二人俱坐林上，綱坐火燒屋，從東邊起；夫人作雨，從西邊上，火滅。」《神仙傳·樊夫人》曰：「樊夫人者，劉綱之妻也。綱字伯鸞，仕為上虞令，

亦有道術……而政令宣行，民受其惠……將昇天，縣廳側先有大皂莢樹，綱升樹數丈，力能飛舉；夫人即平坐床上，冉冉如雲氣之舉，同昇天而去矣。」

2. 《眞誥・協昌期第二》曰：「女僊人劉綱妻口訣：求仙者勿與女子。」註曰：「綱妻出《神仙傳》，又《虎豹符》中。」

嚴青（並善禁氣，已上六人善禁劾）

【校】

輯本、說本「巳」作「已」。

【註】

《神仙傳・嚴青》曰：「嚴青者，會稽人也。家貧，常在山中燒炭，忽然遇僊人云：『你骨相合仙。』乃以一卷素書與之，令以淨器盛之，置高處，兼教青服石腦法。青遂以淨器盛書，置高處，便聞左右常有十數人侍之。每載炭出，此神便爲引船，他人但見船自行。後斷穀入小霍山去。」

陳仲林

【註】

見「趙叔道」條。

道君

【校】

《眞誥・運象篇第四》有「許道居」；《無上秘要》有「許道、居林子」。

【註】

見「趙叔道」條。

趙叔道（三人蓋竹山中眞人）

【校】

古本 「三」作「二」；秘本「三」作「二」，「竹」作「作」。

【註】

1. 《眞誥・運象篇第四》曰：「（許邁）今已移在竹葉山中，或名此山爲蓋竹山……竹葉山中僊人陳仲林、許道居、尹林子、趙叔道，此四人並以漢末來入此山。叔道已得爲下眞人，仲林大試適過，行復去。此是竹葉山中舊僊人也。」

2.《抱朴子・金丹》曰：「四望山、太小天台山、蓋竹山、括蒼山，並在會稽。」

王世龍（許遠遊師）

【註】

1.《眞誥・運象篇第四》曰：「（許邁）昔又入在臨海赤山中，赤山一名燒山，遇良友王世龍、趙道玄、傅太初者。此數子始以晉建興元年渡江，入東山中學道耳。並與相見，數人之業皆勝於映矣。映遂師世龍授解束之道，修反行之法，服玉液，朝腦精。二三年中，面有光華，還顏反少，極爲成道，但恨其所稟不饒，不得高品之通耳。」又曰：「其王世龍、趙道玄、傅太初、許映或名遠遊，適來（指蓋竹山）四年耳。」《眞誥・握眞輔第二》有「王世龍等所受服玉液諸法」。

趙道玄

【校】

古本「玄」作「元」，說本「玄」字闕末筆「、」，皆避康熙諱。

【註】

見「王世龍」條。

傅太初（遠遊之交）

【校】

古本「太」作「大」，「遠遊」作「遠游」。

【註】

見「王世龍」條。

龔幼節

【校】

《無上秘要》「龔」作「龍」。

【註】

見「李開林」條。

李開林（遠遊代對者）

【校】

古本「遠遊」作「遠游」。

【註】

《眞誥·運象篇第四》曰：「映懼怖失膽，亦喪氣矣。亦賴龔幼節、李開林，助映爲答對，亦幾至敗也。」

王少道
【註】

見「李伯山」條。

范叔勝
【註】

見「李伯山」條。

李伯山（三人童初府標表）
【校】

輯本「童」作「同」。

【註】

1. 《眞誥·稽神樞第三》曰：「其童初府有王少道、范叔勝、李伯山，皆童初府之標者。少道，漢時人，王遯兒也，漢時山陽太守。范叔勝，北地人也，魏文帝黃門郎。李伯山，李沖父也。沖，漢時爲白馬令。行陰德，或積世有道，中行所鍾。」

2. 《無上秘要》卷 83《得地仙道人名品》曰：「王少道……范叔勝……李伯山此三人童初府、蕭閑堂中學。」

李仲文
【註】

《搜神後記》卷 4 曰：「晉時，武都太守李仲文在郡喪女，年十八，權假葬郡城北。有張世之代爲郡。世之男字子長，年二十，侍從在廨中，夜夢一女，年可十七八，顏色不常。自言前府君女，不幸早亡，會今當更生。心相愛樂，故來相就。如此五六夕。忽然晝見，衣服熏香殊絕。遂爲夫妻，寢息，衣皆有汗，如處女焉。後仲文遣婢視女墓，因過世之婦，相問。入廨中，見此女一隻履在子長床下。取之啼泣，呼言發冢，持履歸以示仲文。仲文驚愕，遣問世之：『君幾何由得亡女履耶？』世之呼問，兒具道本末。李、張並謂可怪。發棺視之，女體已生肉，姿顏如故，右腳有履，左腳無也。自爾之後遂

死，肉爛不得生，萬恨之心，當復何言，涕泣而別。」

傅知禮

【校】

疑爲「傅禮和」之訛，見「傅和」條。

女眞

【校】

古本作「女眞位」；說本無「眞」字。

竇瓊英

【註】

1. 《眞誥・稽神樞第二》曰：「我聞易遷中人竇氏言云：……」註曰：「竇氏即瓊英也。」《眞誥・稽神樞第三》曰：「竇瓊英者，竇武妹也。其七世祖有名峙者，以藏枯骨爲業，以活死爲事，故祚及於英身矣。」

2. 見「郭叔香」條。

韓太華（安國妹，李廣利婦）

【註】

1. 《眞誥・稽神樞第三》曰：「韓太華，韓安國之妹也，漢二師將軍李廣利之婦也。利宿世有功德。利今亦在南宮受化。」註曰：「廣利爲漢武名將，伐大宛時，所殺戮殊不少，以先世功德，逐能消之。韓氏字安國，家福逮，不應關李相扶。夫妻既同條，恐人脫致疑，是以復標別言之。亦或由因結致此也。」

2. 《周氏冥通記》有註曰：「韓太華始以今年度東宮，受書東宮玉妃之竇友，韓出《眞誥》也。」

3. 韓安國，見《史記・韓長孺傳》。

4. 李廣利，見《漢書・李廣利傳》。

5. 見「郭叔香」條。

劉春龍

【註】

1. 《眞誥・稽神樞第三》曰：「劉春龍者，漢宗正劉奉先之女。」註曰：「奉先，漢某帝時爲宗正。」

2. 見「郭叔香」條。

李奚子

【註】

1. 《眞誥‧稽神樞第三》曰：「李奚子者，李忠之祖母也。忠，晉初東平太守。忠祖父，田舍人耳，而多行陰德。」

2. 見「郭叔香」條。

王進賢（衍女）

【註】

1. 《眞誥‧稽神樞第三》曰：「王進賢，王衍女也。」又曰：「王衍爲武帝尚書令，其女字進賢，爲愍懷太子妃。洛陽亂，劉曜、石勒略進賢，渡孟津河，於河中欲妻之。進賢罵曰：『我皇太子婦，司徒公之女，而胡羌小子敢欲干我乎？』言畢，即投河中。其侍婢名六出復言曰：『大既有之，小亦宜然。』復投河中。時遇嵩高女韓西華出遊而愍之，撫接二人，遂獲內救。外示死形，體實密濟，便將入嵩高山。今在華陽宮洞內易遷之中。」

2. 《周氏冥通記》卷 2 曰：「易遷左嬪王夫人。」註曰：「改字太英，年二十許，紫衣也。《眞誥》有王進賢，恐是改名即是。」

3. 王衍，見《晉書‧王衍傳》。

4. 見「郭叔香」條。

郭叔香

【註】

　　《眞誥‧稽神樞第三》曰：「郭叔香者，王脩母。」註曰：「王脩字叔治，北海人，爲魏武郎中令。年七歲喪母，母以社日亡，不知是郭誰女。」又曰：「易遷中有高業而蕭條者，有竇瓊英、韓太華、劉春龍、王進賢、李奚子、郭叔香。此數人並天姿鬱秀，澄上眇邈，才及擬勝，儀觀駭眾。此則主者之高者，仙官之可才。其次及得張善（姜）子輩，鄧伯苗母有善行，故後來人多宗芘之。」

趙素臺（熙女）

【註】

1. 《眞誥‧稽神樞第二》曰：「趙素臺在易遷宮中已四百年，不肯徙，自謂天

下無復樂於此處也。趙素臺是趙熙女，漢時爲幽州刺史，有濟窮人於河中、救王惠等於族誅，行陰德數十事，故其身得詣朱陵，兒子今並得在洞天中也。熙恒出入在定錄府，素臺數微服遊行道巷，盻山澤以自足矣。」註曰：「趙熙，《漢書》不顯。『微服遊行』，蓋謂在洞天中耳，不應乃出世中也。」

2.《周氏冥通記》卷 2 曰：「易遷領學仙妃趙夫人。」註曰：「字素臺，年三十許，綠繡衣也。《眞誥》有此女。」

鄭天生（鄧艾母）

【校】

《眞誥·稽神樞第二》「艾」作「芝」。

【註】

1.《眞誥·稽神樞第二》曰：「鄭天生，鄧芝母也。」註曰：「鄧芝，字伯苗，南陽新野人，在蜀爲驃騎將軍。後行見蝯抱子行，引弓射殺，因感念而亡。母不知鄭誰之女。」

2. 鄧芝，見《三國志·蜀書·鄧芝傳》。

許科斗（長史婦）

【註】

1.《眞誥·翼眞檢第二》曰：「（許長史）妻同郡陶威女，名科斗。興寧中亡，即入易遷宮受學。」又曰：「有云『易遷夫人』及『斗』者，即掾母陶斗也。」又曰：「長史婦，陶威女。雖入易遷，恐此自承陶家福耳，不必關許氏五人之數也。」

2.《周氏冥通記》卷 2 曰：「易遷都司學陶夫人。」註曰：「改字智安，年四十許，上綠下紫衣，科斗恐許此改，即是許掾母。」陶夫人曰：「……吾今猶是仙之中者，未及上仙，下眞也。」

李惠姑（夏侯玄婦）

【校】

古本「玄」作「元」，說本「玄」字闕末筆「、」，皆避康熙諱。

【註】

1.《眞誥·翼眞檢第二》曰：「李惠姑，齊人，夏侯玄婦也。」註曰：「玄，魏末人，與李豐俱爲晉文王所誅。不知婦亡在玄之前後。李豐乃是馮翊人，非齊人。不知此是李誰之女。」

2. 夏侯玄，見《三國志・魏書・夏侯玄傳》。

張美子

【校】

《真誥・稽神樞第二》、《無上秘要》作「張姜子」，應作「張姜子」。

【註】

1. 《真誥・稽神樞第二》曰：「張姜子，西州人，張濟妹也。」註曰：「濟，後漢末西涼州人，為董卓將……其妹不顯外書，不知出適未。」《真誥・稽神樞第三》曰：「地下主者復有三等……其二等地下主者，便徑得行仙階級人仙，百四十年進補管禁位。管禁之位，如世間散吏者也。此格即地下主者之中條也……張姜子等先在第二等中，亦始得入易遷耳。」

2. 《無上秘要》卷83《得地仙道人名品》曰：「張姜子，西州人，張濟妹。」

施淑女（績女）

【註】

1. 《真誥・稽神樞第二》曰：「施淑女，山陽人，施績女也。」註曰：「施績，吳興人。孫皓時為驃騎將軍，守西陵，今云山陽。恐女或出適取夫家郡，不爾則乖。」

2. 施績，見《三國志・吳書・施績傳》。

宋漂金母

【校】

《真誥・闡幽微第一》、《無上秘要》作「宋金漂女」。

【註】

1. 《吳越春秋》卷 3《王僚使公子光傳》曰：「（伍子胥）遂行至吳，疾於中道，乞食溧陽。適會女子擊綿於瀨水之上，筥中有飯，子胥遇之。謂曰：『夫人，可得一餐乎？』……女子知非恒人，遂許之……子胥已餐而去，又謂女子曰：『掩夫人之壺漿，無令其露。』女子歎曰：『嗟乎！妾獨與母居三十年，自守貞明，不願從適，何宜饋飯而與丈夫越虧禮儀？妾不忍也，子行矣。』子胥行，反顧女子，已自投於瀨水矣。」《吳越春秋》卷 4《闔閭內傳》曰：「子胥等過溧陽瀨水之上，乃長太息曰：『吾嘗饑於此，乞食於一女子。女子飼我，遂投水而亡。將欲報以百金，而不知其家。』乃投金水中而去。」

2. 《眞誥·闡幽微第一》曰：「夫至貞者，紛華不能散其正炁，萬乘不能激其名操也。男言之，務光之行有似矣。女言之，宋金漂女是也。」註曰：「貞者非止不淫於色，亦是恢乎榮利也……宋女恐是子胥所逢浣紗於漂水之陽者。後既投金以報之，故謂之金漂。漂字或應作溧字耳。」

鮑靚妹

【校】

古本「妹」作「妹」，誤；說本「靚」作「見」，誤。

【註】

1. 《眞誥·稽神樞第一》曰：「包公是鮑靚，句容人悉呼作包也。」又曰：「包公及妹朱氏，昔在世曾得入此宮（指華陽陰宮）不？二人爲未得登舉作地下主者耶？」
2. 見第六左位「鮑靚」條。

張微子

【註】

1. 《上清握中訣》卷中有「服霧法」。註曰：「此含眞臺主女眞張微子所受東華法……」
2. 《登眞隱訣》卷中曰：「含眞臺女眞張微子，所受東華玉妃某服霧法，常以平旦於寢靜之中……」
3. 《眞誥·協昌期第一》曰：「東海東華玉妃淳文期授含眞臺女眞張微子服霧之法……」

傅和（二人含眞臺主）

【校】

《眞誥·稽神樞第三》、《無上秘要》作「傅禮和」。

【註】

《眞誥·稽神樞第三》曰：「含眞臺，洞天中皆有，非獨此也。此一臺偏屬太元府隸司命耳。其中有女眞二人總之。其一女眞是張微子，漢昭帝時將作大匠張慶女也。微子好道，因得尸解法而來入此，亦先在易遷中。微子常服霧氣……微子自言受此法於東華玉妃淳文期。文期，青童之妹也……其一女眞是傅禮和。禮和是漢桓帝外甥侍中傅建女也，北地人。其家奉佛精進，

女常且夕灑掃佛前，勤勤祝誓，心願仙化。神靈監其此心，亦得來此。久處易遷，今始得爲含眞臺主也。常服五星氣以得道。禮和善歌，歌則鳥獸飛聚而聽聲焉……」註曰：「張、傅二人，外書不顯，或應各在家譜中。」

按：以下一部分地仙散位神仙置於女眞位中，蓋傳抄舛誤，詳見《〈眞靈位業圖〉校勘舉要》。

山外其東者杜契

【校】

《眞誥・稽神樞第三》有註曰：「契音薛，即與舜同。契字四畫，契三畫，分毫有異也。」故「契」應作「杜契」。

【註】

1. 《搜神記》卷 1 曰：「介琰者，不知何許人也。住建安方山。從其師白羊公。杜受玄一無爲之道，能變化隱形。嘗往來東海，暫過秣陵，與吳主相聞。吳主留琰，乃爲琰架宮廟。一日之中，數遣人往問起居。琰或爲童子，或爲老翁，無所食啗，不受餉遺。吳主欲學其術，琰以吳主多內御，積月不教。吳主怒，敕縛琰，著甲士引弩射之。弩發，而繩縛猶存，不知琰之所之。」

2. 《上清握中訣》卷中有「守玄白法」，註曰：「此杜廣平所受介琰胎精中景黑白內法萬害，長生不死……行之三十年遁形隱身，日行五百里。」

3. 《眞誥・稽神樞第三》曰：「杜契者，字廣平，京兆杜陵人。建安之初，來渡江東，依孫策入會稽，嘗從之，後爲孫權作立信校尉。黃武二年，漸學道，遇介琰先生，授之以玄白術，隱居大茅山之東面也。守玄白者能隱形，亦數見身出此市里。契與徐宗度、晏賢生合三人，俱在茅山之中，時得入洞耳。或自採伐，貨易衣糧於虛曲，而人自不知之耳。」《登眞隱訣》亦有相關記載。

徐宗度

【註】

見「晏賢生」條。

晏賢生（二人契友）

【校】

「契」應作「契」，見「杜契」條。

【註】

1. 《眞誥・稽神樞第三》曰：「徐宗度，晉陵人，作孫皓左典軍呂悌司馬，受風谷先生氣禁道，故得契俱。晏賢生是步陟外甥，即宗度之弟子也。」
2. 《無上秘要》卷 83《得地仙道人名品》曰：「晏賢生，步騭外甥。」
3. 見「杜契」條。

孫寒華（女眞）

【校】

古本、說本「眞」作「貞」。

【註】

見「陳世景」條。

陳世景（二人契弟子）

【校】

《眞誥・稽神樞第三》「景」作「京」；「契」應作「契」，見「杜契」條。

【註】

《眞誥・稽神樞第三》曰：「契弟子二人。一人孫賁孫女孫寒華也，少時密與契通情。後學道受介琰法，又以法受寒華……寒華行玄白法而有少容，今嘗俱處也。玄白道忌房室自契受道，不得行此……」註曰：「吳豫章太守孫賁之孫也，山陰王孫奚之子寒華也。尋此二人，乃因奔淫，無應入道。而用志自抑斷如此，此宜其階也……」《眞誥・稽神樞第三》曰：「其（契）一弟子是陳世京。世京，孫休時侍郎，少好道，數入佛寺中與契鄉里，故晚又授法。契初將寒華入建安之時，時亦同舉，實賴世京濟其密計焉……世京今服朮、澤瀉，寒華無所服。」

趙熙

【註】

見第六女眞位「趙素臺」條。

方山下洞室主者

【註】

《眞誥・稽神樞第四》曰：「大茅山之西南有四平山，俗中所謂方山者也。其下有洞室，名曰方臺。洞有兩口，見於山外也。與華陽通，號爲別宇幽館

矣，得道者處焉……其中先止者有張祖常、劉平阿、呂子華、蔡天生、龍伯高」，並處於方臺矣。」

張祖常

【註】

《眞誥・稽神樞第四》曰：「張祖常者，彭城人也。吳時從北來，得入此室。祖常託形墮車而死，故隱身幽館，而修守一之業。師事上黨鮑察者，漢司徒鮑宣五世孫也。察受道於王君。」

劉平阿

【註】

《眞誥・稽神樞第四》曰：「劉平阿者，無名姓，名姓不示人也。漢末爲九江平阿長，故以爲號。行醫術，有功德，救人疾病如己之病。行遇僊人周正時，授以隱存之道。託形履帽，而來居此室。常服日月晨炁，顏色如玉，似年三十許人。」

呂子華

【註】

《眞誥・稽神樞第四》曰：「呂子華者，山陽人也，陰君弟子。已服虹丹之液，而未讀內經，來從東卿《太霄隱書》而誦之。常以幽隱方臺爲樂，不願造於仙位也。」

蔡天生

【註】

《眞誥・稽神樞第四》曰：「蔡天生者，上谷人也。小爲嘯父，賣雜香於野外，以自業贍。惰性仁篤，口不惡言。道逢河伯少女，從天生，市香。天生知是異人，再拜上一簀香。少女感之，乃教其朝天帝、玉皇之法，遂以獲仙，託形爲杖，隱存方臺。少女今猶往來之也，天生師之。」

龍伯高（五人並處方臺）

【註】

1. 《後漢書・馬援傳》曰：「伯高，名述，亦京兆人，爲山都長……」
2. 《眞誥・稽神樞第四》曰：「龍伯高者，後漢時人。漢伏波將軍馬援戒其兄

子，稱此人之佳可法，即其人也。伯高后從仙人刁道林受服胎炁之法，又常服青䭀方。託形醉亡，隱處方臺，師定錄君也。」註曰：「伯高，名述，京兆人。漢建武中爲山都長，擢至零陵太守。馬援征南日，遺兄子嚴書曰：『龍伯高敦厚周愼，口無擇言，謙約節儉，廉公有威，吾愛之重之，願汝曹效之。效伯高不得，猶爲謹敕之士，謂刻鵠不成，尙類鶩者也。』」

謝稚堅
【註】

　　《眞誥・甄命授第一》曰：「昔毛伯道、劉道恭、謝稚堅、張兆期，皆後漢時人也，學道在王屋山中，積四十餘年，共合神丹。毛伯道先服之而死，道恭服之又死。謝稚堅、張兆期見之如此，不敢服之，並捐山而歸去。後見伯道、道恭在山上。二人悲愕，遂就請道。與之茯苓持行方。服之，皆數百歲，今猶在山中，遊行五嶽。此人知神丹之得道，而不悟試在其中，故但陸仙耳，無復登天冀也。」註曰：「謝稚堅有三處出。一云與葛玄相隨，一云在鹿跡洞中，一即是此。未詳爲是一人，當同姓名耳。」《眞誥・稽神樞第二》曰：「（葛玄）亦恒與謝稚堅、黃子陽、郭聲子相隨。」《眞誥・稽神樞第四》曰：「鹿迹山中洞主有謝稚堅、王伯遼、繁陽子。」註曰：「中君答長史問葛玄云：『在蓋竹山，恒與謝稚堅相隨。』今謝稚堅乃在此，不知爲去來往還，爲當兩人同姓名也。」

王伯遼
【註】

1. 《神仙傳・王遙》曰：「王遙者，字伯遼，鄱陽人也。有妻無子，頗能治病，病無不愈者。亦不祭祀，不用符水針藥，其行治病，但以八尺布帊，敷坐於地，不飲不食，須臾病癒，便起去。其有邪魅作禍者，遙畫地作獄，因召呼之，皆見其形物入在獄中，或狐狸鼀蛇之類，乃斬而燔燒之，病者即愈……遙先有葛單衣及葛布巾，已五十餘年未嘗著此，夜皆取著之。其妻問曰：『欲舍我去乎？』遙曰：『暫行耳。』妻曰：『當將錢去否？』遙曰：『獨去耳。』妻即泣涕。因自擔篋而去，遂不復還。後三十餘年，弟子見遙在馬蹄山中，顏色更少，蓋地仙也。」

2. 見「繁陽子何苗」條。

繁陽子何苗

【註】

1. 《眞誥‧稽神樞第三》曰：「罡山東北有穴，通大句曲南之方山之南穴，姜伯眞數在此山上取石腦。石腦在方山北穴下，繁陽子昔亦取服……」註曰：「……繁陽子即鹿跡洞中何苗也。」又曰：「石腦故如石，但小斑色而輭耳，所在有之。服此，時時使人發熱，又使人不渴。」《眞誥‧稽神樞第四》曰：「鹿跡山中洞主有謝稚堅、王伯遼、繁陽子。號名耳，是漢越騎校尉何苗叔達也，進之同母弟。少好道，曾居河東繁山之南服食，故自號爲繁陽子。」註曰：「……《後漢書》云：『何苗是何進異母弟，爲車騎將軍，黨附閹勢。進被害時，苗於朱雀闕下與進將吳匡戰死。被斬，董卓又破棺出屍，支解之。』既非故爲兵解去，不知那遂得來居此。其母亦被刑。苗既非進同生，官位復異，且苗而字達，於義不類，恐別是一弟，不必是名苗戰死者耳。」

2. 見《後漢書‧何進傳》。

馮良

【註】

1. 《抱朴子》(內篇佚文)曰：「馮良，南陽人，少作縣吏。年三十爲尉佐史……尋去從師，受詩傳禮易，復學道術占候。遊十五年，乃還。州郡禮辟不就。詔特舉賢良高弟，半道委之還家。年六十七棄世東度入山，在鹿迹洞中。」

2. 《眞誥‧稽神樞第四》曰：「馮良，南陽冠軍人，少作縣吏。年三十爲尉從佐……從師受詩傳禮易，復學道術占候……整修志節，抗操嚴恪，州郡禮辟，不就。詔特徵賢良高弟，半道委之還家。時三公爭讓位於良，遂不降就。年六十七乃棄世，東渡入山。今在鹿跡洞中。」註曰：「後漢安帝時人也。《漢書》所載，事亦略同。」

3. 見《後漢書‧馮良傳》。

郎宗（五人在鹿跡洞）

【註】

1. 《眞誥‧稽神樞第四》曰：「郎宗者，字仲綏，北海安丘人，少仕官爲吳縣令。學精道術，占候風炁……居華山下，服胡麻丸得道，今在洞中。」註曰：「《後漢書》載郎宗事云：『理京房《易》，善星筭、風角、六日七分，

能望氣占候吉凶，常賣卜自奉……』」

2. 《眞誥‧稽神樞第四》曰：「鹿迹山中有絕洞。絕洞者才有一二畝空地，無
　所通達，故爲絕洞……鹿迹山中洞主有謝稚堅、王伯遼、繁陽子。」

3. 見《後漢書‧郎顗傳》。

王叔明
【註】

　　見「尹蓋婦」條。

鮑元治
【註】

　　見「尹蓋婦」條。

尹蓋婦（三人之外，餘三十人，並北山下絕洞）
【註】

　　《眞誥‧稽神樞第四》曰：「王叔明、鮑元治、尹蓋婦之徒，復二十餘人，
並在北山，不能復一二記之也。此數人是絕洞諸山之主耳。此絕洞僊人亦思
得學道者，欲與之共處於洞室，困時無其人耳。」註曰：「此洞既無所通達，
正是地仙棲處，必非三十六天之限也。」

辛玄子（自云禁无中郎將，吳越鬼神之司）
【校】

　　古本「玄」作「元」，避康熙諱，「无」作「元」；秘本「无」作「元」；
說本「玄」字闕末筆「、」，避康熙諱。
【註】

1. 《洞眞太上太霄琅書》卷 8 曰：「青童君謂西城眞人王君曰：『凡身神即令
　俱舉入道，並名神仙，捨形託死鬼中，立功進學，得道皆號靈人。靈人辛
　玄子者，亦是漢人，其才識功，足登聖眞，先世罪障，未得都洗，雖有鬼
　職，尋成高仙……』

2. 《眞誥‧闡幽微第二》曰：「玄子，字延期，隴西定谷人，漢明帝時諫議大
　夫、上洛雲中趙國三郡太守辛隱之子。」註曰：「辛隱字某某，檢外書未
　得此位業。按諸辛舊關隴豪族，前漢有辛慶忌，後漢有辛繕，並高直之士。
　辛毗是其七世孫，則隱是毗之八世祖。但一百四五十年中而已八世，嫌其

太促耳。」又曰：「玄子少好道，尊奉法戒，至心苦行……志願憑子晉於
緱岑，侶陵陽於步玄，故改名爲玄子，而自字延期矣……近得度名南宮，
定策朱陵，藏精待時，方列爲仙。而大帝今且見差，領東海侯代庾生，又
見選補禁元中郎將，爲吳越鬼神之司。」又有註曰：「楊君既爲吳越司命，
董統鬼神，玄子職隸，方應相關，故先造以陳情也。尋鬼書既異，不應是
自運筆，亦當口受疏之耳。」又曰：「右辛玄子所言，說冥中事亦多矣。」

比干（在戎山）

【註】

1. 《史記・殷本紀》曰：「紂愈淫亂不正，微子數諫不聽，乃與大師少師謀，
遂去。比干曰：『爲人臣者，不得不以死爭。』遒強諫紂。紂怒曰：『吾聞
聖人心有七竅。剖比干，觀其心。』」

2. 《眞誥・闡幽微第二》曰：「至忠者能公犯直心，精貫白日；或剖藏煞身，
以激其君者也。比干今在戎山。」註曰：「比干剖心，可爲至忠。」

李喜（南陽人）

【校】

據《後漢書・李善傳》，「喜」應作「善」；《無上秘要》作「李善」。

【註】

1. 《後漢書・李善傳》曰：「李善，字次孫，南陽淯陽人，本同縣李元蒼頭也……」

2. 《眞誥・闡幽微第二》曰：「至孝者能感激鬼神，使百鳥山獸巡其墳堎也……
李善今在少室。」註曰：「……至於孝子感靈者，亦復不少，而今止舉李
善，如似不類。當李善之地，乃可涉忠而非孝跡也……李善，字次遜，本
南陽育陽李元家奴。漢建武中，元家人之死盡而巨富。唯存一孤兒名續祖，
尚在孩抱。諸奴復共欲煞之而分其財，善乃密負續祖，逃遁丘山中，哺養
乳，乃爲生計。至十歲餘，出告縣令鍾離意。意於是表薦，悉收其群奴煞
之，而立續祖爲家。光武拜善爲太子舍人，後遷日南九江太守。」

務光

【註】

1. 《莊子・讓王》曰：「湯將伐桀……湯又因務光而謀，務光曰：『非吾事也。』
湯曰：『孰可？』曰：『吾不知也。』湯曰：『伊尹何如？』曰：『強力忍詬，

吾不知其他也。」又曰：「湯遂與伊尹謀伐桀，克之，以讓卞隨……湯又讓務光曰：『智者謀之，武者遂之，仁者居之，古之道也。吾子胡不立乎？』務光辭曰：『廢上，非義也；殺民，非仁也；人犯其難，我享其利，非廉也。吾聞之曰：非其義者，不受其祿，無道之世，不踐其土。況尊我乎！吾不忍久見也。』乃負石而自沉於廬水。」《外物》曰：「湯與務光，務光怒之。」

2. 《列仙傳・務光》曰：「務光者，夏時人也，耳長七寸，好琴，服蒲韭根。殷湯將伐桀，因光而謀，光曰：『非吾事也。』湯曰：『孰可？』曰：『吾不知也。』湯曰：『伊尹何如？』曰：『強力忍詬，吾不知其他。』湯既克桀，以天下讓於光，曰：『智者謀之，武者遂之，仁者居之，古之道也。吾子胡不遂之？請相吾子。』光辭曰：『廢上，非義也；殺人，非仁也；人犯其難，我享其利，非廉也。吾聞非義不受其祿，無道之世，不踐其位。況於尊我！我不忍久見也。』遂負石自沈于蓼水，已而自匿。後四百餘歲，至武丁時復見。武丁欲以爲相，不從。武丁以輿迎而從，逼不以禮。遂投浮梁山，後遊尙父山。」

3. 《神仙傳・序》曰：「務光遊淵以哺薤。」

4. 《抱朴子・釋滯》曰：「天乙革命，而務光負石以投河。」

5. 《洞眞上清太微帝君步天綱飛地紀經簡玉字上經》曰：「務光步綱，身超紫庭。」

6. 陶弘景《水仙賦》曰：「從務光於砥柱。」

7. 《眞誥・運象篇第四》曰：「務光剪韭以入清冷之淵。」《眞誥・闡幽微第一》曰：「夫至貞者，紛華不能散其正炁，萬乘不能激其名操也。男言之，務光之行有似矣。」註曰：「貞者非止不淫於色，亦是惔乎榮利也。務光辭湯讓，而負石投河。」

第七節　第七中位

酆都北陰大帝

炎帝大庭氏，諱慶甲，天下鬼神之宗，治羅酆山，三千年而一替

【校】

　　輯本「大帝」作「人帝」，誤。

【註】

1. 《左傳》昭公十七年曰：「炎帝氏以火紀，故為火師而火名。」杜預註曰：「炎帝，神農氏，姜姓之祖也。亦有火瑞，以火紀事，名百官。」《左傳》昭公十八年曰：「宋、衛、陳、鄭皆火，梓愼登大庭氏之庫以望之。」杜預註曰：「大庭氏，古國名，在魯城內，魯於其處作庫。」

2. 《莊子・胠篋》曰：「子獨不知至德之世乎？昔者容成氏、大庭氏、伯皇氏……神農氏，當是時也，民結繩而用之，甘其食，美其服，樂其俗，安其居，鄰國相望，雞狗之音相聞，民至老死而不相往來。」

3. 《春秋命歷序》曰：「炎帝號曰大庭氏，傳八世，合五百二十歲。黃帝一曰帝軒轅，傳十世，二千五百二十歲。次曰帝宣，曰少昊，一曰金天氏，則窮桑氏，傳八世五百歲。次曰顓頊，則高陽氏，傳二十世，三百五十歲。次是帝嚳，即高辛氏，傳十世。四百歲。」《春秋緯》曰：「炎帝號大庭氏，下為地皇，作耒耜，播百穀，曰神農也。」

4. 《帝王世紀》曰：「神農氏，姜姓也，母曰任姒……遊華陽，有神龍首，感生炎帝，人身牛首，長於姜水。」《洞神八帝妙精經》曰：「人皇君，牛面人身，姓姜，名神農，號炎帝。」

5. 《搜神記》（佚文）曰：「故中牟令蘇韶，有才識，感冥中卒，乃晝見形於其家。諸親故知友聞之，並同集。飲噉言笑，不異於人。或有問者。中牟在生，多諸賦述，言出難尋。諸敘詞曰：『運精氣兮離故形，神渺渺兮爽玄冥。歸北帝兮造酆京。崇墉鬱兮崢嶸。叔鳳闕兮詞帝庭，邇卜商兮室顏生。親大聖兮頌梁成，希吳季兮英嬰明。抗清論兮風英英，敷花藻兮文粲榮。庶擢身兮登崑瀛，多福祚兮享千齡。』餘多，不盡錄。初見其詞，若存若亡。」（《道宣律師感通錄》作晉太常干寶《搜神錄》述）

6. 《抱朴子・對俗》曰：「勢可以總攝羅酆，威可以叱吒梁成。」《登涉》曰：「天文大字，有北帝書，寫帛而帶之，亦闢鳳波龍水蟲也。」《遐覽》著錄《北臺符》。

7. 《元始上眞眾仙記》曰：「天皇受號十三頭，後生地皇，地皇十一頭，地皇生人皇九頭，各治三萬六千歲……次得八帝，大庭氏、庖羲、神農、祝融、五龍氏等，是其苗胤也，今治五嶽。」又曰：「蔡鬱壘爲東方鬼帝，治桃丘山；張衡、楊雲爲北方鬼帝，治羅酆山；杜子仁爲南方鬼帝，治羅浮山，領羌蠻鬼；周乞、嵇康爲中央鬼帝，治抱犢山；趙文和、王眞人爲西方鬼帝，治嶓冢山。」

8. 《上清大洞眞經》卷1有「六天大魔王」。又曰：「北帝大魔王，受事帝君前，泉曲之魂，四明酆山，千妖混形，九首同身，神虎放毒，鹹滅雷震，神功吐呪，所戮無親……」

9. 《太眞玉帝四極明科經》卷2有「北帝」。卷5曰：「……兆欲免度酆都山上八獄，不經其掠……」

10. 《上清高上滅魔玉帝神慧玉清隱書》曰：「北酆落死，青華記名。」又曰：「酆都山在北方癸地，山高三千六百里……上宮主鬼，洞中主神，生死之所由，名簿悉隸北帝君也。」又曰：「酆都山洞中宮名總領萬神生死簿錄，莫不繫之。」

11. 《上清高上金元羽章玉清隱書經》曰：「北臺金玄洞微玉清消魔大王生乎始劫之中，二儀分判，三象植靈，天帝翳莽，幽幽冥冥，正誕於北漠廣寒之庭，平丘中域寒谷之濱，元爲我父，玄爲我母，始結我身……於是受命高上玉皇，授以金眞玉光紫文丹章玉璽，鳳函命魔靈幡，封掌九玄總領五嶽，檢攝北酆，匡正三五，鹹斬六天，受任上宮，威制萬靈……消魔大王治天北廣寒七寶宮，下領北羅酆山……北帝大魔王即住在山上紂絕陰天宮中，有大魔王姓宛躬，諱罃，產生官屬三萬八千人，名悉隸屬於消磨大王。凡後學成仙，消魔大王皆使大魔王保舉列言，然後乃得飛行上清。」

12. 《太上洞玄靈寶三十二天尊應號經》中提到有「酆都燴煨地獄」。按：古印度《俱舍論》等典籍言有「燴煨增」，燴煨即熱灰，說明在靈寶經典中酆都已經有佛教的痕跡。

13. 《上清太上迴元隱道除罪籍經》曰：「祝曰：『願得除某七世巳來闇昧你匿罪犯天羅五刑身中神數千萬億，記在北帝鬼官者，皆令消滅……』」又曰：

「祝曰：『願得除某九祖父母巳來下逮某事諸丘川源大小罪過，名上死籍，陰匿惡賊，伏奸藏欺，事有億萬，列在鬼帝酆山上者，死罪條例之愆記於北上九元太極眞人黑簿者，乞九元太上帝尊玉玄君皆令事事消除……』」

14. 《道要靈祇神鬼品經》曰：「《太上太霄琅書經》云：『魔有數種，有天魔、地魔、鬼魔，今言六天大魔王者是天地之大魔王，其宿世有大功德，故得為此魔王，與帝釋比德，共執事於天地人，上屬太上玉京為天帝之下官耳，其餘無所不制，夫人學道先經小魔試道，成時大魔王皆臨大試，過硬保舉上登玉京臺。』」

15. 《太上太玄女青三元品誡拔罪妙經》曰：「蓋生人業重罪深，不歸正化，背眞從僞，惟用邪行，既死之後，魂無所託，結寄酆都地獄之中，劫盡山消，無由解脫。」

16. 《北帝說豁落七元經》曰：「天尊告曰：『三界之上北帝大魔王治在北海天地北方羅酆絕頂之山，山高二千六百里，周旋三萬里，內外皆七寶堂室，生七寶宮，亦盛都也，皆主知萬民生死之籍，天地鬼神莫不由也。北帝言我之極，位統三十二天之總司，縮諸天之簿籍，天地皆來稽首，天下萬神皆來朝謁，萬鬼千神悉皆震伏，令以此六天宮名號相示為六天大魔王宮，主知萬鬼之師，執生人魂魄……』」又曰：「北帝告七眞曰：『我師昔學道修齋，立功救人，隨機濟物，功德圓備，勤苦香燈，彌劫歷年，行平道化，拯拔群生，令知報應，得離鬼域，俱入正眞之道，修佩靈文，祈醮眞官，迴壽益筭，解厄延年，除災卻障，消諸不祥，然燈行道，誦念眞文神咒……』」

17. 《七元眞訣語驅疫秘經》曰：「大帝告七眞曰：『我昔奉天尊，告命戰伐下鬼，救拔生民免遭橫死，日有所益，太上昇入北方，位為總報，為北酆大帝，治諸圖籙，有三十六條科法，皆列星象正法，有六天神符六道以封六洞鬼官……』」

18. 《七元璿璣召魔品經》曰：「天尊以龍漢元年甲午之歲，演君北帝，降留生道戮鬼滅精之法，故出三五步綱躡紀正法、豁落七元眞符、元精神夯，謂之滅魔眞夯寶章，傳於天師，令生民無夭亡之患，或長生妙源矣。」

19. 《元始五老赤書玉篇眞文書經》卷下曰：「元始靈寶西南大聖眾至眞尊神、無極大道天皇老人南極元眞君、洞陽太靈君常以月二十四日上會靈寶太玄都玉京朱宮，共集考校三官九府五嶽北酆泰山二十四獄罪刑簿目、鬼神天人責役之事……」又曰：「太玄上宮北帝常以庚申日制天民三尸魂神，條

人罪狀，上奏帝君……」

20.《太微靈書紫文琅玕華丹神真上經》曰：「北帝玄珠一斤」。註曰：「口訣是硝石」。《上清太上帝君九真中經》卷下曰：「北帝玄珠一斤」。註曰：「口訣是消石。」

21.《太上洞玄靈寶赤書訣妙經》卷上曰：「東山神呪攝召九天赤書符，命制會酆山，所誅無蠲，悉詣木宮，敢有稽延。」又曰：「北攝酆山。」又曰：「勅攝北帝，遏塞鬼門，剪除不祥，莫有當前。其十六字主攝北帝，正天氣，檢鬼精……」

22.《上清豁落七元符》曰：「太極真人勅酆都北帝符在玉焉。」

23.《太上洞玄靈寶三元品戒功德輕重經》曰：「中元二品地官元洞混靈之氣凝極黃之精置中元三宮……中元二品右宮名北酆宮，一號陰天宮，總主地上諸靈官已得道過去及未得道學者百姓子男女人罪簿死籍。其宮皆五億五萬五千五百五十五億五萬重混黃之氣，其中土府地上官僚亦有九萬九萬九千九百九十萬眾，亦是死者有功之魂受度而補其職局也。北酆宮置左右中三府，左府號連宛泉曲府，主生，太陽火官考；右府號泰殺九幽府，主死，太陰水官考；中府號罪氣咸池府，主生死罪錄風刀之考。三府各領官僚五千萬人，總統生死罪福。」又曰：「下元三品水官洞元風澤之氣晨浩之精置下元三宮……下元三品右宮，名北酆都宮，一名羅酆宮，總主水中積夜死鬼謫役年劫及百鬼萬靈事百姓子男女人應死簡錄黑簿。其宮皆五億五萬五千五百五十五億五萬重風澤梵行之氣，其中神仙水神官僚有九萬九千九百九十九萬眾，亦是死者有功之魂受度得補其官僚也。北酆都宮，一號羅酆宮，置左右中三府，左府號開度劫量府，主生籍，太陽火官考；右府號泉曲鬼神府，主死籍，太陰水官考；中府號通靈大劫府，主生死罪簡風刀之考鬼神事，三府各領官僚五千萬人，總統生死罪福及鬼神事。」

24.《太上洞玄靈寶授度儀》曰：「制會酆山，束魔送鬼，所誅無蠲。」又曰：「北攝酆山，束送魔宗。」又曰：「勅攝北帝，遏塞鬼門。」又曰：「北酆所部，萬祅滅摧。」又曰：「上御九天，中制酆山，下鎮河海。」

25.《三皇內文遺秘》曰：「勅東方青瘟之鬼腐木之精，南方赤瘟之鬼炎火之精，西方白瘟之鬼孔金之精，北方黑瘟之鬼涸池之精，中央黃瘟之鬼糞土之精。四時八節，因旺而生，神不內養，外作邪精，五毒之氣入人身形，或寒或熱，五體不寧。九醜之鬼知汝姓名，急須速去，不得久停。急急如律

令。」又曰:「謹按祖天師漢安四年在蜀與六天魔王戰,奪二十四治,與會盟青城山黃帝壇下。使人處陽明,鬼潛幽暗,令六天魔王領歸北都。八部鬼帥領眾竄於西域,五行之毒氣從茲而釋之。作天地日月之形,置之於絕崖,仍以神印封鬼營市,使不得相通,令以神符刊行。善信宜於淨室香花供養,自然驅瘟辟惡,集福來祥。惟加至誠,無不感應。龍虎山正一元壇謹白。」

26.《太上洞玄靈寶本行宿緣經》曰:「六天爲三界大魔王領六天,鬼神之事,魔王承奉太上眾眞天尊上人也。道士功成,魔王即保舉焉,當成之時,魔王喜試之神正與不正也。道士魔王上官其尊太上經,故以魔王位主鬼神,皆其先世積福所致耳,眾聖亦然。」又曰:「夫學道不存師,齋誦無感,若妄宣不信之人,則得罪於三官地獄。三界六天北帝大魔王之下治在大北海天地之北方羅酆之山,高二千六百里,周旋三萬里。內外皆七寶宮室,亦盛都也,天下鬼神之所宗處。」

27.《上清太霄隱書元眞洞飛二景經》曰:「行六會移度之道,當修五晨,離於死戶,度於生宮。飛仙上法,當以壬申、丙申、戊申、甲申、庚申,夫五離之日,是時高帝常乘景龍之輿,綠霞飛軒,從仙官玉女周旋十天,下降人間,看察學仙之人,命北帝太陰五炁靈君齋死錄上詣平都主籌宮,揀校死生簿錄,五方五星眞皇道君各統一方,總領諸仙,應得道者言名東華,有陰罪陰過陽罪陽過,結在北帝者,太陰君言名酆都之宮,離別善惡生死之人。是故五離之日,首罪於太陰,修生於太陽,落死籍於北帝,求仙於五星……」又曰:「毀北帝玄名,斷絕癸地鬼戶死氣之根。」又曰:「夫攝生之士而不知天有開關,第有酆都,開關統神,酆都主鬼,此是二帝,主應乘生死,係由七星之樞機,故七星移而度之,北帝無六宮之名,開關有記仙在錄,玄科蔭以華蓋,七元授以豁落,去仙之路,近在咫尺。」

28.《洞眞太上素靈洞元大有妙經》曰:「改死籍於北酆,受長存乎帝鄉,出入玉清,寢止太微。」

29.《洞眞太微金虎眞符》曰:「震拾羅筛者是北帝魔王之隱諱也。」

30.《上清天關三圖經》曰:「有勤志上徹感啓玉皇者,即命北帝酆都六宮斷絕死錄之根,記生錄於人門……」又曰:「酆都山在北方癸地,故東北爲鬼戶死氣之根,山高二千六百里,周迴三萬里……」又曰:「……五離之日,是時帝君高宴景龍之輿、綠霞飛軒,從仙官玉女周旋十天,下降人間,看

察學仙之人，命北帝太陰五君齎死錄上詣平都主籌宮，推校死生簿錄。五方五星眞皇道君各統一方，總領諸仙應得道者，言名東華。有陰罪陰過陽罪陽過者，結在北帝太陰君，言名酆都之宮，離別善惡生死之人。是故五離之日首罪於太陰，修生於太陽，落死籍於北帝，求仙於五星。」《洞眞上清開關三圖七星移度經》記載與此相同。

31. 《上清太上黃素四十四方經》曰：「呪曰：『北帝大魔王受事帝君前，泉曲之鬼，四明酆山，千祅混形，九首同身，神虎放毒，鹹滅雷震，神公吐呪，所戮無親……」

32. 《上清元始變化寶眞上經九靈太妙龜山玄錄》卷上曰：「北帝消滅死名，上奉九天記錄紫篇。」

33. 《眞誥・稽神樞第三》曰：「鬼官之太帝者，北帝君也。治第一天宮中，總主諸六天宮。」《眞誥・闡幽微第一》曰：「羅酆山在北方癸地，山高二千六百里，周迴三萬里。其山下有洞天，在山之周迴一萬五千里。其上其下並有鬼神宮室，山上有六宮，洞中有六宮。輒周迴千里，是爲六天鬼神之宮也。山上爲外宮，洞中爲內宮，制度等耳。第一宮名爲紂絕陰天宮，以次東行，第二宮名爲泰煞諒事宗天宮，第三宮名爲明晨耐犯武城天宮，第四宮名爲恬昭罪氣天宮，第五宮名爲宗靈七非天宮，第六宮名爲司連宛屢天宮。凡六天宮是爲鬼神六天之治也。洞中六天宮亦同名，相像如一也。」註曰：「此即應是北酆鬼王決斷罪人住處，其神即應是經呼爲閻羅王所住處也，其王即今北大帝也，但不知五道大神當時何者爾。凡生生之類，其死莫不隸之。」又曰：「鬼官之太帝者，北帝君也，治第一天宮中，總主諸六天宮。餘四天宮，其四明公各在其中治。」又曰：「炎慶甲者，古之炎帝也。今爲北太帝君，天下鬼神之主也。」註曰：「炎帝神農氏，造耕稼，嘗百藥，其聖功不減軒轅、顓頊，無應爲鬼帝。又黃帝所伐大庭氏稱炎帝，恐當是此，非神農也。又外書雲神農牛首，今佛家作地獄中主煞者亦牛首，復致疑焉。四明公昇擢既有年限，太帝位秩亦應加崇極。此雖已三千餘年，或恐如世中帝王不轉而公輔屢遷也。」

　　按：《道跡靈仙記》、《登眞隱訣》卷中、《上清握中訣》卷下亦有相關記載；《上清高上滅魔玉帝神慧玉清隱書》中所記洞中六宮之名與山上六宮之名不同。

34. 《眞誥・協昌期第二》、《登眞隱訣》、《上清握中訣》卷中曰：「炎帝裂血，北斗燃骨，四明破骸，天獸滅類。神刀一下，萬鬼自潰。」

左位

北帝上相秦始皇

【註】

1. 見《史記・秦始皇本紀》。

2.《河圖考靈曜》曰：「秦王政以白璧沉河，有黑頭公從河出，謂政曰：『祖龍來。』授天寶，開，中有尺二玉牘。」

3.《洞眞上清太微帝君步天綱飛地紀經簡玉字上經》曰：「秦始步綱，神龍吐符。」

4.《眞誥・闡幽微第二》曰：「秦始皇今爲北帝上相，劉季今爲南明公賓友。有其人甚多，略示其標的耳。」註曰：「此是舉建號帝王者之宗耳。北帝之有上相，亦當如四明公之有賓友也。」

北帝太傅魏武帝

【註】

1. 見《三國志・魏書・武帝紀》。

2.《眞誥・闡幽微第一》曰：「魏武帝爲北君太傅。」註曰：「北君則北斗君周武王也。四明各有賓友，恐北斗君不置此職，當以太傅準之。魏武帝曹操，沛國譙人。英雄撥亂，匡定天下，封魏王，加九錫。獻帝建安二十五年正月病亡，年六十六。此年十月，魏文乃受禪，追贈太祖武皇帝也。」此條正文又見於《道跡靈仙記》。

五帝上相（未顯）

【校】

輯本無「未顯」二字。

【註】

《眞誥・闡幽微第二》曰：「《酆都》中所記都無頓說五帝者，恐此如北帝之例復有五耶，所以後言『英雄者爲五帝上相』而北帝有秦皇矣。又《蘇韶傳》云揚雄、張衡等爲五帝。揚張既非上聖，爵位亦卑，不應得與炎帝爲儔。復當或有小五帝不論耳，揚張之事亦或不然也。」又曰：「諸有英雄之才，彌羅四海，誅暴整亂，拓平九州，建號帝王，臣妾四海者，既終，受書於三官四輔，或爲五帝上相，或爲四明公賓友，以助治百鬼，綜理死生者，此等

自奉屬於三官，永無進仙之冀，坐煞伐積酷害生死多故也。」

西明公領北帝師周文王（比少傅）

【校】

古本、秘本、說本「周文王」作「周公」，「比」作「北」。《眞誥·闡幽微第一》有註曰：「而周公有聖德，仙鬼之中並無顯出。」《眞誥·闡幽微第二》曰：「自三代已來賢聖及英雄者爲仙鬼中，不見殷湯、周公、孔子……」因《位業圖》神仙多取於《眞誥》，故應爲「周文王」。《元始上眞眾仙記》曰：「周公旦爲北帝師，治勁革山。」《四庫全書·道家類存目》曰：「周公爲西明公。」故北帝師在早期道教有兩種說法。

【註】

1. 見《史記·周本紀》。
2. 《尚書中候》曰：「周文王爲西伯，季秋之月甲子，赤雀銜丹書入豐部，止於昌戶。乃拜稽首受，取曰：姬昌蒼帝子，亡殷者紂也。」
3. 《詩含神霧》曰：「太任夢長人感己，生文王。」
4. 《春秋元命包》曰：「姬昌蒼帝之精，位在房心。」註曰：「蒼帝靈威仰。」又曰：「孔子曰：『扶桑者，日所出，房所立，其耀盛。蒼帝用事，精感姜嫄，卦得震。震者動而光，故知周蒼，代殷者爲姬昌。人形龍顏，長大，精翼日，衣青光。』」《春秋感精符》曰：「蒼帝之始二十八世，滅蒼之翼也，滅翼者斗，滅斗者參，滅參者虛，滅虛者房。」註曰：「……文王，房星之精，在東方，其色青。五星之精。」《春秋命歷序》曰：「文王受丹書，呂望佐昌發。」
5. 《河圖稽命徵》曰：「大任夢長人感己，生文王。」
6. 《眞誥·協昌期第二》曰：「又有《曲折經》，藏著西明公處。」註曰：「周文王爲酆都西明公也。」《眞誥·闡幽微第一》曰：「文王爲西明公領北帝師。」註曰：「文王名昌。《禮》云年九十七亡。此父子並得稱聖德，而不免鬼官，雖爲煞戮之過，亦是不學仙道故也。」《眞誥·闡幽微第一》有註曰：「而周公有聖德，仙鬼之中並無顯出。」此條正文又見於《道迹靈仙記》。

賓友晉宣帝

【註】

1. 見《晉書·宣帝紀》。

2. 《眞誥・闡幽微第二》曰：「晉宣帝爲西明公賓友。」註曰：「司馬懿，字仲達，河內人也。魏世爲大將軍。嘉平三年病亡，年七十二。贈相國，諡宣文侯。晉武受禪，追諡高祖宣皇帝。」此條正文又見於《道迹靈仙記》。《眞誥・闡幽微第一》曰：「四明公復有賓友四人，然此四公後並當升仙階也。四明主領四方鬼。」

中護軍周顗

【註】

1. 見《晉書・周顗傳》。

2. 《眞誥・闡幽微第一》曰：「周顗爲鬼官司命帥，今以鄧岳、程遐二人代，以其多事故也。」註曰：「周顗字伯仁，汝南安城人。仕晉過江，位至尚書僕射。元帝永昌元年，王敦南下，遣收，於石頭南門被害，年五十四。追贈光祿開府，諡康侯。」《眞誥・闡幽微第二》曰：「周伯仁近見用爲西明公中都護，中都護如世太傅之官也。坐選鄧攸不平，左降爲中護，中護準少傅。」註曰：「周本司命帥，當得程遐代而遷此官也。」此條正文又見於《道迹靈仙記》。

東明公領斗君師夏啟

【註】

1. 見《史記・夏本紀》。

2. 《山海經・海外西經》曰：「大樂之野，夏后啓於此儛九代，乘兩龍，雲蓋三層。左手操翳，右手操環，佩玉璜。在大連山北。一曰大遺之野。」《大荒西經》曰：「西南海之外，赤水之南，流沙之西，有人珥兩青蛇，乘兩龍，名曰夏后開。開上三嬪於天，得《九辯》與《九歌》以下。此天穆之野，高二千仞，開焉得始歌《九招》。」

3. 《元始上眞眾仙記》曰：「夏啓、周發受書爲四極明公，或住羅酆，或在洞天。」

4. 《眞誥・闡幽微第一》曰：「夏啓爲東明公領斗君師。」註曰：「禹之子也，姓姒。《竹書》云：『即位三十九年亡，年七十八。』自崩滅後至今已卯歲，允二千四百二十五年。按司命說格，在位二千四百年，得上補九宮。如此則宋元徽四年去矣。」此條正文又見於《道跡靈仙記》。

賓友孫策

【註】

1. 見《三國志・孫策傳》。

2. 《眞誥・闡幽微第一》曰：「孫策爲東明公賓友。」註曰：「孫堅長子，字伯符。漢末，嗣父領眾，先制江東，乃欲定中國。拜討逆將軍，封吳侯。臨過江輕獵，爲仇客所射，瘡發而亡，年二十六，弟權代任，後追諡長沙桓王。策初從東出，煞道士干吉。後照鏡見之，驚忿叫，故瘡潰而死。尋項羽之英傑逾於孫遠矣，俱是不得王，而獨不顯出，乃歷世相傳云：『爲吳興十山王，常居郡廳上，故太守不敢上，上者輒死。』亦別爲立廟，呼爲霸王也。」此條正文又見於《道迹靈仙記》。

右師晨（如世中書監）

【校】

　　《眞誥・闡幽微第二》、《眞誥・甄命授第三》、《道迹靈仙記》「師」皆作「帥」。

許肇（巳度九宮位矣）

【校】

　　輯本「宮」作「公」；說本「巳」作「已」。

【註】

　　見第五右散位「許肇」條。

南明公召奭（一云東明公，巳度九宮右保公）

【校】

　　古本「右保公」作「右保宮」；輯本、說本「巳」作「已」；《眞誥・闡幽微第二》作「邵公奭」；《道迹靈仙記》作「召公奭」。

【註】

1. 見《史記・燕召公世家》。

2. 《眞誥・闡幽微第一》曰：「邵公奭爲南明公。」註曰：「邵公名奭，文王庶子，食采於邵，封於燕國。按周公、邵公、太公俱佐命克紂，公在不殊。而周公有聖德，仙鬼之中並無顯出。太公執旄秉鉞，威罰最深，乃載出《仙傳》。邵公恩流甘棠，翻爲鬼職，亦復難了。皆當各綠其根本業分故也。

酆都唯有六宮，而周文王父子頓處其三，明周德之崇深矣。」又有註曰：
「按後定錄告云：『邵奭爲東明公，行上補九宮右保。』此乃仙階之證，
而與前不同。且啓尚未去，邵理不得仙，恐脫爾誤云邵耳。既云東明公，
則應猶是啓也，其疑事別在後也。」此條正文又見於《道迹靈仙記》。《眞
誥·闡幽微第二》曰：「邵奭爲東明公，雲行上補九宮右保公。」註曰：「前
云『邵爲南明公，今乃是東。若非名號之誤，則東南之差。既尋當遷擢，
則必應是啓，中君脫爾云邵耳。亦可是有甘棠之德，故不限其年月耳。』」
又曰：「……終後凡二千四百年乃得入仙階，益知前應是夏啓非召公明矣。」
此條正文又見於《道迹靈仙記》。

4. 又見於第五右位。

賓友漢高祖

【註】

1. 《史記·高祖本紀》曰：「高祖，沛豐邑中陽里人，姓劉氏，字季。父曰太
   公，母曰劉媼。其先劉媼嘗息大澤之陂，夢與神遇。是時雷電晦冥。太公
   往視，則見蛟龍於其上。已而有身，遂產高祖。高祖爲人，隆準而龍顏，
   美鬚髯，左股有七十二黑子。」

2. 《詩含神霧》曰：「執嘉妻含，始生劉季。」又曰：「含始吞赤珠，刻曰玉
   英，生漢皇。後赤龍感女媼，劉季興。」

3. 《春秋合誠圖》曰：「赤帝體爲朱鳥，其表龍顏，多黑子。」《春秋漢含孳》
   曰：「劉季握卯金刀，在軫北，字季，天下服。卯在東方，陽所立，仁且
   明。金在西方，陰所立，義成功。刀居右，字成章，刀係秦。枉矢東流，
   水神哭祖龍。」

4. 《河圖》曰：「帝劉季，日角戴勝，斗胸龜背龍眼，長七尺八寸，明聖而寬
   仁。」又曰：「劉受紀，昌光出軫，五星聚井。」又曰：「期之興，天授圖，
   地出道，予張兵鈐，劉季起。」又曰：「漢高祖觀汶水，見一黃釜，驚欲
   返，化爲一翁，責言曰，劉季何不受河圖。」

5. 《元始上眞眾仙記》曰：「漢高祖、光武並爲四明賓友。」

6. 《眞誥·闡幽微第二》曰：「漢高祖爲南明公賓友。」註曰：「劉邦，字季，
   沛郡豐人。起自布衣，伐秦平項，創漢之基。即位十二年病亡，年六十二。」
   此條正文又見於《道迹靈仙記》。

北明公吳季札（吳王壽夢之子，闔閭之叔，延陵季子）

【註】

1. 見《史記・吳太伯世家》。

2.《高士傳》曰：「披裘公者，吳人也。延陵季子出遊，見道中有遺金，顧披裘公曰：『取彼金。』公投鎌瞋目，拂手而言曰：『何子處之高而視人之卑！五月披裘而負薪，豈取金者哉！』季子大驚，既謝而問姓名，公曰：『吾子皮相之士，何足語姓名也。』」

3.《抱朴子・道意》曰：「道者涵乾括坤，其本無名。論其無，則影響猶爲有焉；論其有，則萬物尚未無焉……吳札、晉野竭聰，不能尋其音聲乎窈冥之內。」《辨問》曰：「子野、延州（指季札），知音之聖也。」

4.《眞誥・運象篇第一》曰：「北明公府，酆都宮中官署也。」《眞誥・闡幽微第二》曰：「夫有上聖之德，既終，皆受三官書爲地下主者，一千年乃轉補三官之五帝，或爲東西南北明公，以治鬼神。」《眞誥・闡幽微第一》註曰：「《蘇韶傳》云：『鬼之聖者有項梁城，賢者有吳季子。』但不知項是何世人也。或恐是項羽之叔項梁，而不應聖於季子也。」《眞誥・闡幽微第一》曰：「吳季札爲北明公。」註曰：「吳王壽夢之少子，闔閭之叔父，太伯之後也。亦姬姓，讓國居乎延陵，今季子廟是也。雖有仁賢之德，乃亞乎先聖，亦有殊例。」此條正文又見於《道迹靈仙記》。《眞誥・闡幽微第二》曰：「季子亡後，至晉興寧始八百八十許，未滿千歲，不知那已爲明公耶。」

賓友荀彧（字文若，魏武謀臣，漢尚書令）

【註】

1. 見《三國志・魏書・荀彧傳》。

2.《眞誥・闡幽微第二》曰：「荀彧，字文若，潁川人。漢末爲尚書令，有風儀識鑒。初爲魏武謀臣，欲以安漢社稷。被疑懼，服藥自盡，年五十，諡敬侯，追贈太尉。荀之列在賓友，亦如延陵之匹四明，位雖非臣而德望賢矣。」又曰：「疑荀彧一人，清秀整潔，非跋扈虐害，唯以謀謨智策佐魏武耳。乃得爲賓友，與漢高祖等比位，恐當別有旨趣。」

趙叔臺

【註】

　　《眞誥・運象篇第一》曰：「昔有趙叔臺、王世卿，亦言篤學，而竟不如

人意，遂爲北明公府所引。」

王世卿（未顯）

【校】

　　秘本、說本「卿」作「鄉」。

【註】

　　見「趙叔臺」條。

此四明主領四方，各治一天宮，在職一千六百年，得補仙官，其餘職不得矣。

【校】

　　古本「此」作「以上」，「其餘職不得矣」作「其餘不得矣」，少「職」字；秘本亦少「職」字；輯本「官」作「宮」；說本「其餘職不得矣」作「其他不得矣」。

【註】

1. 《眞誥·闡幽微第一》曰：「鬼官之太帝者，北帝君也，治第一天宮中，總主諸六天宮。餘四天宮，其四明公各在其中治。」註曰：「雖云各治一宮，又不顯各在何宮，宮既並列，復不得依位作四方言之。尋其公次第高下，則第二宮名爲西明公治，第三宮東明公治，第四宮北斗君治，及次南、次北也。」又註曰：「尋此諸公，前後參差，當是道時代謝用人也。自夏啓已來二千餘年，方得遷改，乃十倍於地下主者之數，明仙家品例，故爲貴妙。」又曰：「四明公復有賓友四人，然此四公後並當升仙階也。四明主領四方鬼。」

2. 《道迹靈仙記》曰：「然此四公後並當受化形之道之下也」。

鬼官北斗君周武王（治一天宮）

【校】

　　古本、說本「宮」作「官」，誤。

【註】

1. 見《史記·周本紀》。

2. 《尚書中候》曰：「太子發以紂存三仁附，即位不稱王，渡於孟津中流，受文命，待天謀。白魚躍入王舟，王俯取，魚長三尺，赤文有字，題目下名

　授右。有火自天出於王屋，流爲赤鳥，五至以穀俱來。」

3. 《春秋元命包》曰：「火離爲鳳皇，銜書，遊文王之都，故武王受鳳書之紀。」

4. 《博物志》卷7曰：「武王伐紂至盟津，渡河，大風波。武王操戈秉麾麾之，風波立霽。」

5. 《元始上眞眾仙記》曰：「箕山公夏啓、周發受書爲四極明公，或住羅酆，或在洞天。」

6. 《靈寶無量度人上品妙經》卷1曰：「東斗主筭，西斗記名，北斗落死，南斗上生，中斗大魁，總監眾靈。」

7. 《眞誥‧闡幽微第一》曰：「鬼官北斗君乃是道家七辰北斗之考官。此鬼一官又隸九星之精，上屬北晨玉君。」註曰：「天上北斗有所司察，故鬼官亦置北職，以精象相應，統領既關璇機，是以仰隸太上之曹也。」又曰：「武王發今爲鬼官北斗君。」註曰：「文王之子周武王也，姓姬名發，伐殷紂而爲天子。即位二年崩，《禮》云年九十三，《竹書》云年四十五。按後云四明公並得仙階，而不道北斗君。既仰隸玉晨，亦應預同遷品耳。」此條正文又見於《道迹靈仙記》。

三官都禁郎齊桓公（姓姜，名小白）

【註】

1. 見《史記‧齊太公世家》。

2. 《眞誥‧闡幽微第一》曰：「二天宮立一官，六天凡立爲三官。三官如今刑名之職，主諸考謫，常以眞仙、司命兼以總御之也，並統仙府，共司生死之任也。大斷制皆由仙官。」註曰：「道家常呼三官者是此也。而《消魔經》云：『岱宗又有左火官、右水官及女官，亦名三官，並主考罰。』今三茅君通掌之，大君爲都統，保命爲司察矣。所以隸仙官者，以爲天下人不盡皆死，其中應得眞仙，則非北帝所詮，或有雖死而神化反質者。如此皆在眞仙家簡錄，故司命之職應而統之也。」《眞誥‧闡幽微第二》曰：「齊桓公今爲三官都禁郎，主生死之簡錄。」

水官司命晉文公（姓姬，名重耳）

【註】

1. 見《史記‧晉世家》。

2. 《博物志》卷7曰：「晉文公出，大蛇當道如拱。文公反修德，使吏守蛇。

吏夢天使殺蛇曰：「何故當聖君道？」覺而視蛇，則自死也。」

3. 《眞誥‧闡幽微第二》曰：「晉文公今爲水官司命。」

大禁晨二人，位比尙書令

【註】

《眞誥‧闡幽微第一》曰：「大禁晨二人，如今尙書令。漢光武帝及孫文臺二人居之。」《道迹靈仙記》亦同。

漢光武帝

【校】

古本作「漢武帝」，誤。

【註】

1. 見《後漢書‧光武帝紀》。

2. 《元始上眞眾仙記》曰：「漢高祖、光武並爲四明賓友。」

3. 《眞誥‧闡幽微第一》曰：「光武劉秀，字文叔，高祖八代孫。起兵討王莽、赤眉，平定天下。即位三十三年病亡，年六十三。」

孫文臺（名堅）

【註】

1. 見《三國志‧吳書‧孫堅傳》。

2. 《眞誥‧闡幽微第一》曰：「孫堅，字文臺，吳郡人，策父也。袁術表爲破虜將軍、豫州刺史。討董卓，後伐劉表。初平二年，爲表將軍黃祖部下人所射亡，年三十七。堅雖忠烈而位微，今與天子同職，亦似韓遂之匹玄德也。」

中禁二人，位比中書令監

【註】

《眞誥‧闡幽微第一》曰：「中禁晨，如今中書令監，有二人，顏懷、楊彪二人居之。」《道迹靈仙記》亦同。

顏懷（字思季）

【註】

《眞誥‧闡幽微第一》曰：「懷，字思季。」註曰：「顏懷，字思季，未

得此人。」此條正文又見於《道迹靈仙記》。

楊彪（字文光）

【校】

　　《後漢書・楊震傳》、《眞誥・闡幽微第一》、《道跡靈仙記》「光」作「先」，應作「先」。

【註】

　1. 見《後漢書・楊震傳》。

　2.《眞誥・闡幽微第一》曰：「彪，字文先者。」註曰：「楊彪，字文先，弘農人，漢司空，楊脩父也。值董卓悖亂，救濟獻帝，東西危苦，備經三司。至魏文黃初六年乃亡，年八十四。」此條正文又見於《道迹靈仙記》。

北帝南朱陽大門靈關侯郗鑒，先是高明司直，郗鑒今為之，位比尚書僕射

【校】

　　說本「陽」作「楊」。

【註】

　1. 見《晉書・郗鑒傳》。

　2.《眞誥・甄命授第四》曰：「郗回父無辜戮人數百口，取其財寶，殃考深重，惋（謂應作怨字）主恒訟訴。天曹早已申對，回法應滅門。……」註曰：「郗回父鑒，清儉有志行，不應殺掠如此。或是初過江時，攏併所致。不爾則在京時殺賊有濫也。鑒年七十餘乃終，即得為酆宮職……」

右禁監謝幼輿（名鯤，晉官太常）

【校】

　　秘本「幼」作「㓜」；《眞誥・闡幽微第二》「右」作「左」。

【註】

　1. 見《晉書・謝鯤傳》。

　2.《眞誥・闡幽微第二》曰：「左禁監是謝幼輿，以鄧岳為司馬。」註曰：「此則準左位將軍也。幼輿名鯤，即謝安伯謝尚之父也，為王敦長史、豫章郡太守。年五十三病亡，贈太常，謚康侯。鄧岳已在前，而云代周顗為司馬帥耳。」此條正文又見於《道迹靈仙記》。

司馬鄧嶽

【校】

《眞誥‧闡幽微第一》「嶽」作「岳」。

【註】

1. 見《晉書‧鄧嶽傳》。

2. 《眞誥‧闡幽微第一》曰:「周顗爲鬼官司命帥,今以鄧岳、程遐二人代,以其多事故也。」註曰:「……鄧岳字伯山,陳郡人。討郭默有功,咸康初爲平南將軍廣州刺史,於州病亡。辛玄子後云鄧岳爲謝幼輿司馬,此當是已遷也。」此條正文又見於《道迹靈仙記》

3. 見「謝幼輿」條。

右禁監侍帝晨庾元規（名亮,晉時位比侍中,領右衛;又云元規前爲中衛大將軍）

【註】

1. 《晉書‧庾亮傳》曰:「庾亮,字元規,明穆皇后之兄也……亮美姿容,善談論,性好莊老。」《晉書‧吳猛傳》曰:「吳猛,豫章人也……虞亮爲江州刺史,嘗遇疾,聞猛神異,乃迎之,問己疾何如。猛辭以算盡,請具棺服。旬日而死,形狀如生。未及大殮,遂失其屍,識者以爲亮不詳之徵,亮疾果不起。」

2. 《眞誥‧闡幽微第二》曰:「庾元規爲北太帝中衛大將軍,取郭長翔爲長史,以華歆爲司馬。此所謂軍公者也,領鬼兵數千人。」註曰:「辛玄子所說,與此大異,恐是受有前後,或能幾被迴換故耳。」註曰:「庾亮,字元規,潁川人。咸和中爲征西將軍、江荊豫三州刺史,鎮武昌。咸康六年,於鎮病亡,年五十二,贈太尉,謚文康公。未病時,乃獨見陶侃乘輿來讓之,於此得病而亡。」此條正文又見於《道迹靈仙記》。又曰:「玄子云:『庾生者,晉庾太尉也。北帝往用爲撫東將軍,後又轉爲東海侯。今又用爲酆臺侍帝晨右禁監,近取馮懷爲司馬。侍帝晨如今世侍中,右禁監如世右衛將軍而甚重。』」註曰:「此說與前大異,當是後遷侍中領衛,便是勝中衛將軍也。帝晨無司馬,此是右禁之職耳。」此條正文又見於《道迹靈仙記》。

司馬

馮懷（字相思，晉太常）

【校】

據《世說新語》、《眞誥·闡幽微第二》，「相」應爲「祖」。

【註】

1. 見「庾元規」條。

2.《世說新語·文學》曰：「……支道林在白馬寺中，將馮太常。」註曰：「《馮氏譜》曰：『馮懷字祖思，長樂人，歷太常護國將軍。』」

3.《眞誥·闡幽微第二》有註曰：「馮懷，字祖思，長樂人，晉成帝時爲太常、散騎常侍。卒，追贈金紫光祿階也。」

華歆

【校】

《道迹靈仙記》「歆」作「韶」，誤。

【註】

1. 見「庾元規」條。

2. 見《三國志·魏書·華歆傳》。

3.《搜神後記》卷 3 曰：「平原華歆，華歆，字子魚，爲諸生時，常宿人門外，主人婦夜產。有頃，兩吏來詣其門，便相向辟易，欲退，卻相謂曰：『公在此。』因踟躕良久。一吏曰：『籍當定，奈何得住？』乃前向子魚拜，相將入。出，並行共語曰：『當與幾歲？』一人云：『當與三歲。』天明，子魚去。後欲驗其事，至三歲，故往視兒消息，果三歲已死。乃自喜曰：『我故當公。』後果爲太尉。」

4.《眞誥·闡幽微第二》有註曰：「華歆，字子魚，平原人，爲豫章太守，同孫策。策亡，從魏武帝。歷顯位爲司徒、太尉，封博平侯。太和五年亡，年七十五，諡敬侯。」

長史虞翻（字長翔，武昌人，庾亮江州引爲上佐，不就）

【校】

說本「長」作「仲」；據《晉書》、《眞誥·闡幽微第二》，應爲「郭翻」；《無上秘要》作「郭長翔」。

【註】

1. 見「庾元規」條。

2. 見《晉書・郭翻傳》。

3. 《眞誥・闡幽微第二》有註曰：「郭翻，字長翔，武昌人。少有高志，庾欲引爲上佐，不肯就。亡後與其兒靈語云：『庾公作撫東大將軍，治在東海之東，統十萬兵，取吾爲司馬。間者本欲謝仁祖，選官以爲資望未足，蔣大侯先取爲都尉。是以拘逼王長豫爲長史，委以軍事，甚有高稱。』又云：『王丞相爲尙書令，大用事，決萬機。』按如此語，即玄子所說如復似應在前。今以郭爲長史，當是後轉任。但謝仁相在世爲僕射鎭西將軍，乃言資望未足，殊爲難辨。王丞相即王導，長豫是導之元子，早亡。」

後中衛大將軍孔文舉（名融）

【註】

1. 見《後漢書・孔融傳》。

2. 《眞誥・闡幽微第二》曰：「孔文舉爲後中衛大將軍，以張繡爲司馬，唐固爲長史。」註曰：「孔融，字文舉，魯人，孔子二十代孫，漢末名士。爲北海太守，後爲曹公所害。」此條正文又見於《道迹靈仙記》。

長史唐周（爲吳尙書）

【校】

《眞誥・闡幽微第二》「周」作「固」，《道迹靈仙記》、《無上秘要》亦然。

【註】

1. 見「孔文舉」條。

2. 見《三國志・吳書・唐固傳》。

3. 《眞誥・闡幽微第二》有註曰：「唐固，字子正，丹陽句容人。修身謹行，博學儒術，註《國語》、《公羊》、《穀梁傳》。孫權漢武四年爲尙書僕射。年七十餘病亡耳。」

司馬張繡（後漢將軍）

【註】

1. 見「孔文舉」條。

2. 《三國志・魏書・張繡傳》。

3.《眞誥・闡幽微第二》有註曰：「張繡，武威人，濟從子也。漢末因亂起兵，後降武魏，爲破羌將軍。從征烏丸，未至柳城亡，諡定侯。」

監海伯治東海溫太眞，位比大將軍

【註】

1. 見《晉書・溫嶠傳》。

2.《眞誥・闡幽微第一》曰：「溫太眞爲監海開國伯，治東海，近取杜預爲長史。」註曰：「溫嶠，字太眞，太原祁人。仕晉爲江左平南將軍、江州刺史。下平蘇峻，位至驃騎將軍開府，封始安公。咸和四年病亡，年四十二，贈大將軍，諡中武公。」此條正文又見於《道迹靈仙記》。

長史杜預（晉征南將軍，位左傳）

【校】

　　古本「位左傳」作「注左傳」，說本作「註左傳」，以說本爲是。

【註】

1. 見《晉書・杜預傳》。

2.《眞誥・闡幽微第一》曰：「溫太眞爲監海開國伯，治東海，近取杜預爲長史。」註曰：「……杜預，字元凱，京兆杜陵人。博識多智，註《春秋》。仕晉，起家尚書郎，位至都督荆州，鎮襄陽。伐吳有功，封當陽侯。太康五年還洛，於鄧縣病亡，年六十三。葬洛陽，贈征南大將軍，諡成侯。」

北帝侍晨八人，位比侍中

【註】

　　《眞誥・闡幽微第一》曰：「侍帝晨有八人：徐庶、龐德、爰楡、李廣、王嘉、何晏、解結、殷浩，並如世之侍中。」此條又見於《道迹靈仙記》。

徐庶（字文直）

【校】

　　古本「文直」作「元直」；秘本、說本「文直」作「元直」；《眞誥・闡幽微第一》、《無上秘要》作「元直」，《三國志・蜀書・諸葛亮傳》有「潁川徐庶元直」。應作「元直」。

【註】

1. 見《三國志・蜀書・諸葛亮傳》。

2.《眞誥‧闡幽微第一》有註曰:「徐庶,字元直,穎川人,薦諸葛亮於劉備。後魏武虜其母,乃歸魏,仕至中丞,明帝大和中病亡。」

龐德（字令明）

【校】

輯本「令」作「今」,誤。

【註】

1. 見《三國志‧魏書‧龐悳傳》。

2.《眞誥‧闡幽微第一》有註曰:「龐德,字令明,南安人。隨張鎭南降魏武,拜立義將軍。屯樊城,爲關羽所害,諡杜侯。迎喪葬鄴,身首如生。」

爰榆（字世都）

【校】

《眞誥‧闡幽微第一》「榆」作「愉」。

【註】

《眞誥‧闡幽微第一》有註曰:「爰愉,字世都,濮陽人,有才辨,多術藝。事晉武,辟司徒魏舒府,位至侍中中書令監。」

李廣（漢將）

【註】

1. 見《漢書‧李廣傳》。

2.《眞誥‧闡幽微第一》有註曰:「李廣,漢武驍騎將軍。征匈奴時,被吏譴,憤慨自刎而死。」

王嘉

【註】

1. 見《漢書‧王嘉傳》。

2.《眞誥‧闡幽微第一》有註曰:「王嘉,蜀郡人,平帝時爲郎中。至王莽,乃棄官還鄉,不肯臣公孫述,伏劍而死。」

解結（字叔連）

【校】

《眞誥‧闡幽微第一》「叔」作「稚」,《無上秘要》作「仲」,《晉書‧解

系傳》作「叔」。

【註】

1.《晉書‧解系傳》曰：「結字叔連，少與系齊名……」
2.《眞誥‧闡幽微第一》有註曰：「解結，字稚連，濟南人，孫弟也。一仕晉，黃門侍郎、中丞、荆豫川刺史、尚書，趙王倫時爲孫秀所害也。」

何晏（字平叔）

【註】

1.《三國志‧魏書‧何晏傳》曰：「少以才秀知名，好老莊言。」
2.《世說新語‧言語篇》曰：「何平叔云：『服五石散，非惟治病，亦覺神明開朗。』」
3.《眞誥‧闡幽微第一》有註曰：「晏，字平叔，何進孫。善言玄理，位至侍中尙書。黨曹爽，爲司馬宣王所誅。」

殷浩（字淵源）

【校】

　　古本、說本「淵」作「深」，《眞誥‧闡幽微第一》「源」作「原」；《晉書‧殷浩傳》「淵」作「深」，避唐李淵諱。

【註】

1. 見《晉書‧殷浩傳》。
2.《眞誥‧闡幽微第一》曰：「殷浩侍帝晨，與何晏對。」註曰：「殷浩，字淵原，陳留長平人。康帝建元初爲揚州刺史。永和六年進中軍將軍都督五州。北伐姚襄，敗還，爲桓溫所廢，徙東陽。永和十二年以憂亡。善能談論，故與何晏對也。」此條正文又見於《道迹靈仙記》。

四明公、北斗君各有侍帝晨五人（未顯姓名）

【註】

　　《眞誥‧闡幽微第一》曰：「四明公及北斗君並有侍帝晨五人，其向者八人是北大帝官隸耳，選用亦同。」註曰：「侍帝晨之號，仙官亦有，俱是侍中位也。此言選用並同，不知止取名位，當品才識，兼論功德耶？此諸人才位，永不相類，恐幽途所詮，別當有以耳。」此條正文又見於《道迹靈仙記》。

河北侯二人

【校】

據《眞誥‧闡幽微第一》，「河北侯」應作「北河侯」。

劉備（字玄德）

【校】

古本「玄」作「元」，說本「玄」闕末筆「、」，皆避康熙諱。

【註】

1. 見《三國志‧蜀書‧先主傳》。

2. 《神仙傳‧李意期》中載有劉備曾邀請神仙李意期謀劃其伐吳之事。

3. 《眞誥‧闡幽微第一》曰：「玄德今爲北河侯，與韓遂對統，今屬仙官。」
   註曰：「仙官又有河北司命禁保侯，亦司三官中事，乃隸東華宮，保命君
   領之。此則是北河侯，必是相統屬矣。劉備，字玄德，涿郡人。初起義
   兵，後遂據蜀，稱尊號。三年病亡，年六十三，諡昭烈皇帝。尋於時同
   爲三國之主，魏武、孫策，今位任皆高。劉此職雖小而隸仙官，其優劣
   或可得相匹也。」此條正文又見於《道迹靈仙記》。

韓遂

【註】

1. 見《三國志‧魏書‧武帝紀》。

2. 《眞誥‧闡幽微第一》曰：「韓遂，字文紒（約），某某人。漢末阻兵，構亂
   西土。建安二十五年，魏武伐之，奔金城之內，爲其將趙、演等所害。遂
   乃驍雄而未免寇難，乃得與劉備對仕，殊爲不類。兼隸仙官，益復超顯也。」

右此職統屬仙官

【校】

古本「右」作「以上」。

右位

中厩直事四人，如世尚書

【註】

《眞誥‧闡幽微第一》曰：「中郎直事四人，如世之尚書也。戴淵、公孫

度、劉封、郭嘉，今見在職。」註曰：「此職應是太帝領僚，如今散曹尚書耳。」
此條正文又大致見於《道迹靈仙記》。

戴淵（字若思，晉驃騎）
【校】
　　《眞誥‧闡幽微第一》「思」作「愚」，《晉書‧戴若思傳》字爲「若思」。
【註】
　1. 見《晉書‧戴若思傳》。
　2.《眞誥‧闡幽微第一》有註曰：「戴淵，字若愚，廣陵人也，仕歷位至護軍、
　　尙書僕射、驃騎將軍，與周顗俱爲王敦所害，贈光祿，諡簡侯。」

公孫度（字叔濟，王遼東）
【校】
　　古本、秘本、說本「濟」作「齊」；《無上秘要》「叔」作「昇」，《三國志‧
魏書‧公孫度傳》作「升」。
【註】
　1. 見《三國志‧魏書‧公孫度傳》。
　2.《眞誥‧闡幽微第一》有註曰：「公孫度，字叔濟，遼東人，淵之祖也。
　　初爲遼東太守。建安中，遂僭號稱王，建天子羽儀。傳國子康，至孫淵，
　　被司馬宣王所煞。」

郭嘉
【註】
　1. 見《三國志‧魏書‧郭嘉傳》。
　2.《眞誥‧闡幽微第一》曰：「郭嘉者，字奉孝，潁川陽翟人，魏武謀臣，爲
　　軍謀祭酒。病亡，年三十八，諡眞侯也。」

劉封（備養子）
【註】
　1. 見《三國志‧蜀書‧劉封傳》。
　2.《眞誥‧闡幽微第一》曰：「封者，是玄德之養子。」註曰：「劉封本羅侯
　　寇氏子，劉備未有兒，養爲息。性剛猛，有氣力武藝，後建節度賜死。此
　　異族爲嗣，亦是仍得襲姓也。」此條正文又見於《道迹靈仙記》。

北帝南門亭長二人

郗鑒

【校】

《眞誥・稽神樞第四》、《眞誥・闡幽微第一》、《晉書・郗鑒傳》「郗」作「郤」。

【註】

1. 見《晉書・郗鑒傳》。

2. 《眞誥・甄命授第四》曰:「郗鑒今在三官爲劉季姜所訟,爭三德事。」《眞誥・闡幽微第一》有註曰:「郗鑒,字道微,高平人,即愔父也。永昌元年,率諸流民來渡江東。後討平王敦,封高平公,又爲車騎大將軍、兗州刺史,鎭廣陵。復鎭徐州。蘇峻平,拜司空,改封南昌公,猶鎭京口城。咸康五年病亡,年七十一也。贈太宰,諡文成公也。」《眞誥・闡幽微第二》曰:「郗南昌公先爲北帝南朱陽大門靈關侯,後又轉爲高明司直。昔坐與劉慶孫爭,免官,今始當復職也。高明司直如世尙書僕射。」註曰:「前云郗爲南門亭長,亭長恐即靈關之職。既以周撫代,故得轉司直。而郭長翔靈語亦云:『郗公甚屈爲天門亭長。舊選常用州徵二千石,未有三公作也。』如此所以得速遷。」此條正文又見於《道迹靈仙記》。

周撫（字道和,代郗鑒）

【註】

1. 見《晉書・周撫傳》。

2. 《眞誥・闡幽微第一》曰:「(羅酆山)南門亭長,今用周撫代郗鑒,一門有二亭長,輒有四修門郎,一天門凡八修門郎也,門郎爲天門亭長下官,此是北帝門也。」註曰:「後云主南北門籥,則一宮有二天門也。《蘇韶傳》云修門郎有八人,乃言顏淵卜商今見居職,恐此不然。周撫,字道和,潯陽柴桑人,周魴子也。先爲王敦將,東下伐郗。事敗,與鄧岳俱走西陽蠻中,敦被殺。赦出,又爲將討蘇峻。後伐蜀平李勢,封建成公,爲鎭西將軍,諡襄公。」此條正文又見於《道迹靈仙記》。

北天脩門郎二人

【校】

古本、秘本、輯本、說本「脩」作「修」。

虞諱

【校】

《眞誥・闡幽微第一》、《無上秘要》「諱」作「譚」，《晉書・虞潭傳》作「潭」。

【註】

1. 見《晉書・虞潭傳》。

2. 見「紀瞻」條。

紀瞻

【註】

1. 見《晉書・紀瞻傳》。

2. 《眞誥・闡幽微第一》曰：「紀瞻本爲撫河將軍司馬，今爲北天修門郎，代田銀。瞻與虞潭更直一日守天門。」註曰：「北天猶應是北帝門也。紀瞻，字思遠，丹陽句容人，初仕吳爲中郎將。吳平還洛，舉秀才，稍遷爲會稽太守，遷侍中尚書僕射驃騎將軍。泰寧三年病亡，年七十二，贈開府，諡穆侯。田銀，武帝時爲程昱參軍，後爲河間太守。反叛，爲閻柔所破爾。虞潭，字思奧，會稽餘姚人，即虞番孫也，位至衛將軍右光祿開府武昌侯。咸康八年病亡，年七十，贈光祿，諡孝列侯也。」此條正文又見於《道迹靈仙記》。

脩門郎八人（北斗君門亦有此職，姓名並未顯）

【校】

古本、秘本、說本「脩」作「修」，無「並」字；輯本「脩」作「修」。

【註】

《眞誥・闡幽微第一》曰：「……一門有二亭長，輒有四修門郎，一天門凡八修門郎也，門郎爲天門亭長下官，此是北帝門也。」

北斗君天門亭長二人

臧洪（字子源）

【註】

1. 見《三國志・魏書・臧洪傳》。

2. 見「王放」條。

王放（晉中書郎）

【校】

《眞誥・闡幽微第一》、《無上秘要》「放」作「波」。

【註】

1. 見《晉書・石季龍上》。

2. 《眞誥・闡幽微第一》曰：「北斗君天門亭長，今是臧洪，臧洪代隗囂。又一人是王波，新補。」註曰：「此亦正是南門爾。其餘四明公四宮門，亦應大有，並不顯出。臧洪，字子源，廣陵射陽人，慷慨有節義。漢末，洪舉義兵誅董卓。後爲青州即東郡太守，背袁紹。紹攻圍，食盡被擒，乃害之。隗囂，字季孟，天水人，有才德，爲物所附。前漢末，據隴西自稱王。建武元年，光武伐之。憤逼得病兼餓，遂亡。王波，渤海人也，晉尚書令史，有才能。投石虎爲中書監，被殺。」此條正文又見於《道迹靈仙記》。

3. 《無上秘要》卷 83《得鬼官道人名品》曰：「王波，晉尚書令史。臧洪等二人，北斗君天門亭長。

期門郎王允之（王敦堂弟）

【註】

1. 見《晉書・王舒傳》。

2. 見「謝鳳」條。

謝鳳

【校】

《眞誥・甄命授第四》「鳳」作「奉」。

【註】

《眞誥・甄命授第四》曰：「欲取謝奉補期門郎，而今已有兼人，北帝故權停之耳。近差王允之兼行得代，奉若服術酒，可未便恭命也……」註曰：「謝奉字弘道，會稽人，仕至吳郡丹陽尹、吏部尚書。王允之，敦同堂弟王舒子，有智幹，爲南中郎將，江州遷衛將軍，會稽封番禺侯。年四十亡，諡忠侯……期門郎，酆都中官，而記中不見此職，惟有脩門郎耳。」

典柄侯范明

【校】

秘本「侯」作「候」。

【註】

《眞誥‧闡幽微第一》曰：「蓋郎范明遷補典柄侯。」註曰：「外書不顯范明，唯前漢有范明友，恐非是此人。又誥試許先生者，稱典柄侯周魴，主非使者嚴白虎。尋典柄侯，猶應是典柄，呼之脫到耳。」此條正文又見於《道迹靈仙記》。

周魴（字子魚，主察試）

【註】

1. 見《三國志‧吳書‧周魴傳》。

2. 《眞誥‧運象篇第四》曰：「時三官都禁左郎遣典柄侯周魴、主非使者嚴白虎，來於赤山中，即欲執之（指許邁）以去，且詰其罪狀。」《眞誥‧闡幽微第一》註曰：「周魴，字子魚，吳郡陽羨人，周處父也，仕吳爲鄱陽太守，甚有威惠。」

北帝執蓋郎顧和（字君孝，晉吏部尚書）

【註】

1. 見《晉書‧顧和傳》。

2. 《眞誥‧闡幽微第一》曰：「顧和從遼東戍還，有事已散，北帝當用爲執蓋郎，蓋郎范明遷補典柄侯。」註曰：「顧和，字君孝，吳郡人。少孤，有志操，仕晉爲吏部侍郎、御史中丞、吏部尚書、領軍尚書僕射、尚書令。永和七年病亡，年六十四，贈侍中司徒，謚穆公。」此條又見於《道迹靈仙記》。

部鬼將軍王廙（字世將，晉時荆州刺史）

【註】

1. 見《晉書‧王廙傳》。

2. 《眞誥‧闡幽微第二》曰：「王廙爲部鬼將軍。」註曰：「廙，字世將，琅瑘人，修齡父也。多才藝，攻書，善屬文，解音聲，位至平南將軍、荆州刺史。年四十七病亡，贈驃騎，謚康侯也。」此條正文又見於《道迹靈仙記》。

殺鬼、地殃、日遊（三鬼，北帝常使殺人，無姓名）

【校】

《眞誥·闡幽微第一》作「煞鬼及日遊地殃」；《道迹靈仙記》作「殺鬼及日遊地殃」；《無上秘要》作「殺鬼、地殃、日遊」。

【註】

1.《女青鬼律》卷6曰：「斬死之鬼、故死之鬼……地殃之鬼……右三十六鬼，皆遊行世間，乘人衰隙，伺候有惡，助佐凶殃，造作禍害。」

2.《上清高上滅魔玉帝神慧玉清隱書》、《太上求仙定錄尺素眞訣玉文》中有甲乙日、丙丁日、戊巳日、庚辛日、壬癸日五帝殺鬼都伯吏。

3.《洞神八帝妙精經》曰：「齋五日，召日遊。」

4.《幽明錄·殃殺》曰：「彭虎子少壯有臂力，常謂無鬼神。母死，俗巫戒之云：『某人殃殺當還，重有所殺，宜出避之。』闔家細弱悉出逃隱，虎子獨留不去。」

5.《眞誥·闡幽微第一》曰：「北帝中間亦比遣煞鬼及日遊地殃使取之（指鮑助），而此數煞鬼終不敢近助。」此條又見於《道迹靈仙記》。

6.《無上秘要》卷83《得鬼官道人名品》曰「殺鬼、地殃、日遊三鬼，北帝常使殺人者，無姓名。」

西門郎十六人（未顯，主天下房廟血食之鬼，亦應隸四明公）

【校】

《眞誥·闡幽微第一》作「西明郎十六人，主天下房廟鬼之血食」、「亦應是隸西明公」；《道迹靈仙記》作「四明郎十六人，主天下房廟鬼之血食。」

【註】

《眞誥·闡幽微第一》曰：「西明郎十六人，主天下房廟鬼之血食。」註曰：「此郎亦應是隸西明公。房廟血食是受命居職者，非謂精邪假附也。」

主非使者嚴白虎（吳時人，爲孫策所殺）

【註】

1. 見《三國志·吳書·孫破虜討逆傳》。

2.《眞誥·運象篇第四》曰：「時三官都禁左郎遣典柄侯周魴、主非使者嚴白虎，來於赤山中，即欲執之（指許邁）以去，且詰其罪狀。」《眞誥·闡幽微第一》曰：「嚴白虎者，吳郡人也。以孫策時入山聚眾，策討之乃散，

奔餘杭死。」

南彈方侯許副，領威南兵千人（巳度九宮，未委誰代）

【校】

輯本、說本「巳」作「已」。

【註】

1. 《眞誥・闡幽微第一》曰：「許長史父今爲彈方侯。彈方侯有二人，各司南北。許長史爲南彈方侯……許領威南兵千人……威南、威北兵如道家天丁、力士、甲卒之例也。」此條又見於《道迹靈仙記》。《眞誥・翼眞檢第二》曰：「尙第二子名副，字仲先，庶生，即長史之父也。淳和美懿，州郡所稱，爲晉元帝安東參軍，又征北參軍，帶下邳太守。後爲寧朔將軍，與孔坦討沈充，封西城縣侯。出爲剡令，有風化，與謝奕兄弟周旋。值蘇峻亂，又攜親族往剡。事平，還拜奉車都尉，年七十七亡。」

2. 《上清眞人許長史舊館壇碑》曰：「（許穆）父副，字仲先，器度淹通，風格清簡，晉劍令、寧朔將軍、下邳太守、西城侯。」

主南門鑰司馬留贊（長山人，爲吳將）

【校】

古本、秘本、說本「贊」作「鑽」；輯本「贊」作「賛」；《眞誥・闡幽微第一》「留贊」作「劉贊」；《三國志・吳書・孫峻傳》作「留贊」。

【註】

1. 見《三國志・吳書・孫峻傳》。

2. 《眞誥・闡幽微第一》曰：「劉贊爲司馬。」註曰：「劉贊，字正明，會稽長山人，少爲郡吏，好讀兵書，慷慨有大志。擊黃巾賊，傷足，一腳屈，遂自割筋得伸。後爲左護軍，與孫峻征淮南。未至，病困，爲魏將蔣班所逼被害，年年七十三。」

北彈方侯鮑勛，領威北兵千人（字叔業，魏中丞）

【註】

1. 見《三國志・魏書・鮑勛傳》。

2. 《眞誥・闡幽微第一》曰：「鮑勛爲北彈方侯……領威北兵千人……威南、威北兵如道家天丁、力士、甲卒之例也。」註曰：「鮑勛，字叔業，鮑宣

九世孫，即鮑信子也。清白有高節。漢建安中爲中庶子黃門郎、魏文帝御史中丞，數諫諍忤旨，左遷治書執法，後被誅。」

主北門鑰司馬韋遵（吳時昭孫備門，主收執，如世羽林監）

【校】

說本「收」作「収」。

【註】

《眞誥·闡幽微第一》曰：「韋遵爲司馬……大都備門，主收執，如今世有羽林監。」註曰：「韋遵，字公藝，吳人，即韋昭之孫也。博學有文才，善書。仕晉成穆之世，爲尙書左民郎、中書黃門侍郎，代王逸少爲臨川郡守。以母憂亡，年六十四也。」

西河侯陶侃（字士行，亦領兵數千）

【校】

古本「士行」作「上元」，《眞誥·闡幽微第二》作「士衡」，《晉書·陶侃傳》作「士行」。

【註】

1. 見《晉書·陶侃傳》。

2. 《眞誥·闡幽微第二》曰：「陶侃爲西河侯，亦領兵數千。近求滕含自代，猶未許。侃以徐寧爲長史，寧坐收北闕叛將不擒免官，當以蔡謨代寧。」註曰：「陶侃，字士衡，先自丹陽人，遷居鄱陽，後徙廬江，而屬潯陽柴桑。晉世累經征討，大有功，位至侍中、太尉、都督八州、荊江二州刺史、長沙公。咸和四年，還長沙。亡於樊谿，年七十六，贈大司馬，謚桓公。庾亮代之。而郭長翔靈語云：『陶公正有罪謫，未得敘用。』又《別紀》云：『陶公亡後少時，遣先奮死傳教與其兒相傳云：公謝郎連與庾公相言語，天上事始判，故令郎知。』於時庾猶存，後三四年而亡……尋此不擒叛將亦是鬼，鬼不能相制，由如人也。人皆非自然威懼，仙眞猶尙握節持鈴，以勒此輩，而況其閒類乎。」此條正文又見於《道迹靈仙記》。

長史（先用徐寧，被彈，今用蔡謨，字道明，晉司徒）

【校】

輯本「寧」作「甯」。

【註】

1. 見《晉書・徐寧傳》、《晉書・蔡謨傳》。

2. 《眞誥・闡幽微第二》有註曰：「徐寧，字安期，東海剡人，羲之祖也。初桓彝舉，與庾亮爲護軍功曹，稱爲海岱清士。後仕至正員吏部郎、冠軍、江州、順陽簡侯。羲之年少時，嘗來形見，自稱我是汝祖，戒其禍福，後並如言。蔡謨，字道明，陳留考城人，克子也。位至揚州刺史，又授司徒，不受。永和十二年病亡，年七十六，贈司空，諡文穆公。」

廬山侯魏釗（會稽人也）

【註】

　　《眞誥・闡幽微第一》曰：「魏釗領廬山侯。」註曰：「釗，字君思，會稽人，仕晉成、穆公世，司徒左長史、丹陽尹至左民尙書、平壽侯，永和七年病亡矣。」此條又見於《道迹靈仙記》。

南山伯蔣濟（字子通，魏太尉）

【註】

1. 見《三國志・魏書・蔣濟傳》。

2. 《搜神記》卷16曰：「蔣濟，字子通，楚國平阿人也。仕魏，爲領軍將軍。其婦夢見亡兒，涕泣曰：『死生異路，我生時爲卿相子孫，今在地下，爲泰山伍伯，憔悴困苦，不可復言。今太廟西謳士孫阿見召爲泰山令，願母爲白侯，屬阿，令轉我得樂處。』言訖，母忽然驚寤。明日以白濟。濟曰：『夢爲虛耳，不足怪也。』日暮，復夢曰：『我來迎新君，止在廟下未發之頃，暫得來歸。新君，明日日中當發。臨發多事，不復得歸。永辭於此。侯氣強難感悟，故自訴於母，願重啓侯：何惜不一試驗之？』遂道阿之形狀言甚備悉。天明，母重啓濟：『雖云夢不足怪，此何太適。適，亦何惜不一驗之？』濟乃遣人詣太廟下，推問孫阿，果得之，形狀證驗，悉如兒言。濟涕泣曰：『幾負吾兒。』於是乃見孫阿，具語其事。阿不懼當死，而喜得爲泰山令，惟恐濟言不信也，曰：『若如節下言，阿之願也。不知賢子欲得何職？』濟曰：『隨地下樂者與之。』阿曰：『輒當奉教。』乃厚賞之。言訖，遣還。濟欲速知其驗，從領軍門至廟下，十步安一人，以傳消息。辰時，傳阿心痛，巳時，傳阿劇，日中，傳阿亡。濟曰：『雖哀吾兒之不幸，且喜亡者有知。』後月餘，兒復來，語母曰：『已得轉爲錄事矣。』」

3. 《眞誥·闡幽微第二》曰：「蔣濟爲南山伯，領二千兵。」註曰：「蔣濟，字子通，楚國平阿人。仕漢魏，歷位至太尉。從宣王誅曹爽，其年亡，諡景侯。爲領軍時，有其婦夢亡兒爲太山五伯，來迎太廟西孫阿爲太山令，求囑阿乞轉在好處。記即爲仍之，阿亦即亡。後又夢雲已蒙轉錄事。凡如此例，鬼官職位，雖略因生時貴賤，而大有舛駮。皆由德業之優劣，功過之輕重，更品其階敘，不復得全依其本基耳。」此條正文又見於《道迹靈仙記》。

此三任各有封掌
【校】
　　古本「此」作「以上」。

泰山君荀顗（字景倩）
【校】
　　古本、秘本、說本「荀」作「秦」；輯本「倩」作「債」。
【註】
1. 見《晉書·荀顗傳》。
2. 《孝經援神契》曰：「太山天帝孫，主招人魂。」又曰：「東方萬物始，故主人生命之長短。」
3. 《博物志》卷1曰：「泰山一曰天孫，言爲天帝孫也。主召人魂魄。東方萬物始成，知人生命之長短。」
4. 《搜神記》曰：「胡母班字季友，泰山人也。曾至泰山之側，忽於樹間逢一絳衣驅，呼班云：『泰山府君召。』班驚愕，行未答。復有一驅出，呼之。遂隨行數十步，驅請班暫瞑。少頃，便見宮室，威儀甚嚴。班乃入閣拜謁。主爲設食，語班曰：『欲見君，無他，欲附書與女婿耳。』班問：『女郎何在？』曰：『女爲河伯婦。』班曰：『輒當奉書，不知緣何得達？』答曰：『今適河中流，便叩舟呼青衣，當自有取書者。』」
5. 《眞誥·闡幽微第二》曰：「荀顗爲太山君。」註曰：「荀顗，字景倩，或第四子也。博學有詞理，佐命晉世。起家爲黃門郎，遷尙書僕射、司空、太尉、太傅。泰始十年亡，年七十，諡康公。《蘇韶傳》云：『劉孔才爲太山公，欲反，北帝已誅滅之。』孔才即劉邵也。又梅賾爲豫章太守，夢被召作太山府君，剋日便亡。不知此二位與君復各是異職否耳。又云有太山

令。」此條正文又見於《道迹靈仙記》。

6. 《太上洞玄靈寶智慧本願大戒上品經》有「太山府君」；《周氏冥通記》卷2有「太山尊府君」。

將軍顧衆（字長始，晉丹陽尹僕射）

【註】

1. 見《晉書・顧衆傳》。

2. 《眞誥・闡幽微第二》曰：「荀顗取顧衆爲太山將軍，用曹洪爲司馬，桓範爲長史。」註曰：「顧衆，字長始，吳郡人，顧悌孫，顧祕子也。仕晉，丹陽尹、領軍、尚書僕射。永和二年亡，年七十三，追贈特進，諡靖伯。」此條正文又見於《道迹靈仙記》。

長史桓範（字元則）

【校】

《無上秘要》「元」作「允」。

【註】

1. 見《三國志・魏書・桓範傳》。

2. 《眞誥・闡幽微第二》曰：「桓範爲長史。」有註曰：「桓範，字元則，沛國人，有才學籌策。仕魏世，位至太司農。黨曹爽被誅也。」

3. 見「顧衆」條。

司馬曹洪（魏武帝操弟，字子廉，又云先用賈誼，前漢人）

【註】

1. 見《三國志・魏書・曹洪傳》

2. 《眞誥・闡幽微第一》曰：「西明都禁郎賈誼，昔爲治馬融事不當，被黜守泰山。泰山君今請爲司馬，已被可。」註曰：「賈誼，前漢文帝時爲梁孝王傅，憂憤嘔血而死。後云：『荀顗爲泰山君，用曹洪爲司馬。』今當代曹也。」此條正文又見於《道迹靈仙記》。《眞誥・闡幽微第二》有註曰：「曹洪，字子廉，魏武從弟。家大富而儉吝。數征伐，爲驃騎將軍，封樂成侯。太和六年病亡。」

3. 見「顧衆」條。

盧龍公曹仁（字子孝，魏武帝弟，位大將軍）

【註】

1. 見《三國志・魏書・曹仁傳》。

2. 《眞誥・闡幽微第二》曰：「曹仁爲盧龍公。」註曰：「曹仁字子孝，魏武從弟。雄勇冠世，善弓馬。數從征伐有功，位至車騎將軍都督荊揚益州諸軍事大將軍，封陳侯。黃初四年病亡，年五十六，諡曰忠侯也。」此條正文又見於《道迹靈仙記》。

長史、司馬（未顯）

【註】

《眞誥・闡幽微第二》曰：「領一萬兵鎭處亦有數百處也，領數千兵鎭處亦有數百處，更相統隸耳，皆有長史、司馬。」此條又見於《道迹靈仙記》。

南巴侯何曾（字穎孝，魏司徒）

【校】

秘本「侯」作「候」；《眞誥・闡幽微第二》、《無上秘要》「穎孝」作「穎考」，《晉書・何曾傳》作「穎考」。

【註】

1. 見《晉書・何曾傳》。

2. 《眞誥・闡幽微第二》曰：「何曾爲南巴侯。」註曰：「何曾，字穎考，陳郡陽夏人，何夔子也。性豪侈而博學，孝悌。初仕魏世，稍遷尚書、征北將軍、司徒，封朗陵侯，晉太尉、太保、太宰、朗陵公。泰始四年亡，年八十餘，諡曰元公。」此條正文又見於《道迹靈仙記》。

東越大將軍劉陶（字子寄，後魏人）

【校】

《眞誥・闡幽微第二》、《後漢書・劉陶傳》「寄」作「奇」。《無上秘要》曰：「劉陶，字正輿，東越大將軍，晉揚州刺史。」

【註】

1. 見《後漢書・劉陶傳》。

2. 《眞誥・闡幽微第二》曰：「劉陶爲東越大將軍。」註曰：「漢魏晉凡有三劉陶。後漢者，字子奇，穎川人也，靈帝侍中尚書令。後繫獄，閉炁而死。魏世者，字季冶，淮南人，劉曄之子也。才辨而無行，曹爽用爲選部郎。後出平原太守，景王誅之。晉初者，字正輿，沛國人，永嘉中爲揚州刺史。

此三人不知何者是東越大將軍，以意言之，多是正輿耳。」此條正文又見於《道迹靈仙記》。

右號為四鎮，各領鬼兵萬人，各有長馬，復有小鎮數百，各領鬼兵數千人。

【校】

古本「右號」作「以上」；無「各有長馬，復有小鎮數百，各領鬼兵數千人」一句；秘本、說本「長馬」作「長史司馬」；輯本首個「兵」作「乓」，誤。

【註】

《眞誥・闡幽微第二》曰：「四鎮皆領鬼兵萬人，中官領兵不過數千。四鎮有泰山君、盧龍公、東越大將軍、南巴侯四官，各領萬人。」註曰：「四鎮非正是四方。今此處並在中國，迴還不過數千里耳。他方復應大有，所以後言數百處也。」此條正文又見於《道迹靈仙記》。

楚嚴公（即楚莊王熊鬻）

【校】

說本「熊鬻」作「鬻熊」。據《史記・楚世家》，楚之先為「鬻熊」，其後為熊氏，楚莊王名「侶」，故「熊鬻」應為「熊侶」。

【註】

《眞誥・協昌期第一》曰：「楚莊公時……」註曰：「此即春秋時楚莊王也。」《眞誥・闡幽微第二》曰：「其楚嚴公、趙簡子之徒數百人，今猶散息於三官府，未見任也。此等名位，自是三官之僚耳，無豫眞仙家事矣。」註曰：「五霸亦一時之雄，齊桓、晉文，處職並要。楚嚴公即莊王也。」

趙簡子（此二人先未有職，今方受位）

【校】

秘本「未」作「末」，誤。

【註】

1. 見「楚嚴公」條。

2. 《史記・趙世家》曰：「趙景叔卒，生趙鞅，是為簡子……簡子寤，語大夫曰：『我之帝所甚樂，與百神遊於鈞天。廣樂九奏萬舞，不類三代之樂，其聲動人心。有一熊欲來援我，帝命我射之。中熊，熊死。』」

3.《抱朴子・微旨》曰：「趙簡子、秦穆公皆親受金策於上帝，有土地之明徵。」
4.《眞誥・闡幽微第二》有註曰：「簡子雖非霸限，亦擅命專制，所夢天帝使射熊之事，必是北帝之府矣。」

項梁成（作酆都宮頌者）

【校】

《眞誥・闡幽微第一》、《登眞隱訣》卷中、《上清握中訣》卷下「成」作「城」。

【註】

1.《抱朴子・對俗》曰：「勢可以總攝羅酆，威可以叱吒梁成。」
2.《眞誥・闡幽微第一》曰：「項梁城作《酆宮誦》。」《道迹靈仙記》曰：「項梁成作《酆都頌》。」《眞誥・闡幽微第一》註曰：「《蘇韶傳》云：『鬼之聖者有項梁城，賢者有吳季子。』但不知項是何世人也。或恐是項羽之叔項梁，而不應聖於季子也。」

杜瓊（蜀人）

【註】

1. 見《三國志・蜀書・杜瓊傳》。
2.《眞誥・闡幽微第一》曰：「杜瓊作《重思賦》……」註曰：「杜瓊，字伯瑜，蜀人也。博學有才思，註《韓詩》，兼明術數，逆記魏黨代漢，仕劉禪時爲鴻臚、太常。延熙十三年亡，年八十餘耳。」

馬融

【註】

1. 見《後漢書・馬融傳》。
2.《眞誥・闡幽微第一》有註曰：「馬融，字季長，扶風人也。博學有才理，鄭玄之師也。仕後漢爲南郡太守，未嘗按劍殺人，忤梁冀，被徙朔方，於路自刺不死。後赦還拜議郎，延熹九年病亡，年八十九。融別傳復小異此耳。」

劉慶孫（與賈誼爭名譽）

【校】

《眞誥・闡幽微第二》曰：「郗南昌公先爲北帝南朱陽大門靈關侯，後又

轉爲高明司直。昔坐與劉慶孫爭，免官，今始當復職也。」據此，疑「賈誼」
應爲「郗鑒」。

【註】

1. 見《晉書・劉輿傳》。

2. 《眞誥・闡幽微第二》曰：「郗南昌公先爲北帝南朱陽大門靈關侯，後又轉
　爲高明司直。昔坐與劉慶孫爭，免官，今始當復職也。」有註曰：「劉慶
　孫名輿，中山人，劉越石之兄也。才識辯贍，爲東海王越長史。永嘉中，
　病指疽而亡，年四十七，贈驃騎將軍，謚眞侯也。」

王逸少

【註】

1. 《晉書・王羲之傳》曰：「王羲之，字逸少，司徒導之從子也……羲之雅好
　服食養性，不樂在京師，初渡浙江，便有終焉之志……會稽有佳山水，名
　士多居之，謝安未仕時亦居焉……羲之既去官，與東土人士盡山水之遊，
　弋釣爲娛。又與道士許邁共修服食，採藥石不遠千里，遍遊東中諸郡，窮
　諸名山，泛滄海，歎曰：『我卒當以樂死。』」《晉書・許邁傳》曰：「（許
　邁）乃改名玄，字遠遊。與婦書告別，又著詩十二首，論神仙之事焉。羲
　（指王羲之）之造次，未嘗不彌日忘歸，相與爲世外之交。玄遺羲之書云：
　『自山陰南至臨安，多有金堂玉室，僊人芝草，左元放之徒，漢末諸得道
　者皆在焉。』羲之自爲之傳，述靈異之跡甚多，不可詳記。玄自後莫測所
　終，好道者皆謂之羽化矣。」《晉書・郗鑒傳》曰：「（郗）愔，字方回……
　會弟曇卒，益無處世意，在郡優遊，頗稱簡默，與姊夫王羲之、高士許詢
　並有邁世之風，俱棲心絕谷，修黃老之術。」

2. 《世說新語・容止》曰：「時人目王右軍，飄若遊雲，矯若驚龍。」

3. 《眞誥・闡幽微第二》曰：「王逸少有事繫禁中已五年，云事已散。」註曰：
　「即王右軍也。受時不欲呼楊君名，所以道其字耳。逸少即王廙兄曠之子，
　有風炁，善書。後爲會稽太守。永和十一年去郡，告靈不復仕。先與許先
　生周旋，頗亦慕道。至升平五年辛酉歲亡，年五十九。今乙丑年，說云五
　年，則亡後被繫。被繫之事，檢跡未見其咎，恐以懟憾告靈爲謫耳。」此
　條正文又見於《道迹靈仙記》。《眞誥・翼眞檢第二》曰：「先生名邁，字
　叔玄，小名映……與王右軍父子周旋。」

鄧攸（此六人位未顯）

【校】

　　說本無「位」字。

【註】

1. 見《晉書‧鄧攸傳》。

2. 《眞誥‧闡幽微第二》有註曰：「鄧攸，字伯道，平陽襄陵人。仕晉爲太子洗馬、吏部郎、河東太守，爲石勒所沒。後得還江東，爲吳郡太守、吏部尚書。自咸和元年病亡，贈光祿。攸從胡叛還時，乃棄其己兒，自攜亡弟之子來渡江。遂自無兒，絕後嗣。謝安歎曰：『天道無知，令鄧伯道無兒。』」

右鬼官見有七十五職，名顯者凡一百一十九人。

洞玄靈寶眞靈位業圖

【校】

　　古本、輯本、說本無「洞玄靈寶眞靈位業圖」九字；秘本作「靈寶眞靈位業圖」。

主要參考文獻

一、古籍文獻及註本

1. 《道藏》，文物出版社、上海書店、天津古籍出版社聯合影印明《道藏》，1988 年版。

2. 〔漢〕賈誼撰，閻振益，鍾夏校註：《新書校註》，中華書局 2000 年版。

3. 〔漢〕劉安等撰，何寧校註：《淮南子集釋》，中華書局 1998 年版。

4. 〔漢〕司馬遷：《史記》，中華書局 1982 年版。

5. 〔漢〕班固：《漢書》，中華書局 1962 年版。

6. 〔漢〕趙曄：《吳越春秋》，江蘇古籍出版社 1999 年版。

7. 〔漢〕王充著，張宗祥校註，鄭紹昌點校：《論衡校註》，上海古籍出版社 2010 年版。

8. 〔晉〕皇甫謐：《帝王世紀》，遼寧教育出版社 1997 年版。

9. 〔晉〕陳壽：《三國志》，中華書局 1982 年版。

10. 〔晉〕郭璞註：《穆天子傳》，上海古籍出版社 1990 年版。

11. 〔晉〕張華撰，范寧校證：《博物志校證》，中華書局 1980 年版。

12. 〔晉〕王嘉撰，齊治平校註：《拾遺記》，中華書局 1981 年版。

13. 〔晉〕干寶撰，汪紹楹校註：《搜神記》，中華書局 1981 年版。

14. 〔晉〕陶潛撰，汪紹楹校註：《搜神後記》，中華書局 1981 年版。

15. 〔晉〕葛洪著，王明校釋：《抱朴子內篇校釋》（增訂本），中華書局 1985 年版。

16. 〔劉宋〕范曄：《後漢書》，中華書局 1965 年版。

17. 〔梁〕蕭統編，〔唐〕李善註：《文選》，上海古籍出版社 1986 年版。

18. 〔梁〕陶弘景著，王京州校註：《陶弘景集校註》，上海古籍出版社 2009 年版。

19. 〔唐〕歐陽詢編：《藝文類聚》，上海古籍出版社 1995 年版。

20. 〔宋〕李昉等編：《太平御覽》，中華書局 1960 年版。

21. 〔宋〕李昉等編：《太平廣記》，中華書局 1961 年版。

22. 〔宋〕張君房編，李永晟點校：《雲笈七籤》，中華書局 2003 年版。

23. 〔清〕紀昀等總纂：《四庫全書》（影印文淵閣），臺北商務印書館 1983 年版。

24. 〔清〕孫星衍：《尚書今古文注疏》，中華書局 1986 年版。

25. 〔清〕孫希旦：《禮記集解》，中華書局 1989 年版。

26. 〔清〕郭慶藩撰，王孝魚點校：《莊子集釋》，中華書局 1961 年版。

27. 〔清〕孫詒讓：《周禮正義》，中華書局 1987 年版。

28. 〔清〕王聘珍撰，王文錦點校：《大戴禮記解詁》，中華書局 1983 年版。

29. 黃懷信等：《逸周書彙校集註》，上海古籍出版社 1995 年版。

30. 朱謙之：《老子校釋》，中華書局 1984 年版。

31. 楊伯峻：《論語譯註》，中華書局 1980 年版。

32. 楊伯峻：《春秋左傳註》，中華書局 1990 年版。

33. 徐元誥撰，王樹民，沈長雲點校：《國語集解》，中華書局 2002 年版。

34. 袁珂：《山海經校註》，巴蜀書社 1993 年版。

35. 蔣天樞：《楚辭校釋》，上海古籍出版社 1989 年版。

36. 王叔岷：《列仙傳校箋》，中華書局 2007 年版。

37. 〔日〕安居香山、中村璋八輯：《緯書集成》，河北人民出版社 1994 年版。

38. 〔日〕吉川忠夫、麥穀邦夫編，朱越利譯：《真誥校註》，中國社會科學出版社 2006 年版。

39. 王明：《太平經合校》，中華書局 1960 年版。

二、當代論作

1. 任繼愈主編：《道藏提要》（第三次修訂），中國社會科學出版 1991 年版。

2. 任繼愈主編：《中國道教史》，上海人民出版社 1990 年版。

3. 卿希泰主編：《中國道教史》（修訂本），四川人民出版社 1996 年版。

4. 卿希泰，唐大潮：《道教史》，江蘇人民出版社 2008 年版。

5. 李養正：《道教概說》，中華書局 1989 年版。

6. 湯一介：《早期道教史》，崑崙出版社 2006 年版。

7. 朱越利：《道經總論》，遼寧教育出版社 1991 年版。

8. 朱越利：《道藏分類解題》，華夏出版社 1996 年版。

9. 朱越利主編：《道藏說略》，北京燕山出版社 2009 年版。

10. 陳國符：《道藏源流考》，中華書局 1963 年版。

11. 陳國符：《道藏源流續考》，臺灣明文書局 1983 年版。

12. 潘雨廷：《道藏書目提要》，上海古籍出版社 2003 年版。

13. 王明：《道家和道教思想研究》，中國社會科學出版社 1984 年版。

14. 陳鼓應：《道家文化研究》（二十輯），生活・讀書・新知三聯書店 1992～ 2003 年版。

15. 王宗昱《〈道教義樞〉研究》，上海文化出版社 2001 年版。

16. 李零：《中國方術考》，東方出版社 2001 年版。

17. 李零：《中國方術續考》，東方出版社 2000 年版。

18. 鍾國發：《陶弘景評傳》，南京大學出版社 2005 年版。

19. 余嘉錫：《四庫提要辨證》，中華書局 1980 年版。

20. 金景芳，呂紹剛：《周易講座》，吉林大學出版社 1987 年版。

21. 江曉原：《星占學與傳統文化》，上海古籍出版社 1992 年版。

22. 常金倉師：《窮變通久——文化史學的理論與實踐》，遼寧人民出版社 1998 年版。

23. 常金倉師：《二十世紀古史研究反思錄》，中國社會科學出版社 2005 年版。

24. 葛兆光：《道教與中國文化》，上海人民出版社 1987 年版。

25. 葛兆光：《屈服史及其他：六朝隋唐道教的思想史研究》，生活・讀書・新知三聯書店 2003 年版。

26. 周紹賢：《道家與神仙》，臺灣中華書局 1974 年版。

27. 馬曉宏：《天・神・人——中國傳統文化中的造神運動》，國際文化出版公司 1988 年版。

28. 鍾來因：《長生不死的探求——道經〈真誥〉之謎》，文匯出版社 1992 年版。

29. 王景琳：《鬼神的魔力——漢民族的鬼神信仰》，生活・讀書・新知三聯書店 1992 年版。

30. 鄭慧生：《星學寶典——〈天官曆書〉與中國文化》，河南大學出版社 1998 年版。

31. 干春松：《神仙傳》，東方出版社 2005 年版。

32. 余英時：《東漢生死觀》，上海古籍出版社 2005 年版。

33. 鍾玉英：《漢末魏晉南北朝道教與社會分層關係研究》，四川大學出版社

2008 年版。

34.〔日〕小柳司氣太著，陳彬龢譯：《道教概說》，商務印書館 1926 年版。

35.〔日〕窪德忠著，蕭坤華譯：《道教史》，上海譯文出版社 1987 年版。

36.〔日〕福井康順等監修，朱越利譯：《道教》，上海古籍出版社 1990～1992 年版。

37.〔法〕安娜・塞德爾著，蔣見元，劉凌譯：《西方道教研究史》，上海古籍出版社 2000 年版。

38. 劉仲宇：《葛洪〈枕中書〉初探》，《中國道教》1990 年第 4 期。

39. 周曉薇：《豐都與酆都的演變及其地理文化》，《中國歷史地理論叢》2007 年第 7 期。

40.〔日〕大形徹：《松喬考——關於赤松子和王子喬的傳說》，《復旦大學學報（社會科學版）》1996 年第 4 期。

後　記

　　這本小書是在我研究生階段學習的基礎上完成的，它與我的碩士生導師常金倉先生密不可分。2008 年，我有幸忝列常金倉先生門下研習中國文化史。常先生爲古史大家金景芳先生高足，是我在大學時就已仰慕的學者，身臨門下，慶幸萬分，更是感受到了先生爲人惠和、爲學謹嚴的學人魅力，這種典範使我深刻地認識到「宴安鴆毒，不可懷也」，於是乎追隨先生潛心研習。

　　研一下學期我開始準備畢業論文，徵求常師意見，他建議我選擇道教早期神仙譜系《眞靈位業圖》作爲研究對象，並以神仙源流爲重點進行考察。這是因爲先生有鑒於學界對道教前史的研究頗爲缺乏，十年來一直關注這一領域，已經指導數屆研究生作了一些專題論文。2009 年 6 月，我正式開始了這一工作，在熟悉道教一些基本知識後，認識到對於這一當代人尙未整理的重要文獻，是正文字與探尋源流乃研究之前提。針對《位業圖》的特點，將各位神仙的源流梳理清楚，才有利於對其結構和所蘊含思想有進一步的認識，而且作爲中國道教史上第一部系統的神譜，作校註也很有典型價值，知其源，才能更好地探尋此後神仙譜系的發展和更革。我的這一想法與常師不謀而合。《位業圖》約包含有 700 個仙位，因初生牛犢之故，當時並沒有被嚇倒。但深入下去後，我產生了兩種截然不同的心境，一來欣喜於《位業圖》還有許多工作可以做；二來產生了重重壓力，因爲對於我這個對道教知之甚少的學生來講，研究難度很大，首先面臨的一座大山就是《道藏》，如果將如此多的神仙梳理清楚，必須下很多工夫。轉而一想，一開始做研究就視之爲畏途而換題目不大合適，既然如此，就該啃下這塊硬骨頭。於是橫下決心，開始積極研讀先秦兩漢文獻和《道藏》，勤作箚記。

　　學習和寫作的過程是單調的，但每當有所發現，精神就會振奮，進而成為繼續工作的動力。在這期間，每次和老師談及論文，老師就會問：「最近有沒有什麼新的發現呀？」然後我就開始彙報自己的心得。有時我們會坐在教學樓前的臺階上，聊聊體會，那種感覺，簡單而美好，那種溝通，踏實而幸福。常師對於我的研究，總是耐心地加以引導，若是我有點新發現，就會十分高興，鼓勵一番，讓我油然對學術產生了一種愛，覺得為學時心底特別有靠。記得老師曾經在論文開題報告會上跟在場的老師和同學說：「只要研究好了，我肯定支持出版！」當時「肯定」二字強調地特別有力。因此為做好這一工作，我也確實下了一番苦功，除了必要的吃飯、休息和鍛鍊，基本上所有心力皆置於此。老師沒有督責，我則加緊學習，並不時主動向老師彙報學習進展，這種狀態是最為適合我的學習方法。在作校註過程中，我每有新的想法，就積纍材料寫成文章，如發現關於《位業圖》的成書和作者在歷史上有爭論，而且這一文獻雖經兩次整理但舛誤不少，於是在這兩方面也做了一些工作，本書《緒論》中對《位業圖》若干問題的研究便是在這一過程中寫成的。《上篇》則是在依託校註稿而成的畢業論文的基礎上修改而成。

　　2011 年，我考入吉林大學攻讀博士學位，這是我學業的一段新的征程。我的導師朱紅林先生在指導我研習先秦史的同時，也建議我繼續完善以前的道教研究成果，所以每當我看到相關材料就記錄下來，不斷完善，寫出文章。每當遇到困惑的問題，就打電話請教常師。2011 年 11 月 20 日晚，驚聞常師在福建講學途中驟然離世，如此噩耗，對於我們這些弟子真是如喪考妣，許多些日，我都無法接受這樣的現實，常在夢中否定著常師逝世的事實，卻又在現實中否定著恩師健在的夢。就在老師去世的前幾日，我們還通過一次電話，討論道教的相關問題，常師還特別囑咐我要注意身體，如今陰陽相隔，痛何如哉！常師一生致力於史學科學化的探索，傾其全力探尋著中國自身的文化解釋體系。我的這本小書如今要借著花木蘭文化出版社系列學術叢書的東風要出版了，一方面終於滿足了老師的一個心願，另一方面也誠惶誠恐，因為我對常師的學術還學習地不夠好，運用起來也頗有捉襟見肘之感，生怕辜負老師的期望。

　　在本書寫作期間，得到了諸多師友的幫助。這裡要特別感激朱紅林師對我的支持和鼓勵；感謝遼寧師範大學圖書館的劉懿老師、歷史文化旅游學院資料室的劉薇老師、吉林大學古籍研究所資料室的佟老師和孟老師，她們為

我查閱資料提供了許多便利；「學貴得師，亦貴得友」，魏長波兄和摯友魏曉鏪博士在資料提供和精神鼓勵上對我助益頗多，這些都讓我體會到了世間最珍貴的友誼。

在本書付梓之際，要感謝花木蘭文化出版社總編審杜潔祥先生，杜先生不嫌拙作之淺陋而將其納入出版計劃，是對吾輩後學的莫大鼓勵。感謝出版社北京聯絡處楊嘉樂先生，楊先生費心費力，助力於出版計劃的順利進行。我的學術之路才剛剛起步，這本小書衹是學術研究征程中的一個小小總結。基於學力所限，它的問題肯定還不少，它的出版就意味著我虛心接受各位師友的批評和指正，因爲我堅信，反思和批判才是學術不斷進步的眞正動力。

張雁勇　謹識

2012 年 4 月 9 日